公路车桥耦合振动理论与应用

邓　露　王　维　孔　烜　蔡春声　著

科学出版社

北　京

内 容 简 介

本书系统地介绍车桥耦合振动的相关理论及其在工程方面的应用。首先介绍车桥耦合振动系统中车辆、桥梁及路面不平整度的数值模拟方法和车桥耦合振动动力学方程的建立及数值求解方法。然后用算例介绍车桥耦合振动系统的仿真实现过程。最后依次介绍车桥耦合振动数值仿真技术在动力冲击系数、钢结构桥梁疲劳分析和设计、桥梁模态识别、损伤识别等方面的应用。

本书可作为从事土木工程和交通运输工程等领域的工程设计、科学研究人员的参考丛书，也可供上述专业的研究生学习、参考。

图书在版编目(CIP)数据

公路车桥耦合振动理论与应用/邓露等著. —北京：科学出版社，2020.3
ISBN 978-7-03-064555-5

Ⅰ. ①公⋯ Ⅱ. ①邓⋯ Ⅲ. ①车桥耦合振动-研究 Ⅳ. ①U211.3

中国版本图书馆 CIP 数据核字（2020）第 036618 号

责任编辑：纪 兴 宫晓梅 / 责任校对：王 颖
责任印制：吕春珉 / 封面设计：东方人华平面设计部

科学出版社 出版
北京东黄城根北街 16 号
邮政编码：100717
http://www.sciencep.com
三河市骏杰印刷有限公司印刷
科学出版社发行 各地新华书店经销

*

2020 年 3 月第 一 版 开本：787×1092 1/16
2020 年 3 月第一次印刷 印张：10 1/4
字数：243 000
定价：82.00 元
（如有印装质量问题，我社负责调换〈骏杰〉）
销售部电话 010-62136230 编辑部电话 010-62135927-2014

前　　言

公路桥梁是公路交通系统的重要组成部分。近几十年来我国经济的快速发展推动了公路桥梁建设的快速发展。截至 2018 年年底，我国公路桥梁总数已逾 80 万座。与此同时，公路交通密度和车辆荷载日益增大，车致桥梁振动和损伤问题日益突出。因此，如何保障公路桥梁的安全运营和健康可持续发展已成为桥梁工作者十分关注的问题。

车辆在公路桥梁上行驶会引起桥梁振动，而桥梁的振动反过来又会影响车辆的行驶，这种相互作用和影响就是车辆与桥梁之间的耦合振动问题。车辆对桥梁的动力冲击作用会影响桥梁的工作状态，例如桥梁构件在车辆动力荷载的长期作用下将会产生疲劳损伤累积，导致其强度降低，而桥梁的振动同样会影响桥上行车的安全性与舒适性。尤其对于占比最大的中小跨径桥梁而言，由于其自重小、活恒载比大，车桥耦合作用更为显著。因此，车桥耦合振动一直是桥梁界非常关注的问题。

本书是作者在多年从事相关研究的基础上撰写而成的，着重介绍了车桥耦合振动的基本理论和数值仿真分析方法，以及它们在相关研究和应用中的状况。

全书共 10 章。前 4 章为第一大部分，介绍车桥耦合振动的理论与数值分析方法：第 1 章介绍车桥耦合振动的研究背景、研究意义、研究方法以及研究进展；第 2 章介绍车桥耦合振动系统中车辆、桥梁、桥面不平整度的模拟方法，以及车桥耦合振动动力学方程的建立方法；第 3 章介绍车桥耦合振动动力学方程求解的数值方法，包括直接积分法和模态综合法；第 4 章介绍车桥耦合振动数值仿真系统的建立过程及算例分析。第 5 章～第 10 章为第二部分，介绍车桥耦合振动仿真技术在动力冲击系数、桥梁结构疲劳、损伤识别等重要领域的应用情况：第 5 章介绍中小跨径桥梁的动力冲击系数；第 6 章介绍各国或地区桥梁规范中动力冲击系数取值、对比研究及动力冲击系数的影响因素；第 7 章提出适用于我国公路桥梁的动力冲击系数建议值；第 8 章介绍基于车桥耦合振动分析优化钢结构桥梁疲劳设计参数的方法；第 9 章介绍基于车桥耦合振动中车辆动力响应识别桥梁模态的方法；第 10 章介绍基于车桥耦合振动的桥梁损伤识别方法。

本书由邓露负责规划和统稿，邓露、王维、孔烜、蔡春声分工撰写。具体分工情况如下：邓露、蔡春声撰写了第 1 章，邓露撰写了第 3 章、第 4 章、第 5 章的 5.1 节和 5.2 节、第 6 章、第 7 章；王维撰写了第 2 章、第 5 章的 5.3 节和 5.4 节、第 8 章；孔烜撰写了第 9 章和第 10 章。此外，邓露完成了全书内容的审阅定稿。博士生何维、硕士生陈雅仙等协助完成了本书中部分车桥耦合振动的算例分析。

公路车桥耦合振动相关研究得到了国家自然科学基金（编号 51778222、51478176、51208189）和湖南省科技厅基金（编号 14JJ1014、2017SK2224）等项目的支持。向关心、支持和资助相关研究工作，以及协助本书出版的各相关部门、单位和个人表达诚挚的谢意！首先要感谢国家自然科学基金委员会、湖南省自然科学基金委员会、湖南省科技厅的资助。其次要感谢国内外车桥耦合振动领域内知名学者的大力支持，特别是美国科罗拉多州立大学陈甦人教授，美国康涅狄格大学张伟教授，北京交通大学夏禾教授，西南交通大学李永乐教授、李小珍教授，长安大学韩万水教授，暨南大学余岭教授等对本书提出的宝贵意见。最后要感谢课题组的研究生们，他们都参加了课题的研究工作，付出了辛勤的劳动，本书的出版是大家共同努力的结果。

限于作者水平，书中难免有不足之处，敬请广大读者批评指正。

邓　露

2019 年 6 月

目 录

第1章 绪　　论

1.1　公路桥梁振动问题

桥梁在风、地震、车辆、人等外部荷载作用下会发生受迫振动，严重时可能影响桥梁的正常使用，甚至导致桥梁倒塌。例如，1940 年 11 月 7 日美国 Tacoma 大桥在持续风荷载作用下发生剧烈振动并垮塌（图 1.1）。2007 年 5 月 13 日，江苏常州运河大桥因超载车辆快速通过引发剧烈振动继而发生桥面坍塌（图 1.2）。2008 年 5 月 12 日，地处映秀镇和漩口镇交界处的百花大桥由于地震作用而发生整体性倒塌（图 1.3）。

图 1.1　风致振动导致垮塌的 Tacoma 大桥

图 1.2　车致振动导致桥面坍塌的江苏常州运河大桥

图 1.3　地震导致倒塌的百花大桥

近年来，随着我国经济的快速发展，公路交通车流密度和载重量日益增大，车辆荷载作用下桥梁结构损伤加剧，甚至由超载引发的桥梁倒塌事件也屡见不鲜。因此，车辆荷载作用下的桥梁结构振动问题是桥梁设计和安全评估时需要关注的重要问题。实际上，不仅行驶中的车辆会对桥梁结构产生动力冲击作用，引起桥梁振动和疲劳等问题，桥梁的振动反过来也会对车辆的行车安全性和舒适性产生不利的影响。基于此，对车桥耦合振动系统进行深入研究，获得桥梁结构和桥上行驶车辆准确的动力效应，是桥梁结构设计和维护管养的理论基础，也是桥上交通管理的重要科学依据。

1.2　公路车桥耦合振动研究

1.2.1　车桥耦合振动问题的本质

车辆在公路桥梁上行驶的过程中会引起桥梁振动，而桥梁的振动反过来又会影响车辆的振动，这种相互作用和影响就是车辆与桥梁之间的耦合振动。在移动车辆荷载的长期作用下，桥梁构件会产生疲劳损伤累积，导致强度降低。而车桥耦合振动引起的动力效应还会放大桥梁响应，尤其是当车辆荷载的激励频率与桥梁的固有频率（尤其是基频）较为接近时，可能引发车桥共振，产生更为剧烈的动力响应，甚至可能导致桥梁坍塌。因此，车桥耦合振动问题一直是桥梁工程界关注的重要问题。

从动力学的角度来看，汽车是由车体、车轮、悬挂系统等组成的多自由度振动系统。在车辆自重和桥面不平整度的激励下，行驶车辆会对桥梁结构产生动力冲击作用，迫使桥梁发生振动，桥梁的振动反过来又影响车辆的振动。这样，车辆和桥梁通过车轮和桥面的接触相互影响，形成一个复杂的多自由度耦合振动系统。

车桥耦合振动的研究源于对列车与铁路桥梁耦合振动的研究。早在 19 世纪 40 年代，英国 Chester 铁路桥因列车通过引起过大的振动而折断的重大事故引起了国外学者对铁路车桥耦合振动的广泛关注。相比铁路车桥耦合振动的研究，公路车桥耦合振动的研究起步较晚。公路桥梁与车辆的耦合振动是一个非常复杂的问题，要准确获得桥梁和车辆的动力响应，必须全面考虑车体质量、悬挂系统刚度和阻尼、车速、桥面不平整度以及桥梁的动力特性等诸多因素的综合影响。早期的车桥耦合振动研究主要依靠现场试验、解析分析和简单的数值计算。由于车桥耦合振动问题本身的复杂性，早期的理论研究方法对实际车桥耦合振动中复杂工况的处理能力有限，计算机精度也相对不高。试验研究是研究车桥耦合振动问题最可靠的手段，但通常需要耗费大量的人力、物力，不利于大范围研究。近几十年来，随着数值计算方法的进步和计算机硬件技术的迅速发展，各种仿真软件相继被开发，基于数值仿真的车桥耦合振动研究有了很大的进展。

1.2.2 车桥耦合振动的研究内容

车桥耦合振动问题是一个涉及桥梁工程学、交通工程学、车辆动力学、振动控制等多个领域的综合性复杂科学问题。目前，车桥耦合振动研究主要包括以下几个方面的内容。

（1）移动车辆荷载作用下桥梁振动的基本理论

车桥耦合振动的基本理论研究，包括简支梁在移动力、移动集中质量、移动均布质量、移动车轮加弹簧质量作用下的振动，简支梁在变速荷载作用下的振动，车桥耦合共振机理及消振方法等方面。

（2）移动车辆荷载特性和模拟方法

研究移动荷载（汽车、火车、移动荷载列）的特性，包括交通流的组成、单个车辆的轴数、轴距、轴重、悬挂系统的刚度与阻尼等特性，车辆行驶速度与横向分布位置、系统自激励（桥面不平整度）的特性，以及荷载的数值模拟方法。

（3）公路桥梁结构在车辆荷载作用下的动力响应分析

利用车桥耦合振动系统模型，计算各类桥梁结构在移动车辆荷载作用下的动力响应，包括桥梁的动挠度、竖向和横向振幅、振动频率、动力冲击系数、动态支座反力、墩台的动位移和振幅等。这些动力分析结果在桥梁结构的设计和安全评估中具有重要的参考价值。

（4）风、地震等环境荷载作用下车桥耦合振动系统分析

对于大跨度桥梁，风、地震等环境荷载作用下的车桥耦合振动研究不仅关乎桥梁本身的安全，对于行车安全也非常重要。将风速（或风力）时程或地震波输入车桥系统，计算风荷载或地震荷载作用下桥梁结构和桥上运行车辆的动力响应，根据结果可对车辆安全通行条件进行评估，从而在必要时进行管控。

对于跨越河流或其他交通线路的桥梁，船舶、漂流物、车辆等撞击作用下的车桥耦合振动和行车安全的研究也是十分重要的。将撞击荷载时程输入车桥系统，计算撞击荷载作用下桥梁和桥上运行车辆的动力响应，根据结果可对车辆和桥梁运营安全进行评估。

（5）桥梁结构在各种荷载作用下的振动控制问题

研究桥梁结构在车辆荷载及其他环境荷载作用下的振动特性、桥梁振动控制理论和方法，利用车桥耦合振动分析方法获得桥梁振动控制策略和振动控制参数，以及评估振动控制效果等。

（6）基于车桥耦合振动的桥梁损伤诊断方法

基于车桥耦合振动分析理论，探究车辆和桥梁动力响应与桥梁损伤的内在关联机理，开发基于少量测点响应的桥梁损伤定位和定量评估方法。研究直接利用车致桥梁振动响应

和间接利用通行车辆响应识别桥梁模态参数和结构损伤的理论方法与实用技术。

1.2.3　车桥耦合振动的研究方法

车桥耦合振动的研究方法主要分为试验研究法和理论分析法，其中理论分析法包括古典解析法和数值模拟法。

1. 试验研究法

在高效的数学分析方法出现之前，现场试验是研究车桥耦合振动的主要手段。例如，在研究车桥耦合振动导致的动力冲击系数时，一般是进行大量试验测试，记录和分析实测的桥梁动力冲击系数，总结出桥梁动力冲击系数的经验公式，用于指导和评估桥梁设计。此外，车桥耦合振动数值分析方法出现之后，试验方法也用于验证这些仿真系统计算结果的准确性，经过试验验证的仿真系统可用于模拟不同工况下的车桥相互作用，以节省大量的试验工作量，但一般需要在现场试验的基础上先对车桥耦合振动分析模型进行修正。

2. 理论分析法

（1）古典解析法

所谓古典解析法，就是通过建立车辆-桥梁振动系统的动力微分方程来描述系统的振动，并利用解析方法求解动力微分方程来获取车辆与桥梁的动力响应。古典解析法作为车桥耦合振动的早期研究方法，为车桥耦合振动机理提供了一种直观的理解方式。不过，由于微分方程求解的实际困难，对于车桥耦合振动这一相当复杂的问题，仅在一些特定的简化情形下可以获得较为精确的解析解，而在绝大多数情况下无法获得解析解。

（2）数值模拟法

对于车桥耦合振动问题，早期研究主要采用的是古典解析法和试验研究法，基于数值计算的仿真模拟方法是后来发展起来的另一类重要的研究方法。常用的数值模拟方法包括有限元方法、边界元方法和混合方法。早期受计算条件的限制，数值模拟法也存在模型简单、计算结果不够精确的问题。近几十年来，随着高性能计算机和计算理论的发展，数值模拟法的效率和精细化程度越来越高，车桥耦合振动数值仿真系统能越来越真实地模拟车辆动力特性、桥梁动力特性，以及桥面不平整度等因素，逐渐成为研究车桥耦合振动问题的主要工具之一，在众多相关的研究领域中发挥着越来越重要的作用。

就试验研究法而言，车桥系统的振动可采用缩尺模型试验、原型试验和现场试验方法，试验得到的结果能够客观地反映公路桥梁在车辆动荷载效应作用下的实际响应。然而，如果试验仅停留在车桥动力响应的采集上，而不进一步揭露其内在机理，则当桥梁结构类型、跨径及车辆性能等因素变化时，就又需要进行大量的试验，消耗大量的人力、物力和时间。

另外，单纯利用理论分析来解决这一问题也存在困难。这是因为车辆荷载作用下的桥梁振动是一个十分复杂的问题，受车体动力特性、桥梁动力特性、桥面不平整度，以及车轮和桥面之间的接触关系等诸多因素影响。尽管车桥耦合振动理论研究方法已经较为成熟，但仿真方法的准确性仍然依赖于系统参数的准确度。因此，试验研究法目前仍然是处理车桥耦合振动系统参数不确定性问题的根本方法。

因此，针对车桥耦合振动问题，采用理论分析（包括古典解析法和数值模拟法）与试验相结合的方法进行研究是较为合理的方案：首先，建立车桥耦合振动分析的理论模型（或仿真系统）；其次，利用试验研究验证理论模型的正确性；最后，基于经过验证的仿真系统进行车桥耦合振动相关问题的深入研究，如研究桥梁和车辆动力特性参数对车桥耦合振动的影响，分析各种运营条件下桥梁和车辆的安全性，评估桥梁损伤与疲劳寿命等。

1.3　车桥耦合振动的研究进展

1.3.1　试验研究进展

车桥耦合振动研究最早始于铁路桥梁，随着公路车辆数量和载重量的增长，公路桥梁因车致振动而引发的事故逐渐增多，因此国内外学者开始了对公路车桥耦合振动的研究。车桥耦合振动机理极为复杂，在计算机与仿真技术大力开发之前，现场试验法是早期研究车桥耦合振动最主要的方法。

早在 1844 年，法国和英国的工程师们利用 Britannia 桥的模型试验研究了移动车辆荷载下桥梁模型的动力性能和承载能力。针对英国的一些铁路桥梁事故，英国工程师 Willis 从 1849 年开始对铁路桥梁进行系统的模型试验。Willis 发现，在移动荷载作用下，桥梁振动将导致其承受比静荷载作用下更大的变形和应力。Willis 认为，车辆荷载的动力效应是不可忽视的，尤其当动态车辆荷载处于桥梁的最不利位置同时又达到共振条件时，动力效应甚至可能导致桥梁破坏。1880 年左右，欧美地区的多座铁路桥梁相继出现问题，研究人员开始对一些列车正在通行的铁路桥梁进行振动测试。基于测试所得的数据，研究人员发现了荷载的冲击作用，并提出了动力效应的概念。当时的研究人员提出用冲击系数来量化这一效应，其定义为最大动态位移和最大静态位移的比值。

虽然公路桥梁的车辆耦合振动问题不如铁路桥梁严重，但其激励机制更具复杂性。法国工程师 M.Deslandres 于 1892 年在巴黎附近的 Pontoise 桥上，首次采用振动记录仪进行了公路桥梁荷载动力试验。1910 年，为了解车辆荷载的冲击作用，美国在若干公路桥梁上做了振动试验。20 世纪 30 年代，欧美国家针对公路桥梁荷载动力效应还进行了一系列的研究。1931 年，基于大量简支梁桥的实测数据，英国土木工程师协会制定了最早的公路桥梁荷载冲击系数规范。瑞士的 EMPA 实验室在 1958～1981 年对 226 座不同类型的公路桥梁进行了试验研究。基于试验获得的大量实测数据，EMPA 实验室指出车辆振动实质上是一种强迫振动现象，并将冲击系数定义为桥梁基频的函数（Cantieni，1983）。加拿大安大略省交通管理局为了修订加拿大安大略省桥梁设计规范，也对大量桥梁进行了试验研究，并在修订的规范中使用桥梁基频的函数计算动力冲击系数（Billing，1984）。

从 20 世纪 30 年代到 90 年代，美国、加拿大、瑞士等多个国家开展了大规模的桥梁现场试验，积累了关于动力冲击系数的大量原始试验数据，为各国规范中的动力冲击系数的制定提供了理论依据。在我国，吉林省交通科学研究所（李玉良等，1996）从 7 座跨径不同、结构各异的桥梁上收集了 6 600 多个具有代表性的动力冲击系数样本，通过拟合得到了动力冲击系数与桥梁基频的关系式。这一关系式后来经过修正被我国《公路桥涵设计通用规范》（JTG D60—2015）采用，作为动力冲击系数的计算公式。

1.3.2　理论研究与应用进展

尽管现场试验法是研究车桥耦合振动最直接、最可靠的方法，但受试验条件等因素限制，现场试验法并不能用于解决与车桥耦合振动相关的所有问题。理论研究方法，尤其是近几十年发展起来的数值仿真技术，逐渐成为车桥耦合振动的主要研究方法之一，成为现场试验法的合理补充。车桥耦合振动计算理论研究主要包括两个方面：一是车辆、桥梁结构和桥面不平整度等其他条件因素的数学模型表达，二是车桥耦合时变系统动力学方程的求解。在模型研究方面，车桥振动分析模型从早期分布质量体系解析模型逐渐发展为现代精细有限元仿真模型，并可以充分考虑桥面不平整度对车桥系统振动的影响。同时，多种数值积分方法和处理技术的提出和成熟应用，也大大提高了车桥动力学方程求解的精度和效率。这样的仿真系统对不同车型、不同车速、不同桥面不平整度、不同桥型和结构尺寸下的桥梁振动均可以进行有效的模拟，从而获得车辆通过桥梁整个过程中桥梁和车辆振动的完整时程响应。Yang 和 Lin（2014）、李小珍等（2008）、杨建荣（2007）分别对车桥耦合振动的理论发展和分析模型进化历史进行了较为全面的综述。Zou 等（2016）对不同车辆模型、桥梁模型、桥面不平整度模型、车轮-桥面接触模型等对车桥振动系统响应的计算精度、计算速度和计算稳定性的影响进行了深入的对比分析，可作为不同应用情况下车桥振动计算模型选择的参考。数值仿真技术作为一种高效、经济的研究手段，在车桥耦合振动相关的众多研究问题上起到了重要作用。因此，本节将着重介绍车桥耦合仿真分析技术在相关研究领域中的应用情况和取得的主要进展。

（1）桥梁动力冲击系数研究

动力冲击系数（impact factor，IM）一般定义为

$$IM = \frac{R_{dyn} - R_{sta}}{R_{sta}} \qquad (1.1)$$

式中，R_{dyn} 为移动车辆荷载作用下桥梁上研究点位置的最大动响应；R_{sta} 为相应车辆荷载作用下桥梁上研究点位置的最大静响应。

冲击系数是表征移动车辆荷载对桥梁的冲击效应的重要指标，也是一个受多重因素综合影响的参数。传统研究是通过实桥试验采集桥梁响应数据来计算动力冲击系数的，并通过对采集的样本进行回归分析来获得动力冲击系数的经验计算公式。但是，试验方法一般成本较高，不易实施。此外，不同桥梁受力状况不同，数量有限的桥梁实测结果可能不具有广泛代表性。相对而言，基于数值模拟的冲击系数分析则具有成本低和可灵活模拟不同桥梁、不同工况的特点，因而受到了越来越多的关注。

国内外众多学者通过对车桥耦合振动进行大量的模拟分析，发现桥面不平整度、桥梁结构类型、车辆行驶速度、轴重、轴距、车辆悬挂参数都会对动力冲击系数产生影响（Deng et al.，2015a；Moghimi et al.，2008a；Zhang et al.，2006）。早期学者一般认为，动力冲击系数与桥梁结构跨径和结构频率的相关性较为显著（Schwarz et al.，2001；Li et al.，2008），因而多个国家的桥梁规范将动力冲击系数定义为桥梁跨径或基频的函数。然而，后来的研究发现这个关系可能不够准确。最新研究表明，基频或跨径相同但截面类型不同的桥梁动力冲击系数可能相差 30%以上（邓露等，2015）；而且动力冲击系数与桥梁上部结构的支承方式也有关系，如连续桥梁的动力冲击系数与简支梁桥的动力冲击系数规律不尽相同（Deng et al.，2015a）；也有学者指出，基于不同类型桥梁响应计算的冲击系数也有明显差异，如基于挠度计算的动力冲击系数一般要大于基于应变计算的动力冲击系数（Szurgott et al.，2011），而由桥梁整体响应计算的动力冲击系数和由局部响应计算的动力冲击系数也有

不同的特点（Yu et al.，2017）。因而，对不同的桥梁响应（桥梁整体响应、局部构件响应）和结构类型（混凝土桥梁、钢结构桥梁、钢混组合桥梁）使用相同的动力冲击系数值是不合理的。此外，多位学者发现，相对于桥梁基频本身，车辆-桥梁频率之间的相近程度可能对动力冲击系数的影响更大（Li，2005），即车辆荷载激振频率越接近桥梁基频，桥梁的动力响应越剧烈。Pan 等（2002）进一步指出，激振频率并不只由车辆基频决定，还受桥面不平整度、车速、桥梁跨度等因素共同影响。而事实上，桥面不平整度是车桥耦合振动的主要激励源（Kim et al.，2007；Deng et al.，2010a；韩万水 等，2011）。在桥面等级较差的情况下，实际的冲击系数可能远超其设计值。因此，维护桥面平整对降低车辆的动力荷载效应具有重要意义。

车辆和桥梁振动的强耦合特性使这个问题本身更具复杂性。冲击系数本质上受多重因素同时影响，因而在未来研究中可考虑进一步改进车桥耦合振动模型，进行更广泛的多参数敏感性研究。另外，近年来一些新的建筑材料（如 FRP、HPC 材料等）开始应用于桥梁建设，对这些新型材料建成的桥梁的动力冲击系数研究也亟待开展。同时，应加强实际交通荷载情况（如随机车流荷载作用）和桥面状况下动力冲击系数的研究。尤其应在既有桥梁的动力冲击系数评估中充分考虑桥面平整度退化的影响。此外，还可在车桥耦合仿真的基础上通过引入概率方法、区间估计方法及神经网络等新型算法来提高动力冲击系数估计的准确度。

（2）桥梁疲劳问题研究

车辆荷载的反复作用会导致桥梁钢构件及其连接部位产生疲劳损伤，当疲劳累积损伤超过疲劳抗力后结构将发生脆性破坏，甚至引起桥梁垮塌。获取实际车辆荷载作用下的疲劳应力谱是准确评估疲劳损伤的基础。获取应力的方法包括实测法和数值模拟法，前者利用长期健康监测系统进行测量（Deng et al.，2015b），后者是基于随机车流下的车桥耦合振动仿真分析（Albuquerque et al.，2015）。基于实测应力的疲劳评估结果精确可靠，但一般只能获得有限测点数据，且评估结果只适用于被测桥梁，不具有广泛的代表性。基于实测车流动态称重（weigh-in-motion，WIM）数据的车桥耦合振动模拟则可以获得目标桥梁和桥梁任意位置的应力数据，具有更好的适应性。

基于车桥耦合振动的桥梁疲劳分析方法首先通过车桥振动仿真获取桥梁钢构件在车辆作用下的应力响应时程，然后对应力幅和应力循环进行计算，再结合疲劳损伤准则进行疲劳设计和评估。在此基础上，一些学者还提出了风-车-桥耦合作用下大跨桥梁疲劳研究的分析框架（Chen et al.，2007）。

利用基于车桥耦合振动的桥梁疲劳分析方法，国内外学者对桥梁钢构件疲劳进行了多方面的研究，并获得了许多重要的结论。在影响因素方面，众多学者分析了行车速度、车辆总重等因素（刘扬等，2016b；Yan et al.，2017），尤其是桥面不平整度对钢桥疲劳寿命的影响。如 Zhang 等（2013）研究了桥面劣化对非线性疲劳损伤的影响，指出了桥面平整度下降会迅速增大桥梁的疲劳损伤。邓露等（2017）通过研究简支钢梁桥的疲劳损伤问题，发现了桥面不平整度对应力幅冲击系数的影响会大于对应力冲击系数的影响。在疲劳损伤参数优化方面，Wang 等（2016）提出了通过考虑桥梁全寿命周期内车辆动力效应来确定简支钢梁桥疲劳极限应力循环数的方法。Wang 等（2016）提出了考虑桥面劣化的疲劳冲击系数设计值。Zhang 等（2013）则基于疲劳可靠度提出了针对既有桥梁评估的疲劳冲击系数。在交通流管控方面，Wang 等（2016）和罗媛等（2017）分别研究了随机重载车辆对桥梁疲劳寿命的影响，发现对超载车辆进行有效限制可使桥梁结构疲劳可靠指标显著提升。刘扬等（2016a）研究了考虑实际运营状态和交通量增长的悬索桥钢箱梁顶板-U肋构造细节的疲劳可靠度，指出在运营期间应通过实测车流数据对交通量进行控制，以确保桥梁的疲劳可靠性。

（3）桥梁结构损伤识别研究

随着我国交通量增长和桥梁服役时间增加，桥梁结构损伤会不断出现，因此检测在役桥梁工作状态，及时发现桥梁损伤，以防止桥梁突然失效变得越来越重要。早期桥梁结构损伤识别主要依靠肉眼观察和静态试验。为提高检测效率并尽可能消除人为主观影响，基于桥梁振动的检测方法被提出并得到了广泛应用。然而这些方法需要在中断交通的情况下进行。近年来，基于车桥耦合振动的检测方法被提出并应用于桥梁损伤探测，这些方法大幅降低了检测难度，具有易于实现、成本低、可考虑损伤时变性和反映桥梁真实服役状态下的工作状况的优点，因而越来越受到重视（Kong et al.，2013）。基于车桥耦合振动的桥梁损伤识别方法可分为3类：利用车辆荷载激励下桥梁结构的振动响应进行损伤识别的方法（直接法），利用车辆振动响应进行桥梁损伤识别的方法（间接法），以及综合利用车辆和桥梁结构的振动响应进行桥梁损伤识别的方法。

早期基于车致桥梁振动响应进行桥梁损伤识别主要是利用灵敏度分析方法（Bu et al.，2009；Lu et al.，2007，2011；卜建清等，2007），通过研究给定系统的状态或输出对系统参数变化的敏感程度以进行结构的参数识别和损伤识别。灵敏度分析方法一般是将车辆作为移动荷载，忽略了车与桥之间的相互作用，在损伤识别过程中易造成误判，只适用于车桥质量相比可以忽略不计且不考虑车辆响应的情况。另外，由于桥梁结构响应受测试精度的影响较大，而且一般只选用单测点或少量测点的响应来识别损伤，其准确性不高。安宁等（2012）提出了一种基于响应互相关函数的灵敏度分析方法来提高准确性。这类方法存在计算量大、不能在线使用等问题。之后，信号处理技术在结构损伤识别中得到了广泛应用，通过对输入和输出信号的分析，从含有噪声的结构动力响应信息中尽可能多地获取结构的特征信息，包括小波分析、经验模态分析和 Hilbert-Huang 变换（HHT）等方法。Zhu和 Law（2006）提出用连续小波变换的方法分析梁式桥梁结构在移动载荷作用下某点的响应，利用变换后小波系数在载荷经过裂纹位置时出现峰值的特点，达到定位损伤的目的。这种新方法最大的优点是只需要单个传感器，方法简单，操作性强。而 HHT 不需预先选择基函数，具有完全自适应性，更适于突变信号的检测。Roveri 和 Carcaterra（2012）利用HHT 分析桥梁在移动载荷作用下跨中位置位移响应，成功地进行了损伤定位。最新的方法是与人工智能相结合，包括模式识别、遗传理论与神经网络等方法。单德山和李乔（2009）利用聚类方法对移动车辆引起的桥梁振动进行模式识别，以估计桥梁结构的损伤位置和损伤程度。战家旺等（2011）也提出了一种在线损伤定位和定量分析方法，利用桥梁加速度等响应识别桥梁的绝对损伤或相对损伤。

近年来，学界发展出了利用桥上通行车辆的响应识别桥梁损伤的方法（王树栋等，2008；Nguyen and Tran，2010；Li and Law，2012；Yang and Chen，2015；Kong et al.，2016）。Yang 和 Lin（2004）提出了利用车辆响应识别桥梁振动频率的间接法。该方法只需在移动车辆上安装一个加速度传感器，就能识别桥梁的低阶频率，并结合经验模态分解和滤波等信号处理方法提高桥梁频率提取的分辨率与可行性（Yang et al.，2009a；2009b；2012；2013）。Qi 和 Au（2017）提出了基于冲击激励下车辆动力响应的桥梁振型识别方法。McGetrick 等（2009）从理论上研究了利用车辆响应获取其他参数的可行性，包括桥梁结构的阻尼、桥面不平整度和车辆的轴力等（McGetrick et al.，2013），通过试验验证桥梁频率的提取只在车辆低速行驶且桥梁振动较大的时候才有可能。贾宝玉龙（2016）基于移动车辆响应提取出桥梁振型并应用改进的直接刚度法进行初步损伤识别。这些方法通过对车辆响应进行快速傅里叶变换（fast Fourier transform，FFT）、小波变换等信号处理来识别桥梁固有频率和抗弯刚度的变化，进而实现对损伤位置和损伤程度的识别。因为仅需测量车辆自身振动响应，所以该类方法的操作非常简便，具有良好的工程推广价值。

桥梁结构损伤并非只是刚度的降低，其损伤类型多种多样，单从一方面来判断结构损伤情况是不全面的，有必要综合利用桥梁结构响应和车辆响应进行损伤检测。Khorram 等（2012）比较了用连续小波变换分析桥梁跨中的响应和分析移动测试装置上的响应，两种方法均能定位损伤，但是后者在灵敏性上更有优越性。Chen 等（2006）通过影像视频获取移动车辆的类型，得到时间和速度等参数，并与桥梁上安装的传感器数据进行同步，得到在随机车流作用下结构的数值模型，用于桥梁参数的识别和性能评估的不确定性分析。

（4）公路桥梁的振动控制研究

通过在桥梁上安装特定的装置，可以实现对桥梁振动的被动控制或主动控制，相关的振动控制理论和控制装置参数优化设计方法已经得到了广泛研究。传统振动控制方法一般仅考虑桥梁结构本身的特性（如桥梁固有频率）。然而，桥梁振动本质上为受迫振动，忽略外荷载特性的振动控制方法显然是不够合理的，应考虑根据其承受的载荷特点来进行针对性的振动控制（Stancioiu and Ouyang，2016a）。因此，近年来国内外学者开始考虑车辆荷载动力效应的影响，并将车桥耦合振动分析引入桥梁减隔振的研究中（陈柯等，2013）。Tsao 等（2001）提出了针对车辆多体模型和分布质量体系桥梁模型的振动控制方程，并将其应用于重载车辆-桥梁耦合振动的仿真分析与振动控制；彭献等（2006）推导了车-桥-调质阻尼器（tuned mass damper，TMD）系统的无量纲运动微分方程，并研究了车辆变速通过非光滑桥面时 TMD 对桥梁振动的抑制效果。这些成果可为控制器设计提供理论参考。

还有一些学者对桥梁振动控制（减振）策略进行了研究。Stancioiu 和 Ouyang（2016b）研究了控制策略时变性对控制效果的影响，指出基于时变的振动控制策略相较于非时变的振动控制策略可以更有效地耗散车桥系统的振动能量，还发现激励器的数量和安装位置对振动控制的效果也有很大影响。Zribi 等（2006）研究了减振装置非线性的影响，并提出了利用线性和非线性两种液压激励器进行悬索桥主动控制的方法，两种方法均利用车桥耦合振动响应的仿真结果来预测实时控制力。数值模拟结果显示，两种方法均可以大幅降低缆索和桥面板的竖向振动。黎明安等（2011）进行了半主动控制的尝试，利用弹簧和阻尼器实现了一种具有状态反馈特点的半主动控制模型，并通过车桥耦合振动分析证明该模型减振效果非常可观，其对于桥梁位移振幅的削减幅度甚至可达 80%；而 Máca 和 Valásek（2006）从降低轮胎接触力的角度出发，提出了半主动控制悬挂系统的桥梁友好型车辆模型，并通过车桥耦合仿真求解不同车辆参数下耦合系统的目标响应数据，获得了优化的车辆悬挂系统参数。

（5）桥上行车舒适性研究

受桥面不平整度等因素影响，车辆行驶过程中会发生不规则振动，从而影响驾乘人员的舒适感和车辆零件的寿命，故行车舒适性（又称为汽车平顺性）的研究最先在道路工程和车辆工程领域开展（Stikeleather，1976），一些较为合理的舒适性评定标准也被相继提出（ISO2631-1，1997；赵锐军，2011）。当车辆通过桥梁时，车桥振动耦合效应能进一步加剧车辆振动，因此桥上行车舒适性设计已成为桥梁工程设计中的一项重要内容（Moghimi and Ronagh，2008b）。为了准确、定量地评价桥上行驶车辆的舒适性能，必须综合考虑桥面平顺性、桥梁和车辆的动力性能及人的感官知觉等各方面因素。近年来，国内外许多学者基于车桥耦合振动分析，从改善乘车舒适性出发，做了更加全面、深入的试验研究和理论分析。

车桥耦合数值仿真可以获得车辆车体各部位的振动响应，因此非常适合用于乘车舒适性的研究，如李江龙等（2009）对南京长江二桥南汊主桥、陈水生等（2015）对药湖高架桥、韩万水和陈艾荣（2008）对杭州湾跨海大桥、孙全胜等（2017）对某斜拉桥上过桥车辆的行车舒适性进行的研究。这些研究首先利用数值方法计算车辆和桥梁的动力响应，然后参照行车舒适性评价相关标准计算行车舒适性参数值，最后进行行车舒适性评价。研究结论普遍认为桥面不平整度是影响行车舒适性的最主要因素，因此维护桥面平整对改善行车舒适性具有决定性意义。而对于其他因素的影响，仍存在分歧，如陈水生等（2015）指出车速对行车舒适性影响较小，但孙全胜等（2017）持相反观点，其指出车速对行车舒适性有很大的影响，但并非单调相关，不同车辆的最差舒适性对应不同的行车速度。除此之外，一些学者还研究了桥梁上拱程度（曹胜语等，2008）、主梁刚度平顺性（刘全民等，2013）、其他环境荷载共同作用（韩万水和陈艾荣，2008）、多车辆通行（王贵春和李武生，2016）等对行车舒适性的影响。桥梁设计中应针对桥梁实际情况及其荷载情况进行针对性的舒适度验算。

（6）桥上车辆荷载动态识别

准确快速识别过往超载车辆并提供预警，对于控制车辆超载、降低桥梁损伤和减少安全事故具有非常重要的意义。桥梁动态称重（bridge weigh-in-motion，BWIM）是一种基于车桥耦合振动的车辆荷载动态识别方法。该方法不仅能快速、准确识别车辆荷载，同时施工简便、不中断交通、不破坏路面，在超载车辆监控特别是城市桥梁超重车辆监测和车辆快速计重收费等方面具有巨大的应用潜力，因而近年来受到了国内外学者的广泛关注。广义的 BWIM 技术包括用于识别车辆静轴重的桥梁动态称重（狭义 BWIM）技术和以识别车辆轮载时程为目标的移动荷载识别（moving force identification，MFI）技术。Deng 和 Cai（2009）提出了一种基于车桥耦合振动的 MFI 方法，该方法基于三维车桥耦合振动模型和荷载叠加法，利用影响面直接计算任意时刻的车辆荷载。Yu 等（2016）系统地总结了 BWIM 技术的发展，并对现有称重算法进行了详细的比较。

第2章 车桥耦合振动模型及动力学方程

在车桥耦合振动研究早期，研究者们试图以解析模型来描述车桥系统。因此，车桥系统在当时被模拟为平面梁上的移动质量模型。之后逐渐发展出仅考虑桥梁质量的平面梁上移动集中力模型、移动简谐力模型和同时考虑车辆-桥梁质量的梁上移动质量模型等的简化模型。随着数值仿真技术的发展，车桥耦合振动中的车辆和桥梁模型都发展成复杂的空间多自由度模型。本章主要介绍车桥耦合振动系统各部分的模拟方法及动力学方程的建立过程。

2.1 车辆建模方法和常见车辆模型

车辆荷载模型的发展经历了从最初的移动荷载模型到弹簧-质点模型再到三维车辆数值模型的过程。从动力学角度来看，车辆动力学模型是一个复杂的力学系统，包含车体质量、悬挂系统刚度和阻尼等与车辆动力特性密切相关的要素。从运动学角度来看，车辆运动主要包含车体的俯仰运动、沉浮运动和侧翻运动。目前，国际上常用于公路车桥耦合振动分析的车辆动力学模型有美国学者 Wang 和 Huang（1992）提出的三轴车辆模型和爱尔兰学者 Obrien 等（2006）提出的五轴车辆模型。这两个模型充分考虑了车辆结构自身的振动特点，对车体、悬挂系统、车轮等部件都用相应的质量、弹簧质子及阻尼器模型进行模拟。2006 年，波兰华沙工业大学 Kwasniewski 等（2006）基于 LS-DYNA 平台建立了五轴拖挂车的高精度仿真有限元模型（图 2.1），用于分析美国佛罗里达州某三跨简支梁桥的车桥耦合振动，并通过现场试验对模型进行校核和修正。该模型构造复杂、建模难度大，是目前仿真度最高的车辆模型之一，可精确地反映车辆各部位在车桥耦合振动中的响应，具有一定的价值。

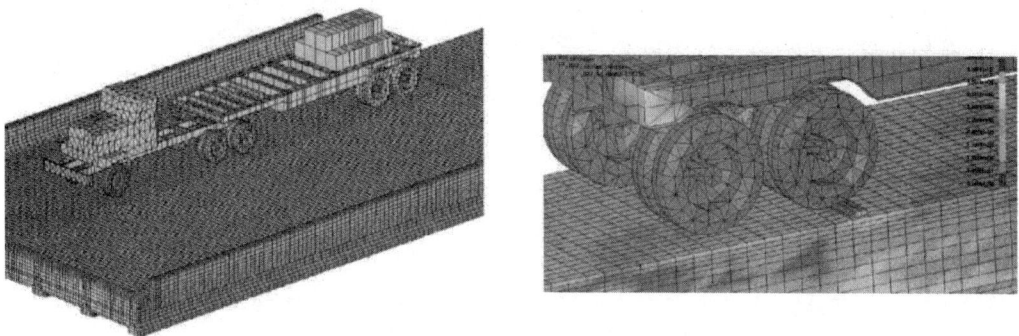

图 2.1 五轴拖挂车的高精度仿真有限元模型

Wang 等提出的三轴车辆模型对应美国国家高速公路和交通运输协会（American Association of State Highway and Transportation Officials，AASHTO）桥梁设计规范中的 HS20-44 卡车荷载，该车辆模型参数根据大量美国卡车参数统计确定，已被许多学者用于车桥耦合振动的相关研究。Obrien 等提出的五轴车辆模型及其参数取值则参考了大量欧洲卡车的统计数据。为了更准确地模拟我国车辆的动力效应，邓露等（2018）根据我国桥梁设计使用的车辆荷载和我国卡车参数统计数据提出了适用于我国车桥耦合振动分析的三维车辆动力学模型。

车辆模型通常根据 Hamilton 原理或 d'Alembert 原理建立。下面利用直接平衡法（d'Alembert 原理）分别建立对应美国 AASHTO 桥梁设计规范 HS20-44 车辆设计荷载和我国桥梁车辆设计荷载的计算模型。

如图 2.2 所示，HS20-44 车辆被离散为凝聚质量-弹簧-阻尼模型。车辆的自由度向量为

$$d = \left[Z_{aL}^1, Z_{aR}^1, Z_{aL}^2, Z_{aR}^2, Z_{aL}^3, Z_{aR}^3, Z_{r1}, \Phi_{r1}, \Theta_{r1}, Z_{r2}, \Phi_{r2}, \Theta_{r2} \right] \tag{2.1}$$

式中，$Z_{aj}^i \left[i = 1, 2, 3; j = \text{R（右）}, \text{L（左）}; a \text{表示车轴} \right]$ 为各车轮的竖向位移；$Z_{ri}(i = 1, 2)$ 为各车体的竖向位移；$\Phi_{ri}(i = 1, 2)$ 为车体的翻转角；$\Theta_{ri}(i = 1, 2)$ 为车体的俯仰角；r1, r2 为不同车体。同时，$\dot{d}$、$\ddot{d}$ 分别为位移关于时间 t 的一阶导数和二阶导数，即速度向量和加速度向量。

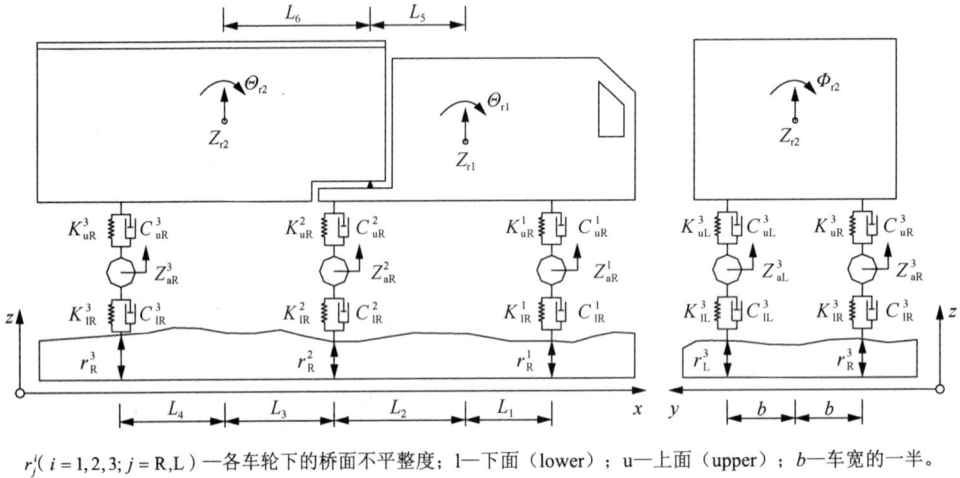

$r_j^i(i = 1, 2, 3; j = \text{R,L})$ 一各车轮下的桥面不平整度；l一下面（lower）；u一上面（upper）；b一车宽的一半。

图 2.2　AASHTO HS20-44 车辆凝聚质量-弹簧-阻尼模型

车辆的质量（转动惯量）向量为

$$M = \left[M_{aL}^1, M_{aR}^1, M_{aL}^2, M_{aR}^2, M_{aL}^3, M_{aR}^3, M_{r1}, J_{yz}^1, J_{zx}^1, M_{r2}, J_{yz}^2, J_{zx}^2 \right] \tag{2.2}$$

式中，$M_{aj}^i(i = 1, 2, 3; j = \text{R, L})$ 表示各车轮质量；$M_{ri}(i = 1, 2)$ 表示各车体的质量；$J_{yz}^i(i = 1, 2)$ 表示影响各车体翻转特性的转动惯量；$J_{zx}^i(i = 1, 2)$ 表示影响各车体俯仰特性的转动惯量。

车辆的刚度系数向量为

$$K = \left[K_{uL}^1, K_{uR}^1, K_{uL}^2, K_{uR}^2, K_{uL}^3, K_{uR}^3, K_{lL}^1, K_{lR}^1, K_{lL}^2, K_{lR}^2, K_{lL}^3, K_{lR}^3 \right] \tag{2.3}$$

式中，$K_{oj}^i(i = 1, 2, 3; o = \text{l,u}; j = \text{R, L})$ 表示图 2.2 中各弹簧的刚度系数。

车辆的阻尼系数向量为

$$C = \left[C_{uL}^1, C_{uR}^1, C_{uL}^2, C_{uR}^2, C_{uL}^3, C_{uR}^3, C_{lL}^1, C_{lR}^1, C_{lL}^2, C_{lR}^2, C_{lL}^3, C_{lR}^3 \right] \tag{2.4}$$

式中，$C_{oj}^i(i = 1, 2, 3; o = \text{l,u}; j = \text{R, L})$ 表示图 2.2 中各弹簧的阻尼系数。

假设与轮胎接触处桥梁的位移（包含桥面不平整度）为

$$\boldsymbol{Y} = \left[y_L^1, y_R^1, y_L^2, y_R^2, y_L^3, y_R^3 \right] \tag{2.5}$$

式中，$y_j^i (i=1,2,3; j=R,L)$ 表示图 2.2 中各轮胎接触处桥梁的位移。

将轮胎简化为弹簧，则各弹簧提供的弹性力和阻尼力分别为

$$\boldsymbol{f}_K = K\Delta \tag{2.6a}$$

$$\boldsymbol{f}_C = C\dot{\Delta} \tag{2.6b}$$

式中，K，C 分别表示弹簧的刚度和阻尼；Δ 表示轮胎的形变量。

由图 2.2 易知，与 6 个轮胎相连的上部弹簧的压力为

$$F_{uL}^1 = -K_{uL}^1 (Z_{r1} + b\Phi_{r1} - L_1\Theta_{r1} - Z_{aL}^1) - C_{uL}^1 (\dot{Z}_{r1} + b\dot{\Phi}_{r1} - L_1\dot{\Theta}_{r1} - \dot{Z}_{aL}^1) \tag{2.7a}$$

$$F_{uR}^1 = -K_{uR}^1 (Z_{r1} - b\Phi_{r1} - L_1\Theta_{r1} - Z_{aR}^1) - C_{uR}^1 (\dot{Z}_{r1} - b\dot{\Phi}_{r1} - L_1\dot{\Theta}_{r1} - \dot{Z}_{aR}^1) \tag{2.7b}$$

$$F_{uL}^2 = -K_{uL}^2 (Z_{r1} + b\Phi_{r1} + L_2\Theta_{r1} - Z_{aL}^2) - C_{uL}^2 (\dot{Z}_{r1} + b\dot{\Phi}_{r1} + L_2\dot{\Theta}_{r1} - \dot{Z}_{aL}^2) \tag{2.7c}$$

$$F_{uR}^2 = -K_{uR}^2 (Z_{r1} - b\Phi_{r1} + L_2\Theta_{r1} - Z_{aR}^2) - C_{uR}^2 (\dot{Z}_{r1} - b\dot{\Phi}_{r1} + L_2\dot{\Theta}_{r1} - \dot{Z}_{aR}^2) \tag{2.7d}$$

$$F_{uL}^3 = -K_{uL}^3 (Z_{r2} + b\Phi_{r2} + L_4\Theta_{r2} - Z_{aL}^3) - C_{uL}^3 (\dot{Z}_{r2} + b\dot{\Phi}_{r2} + L_4\dot{\Theta}_{r2} - \dot{Z}_{aL}^3) \tag{2.7e}$$

$$F_{uR}^3 = -K_{uR}^3 (Z_{r2} - Z_{aL}^3 - b\Phi_{r2} + L_4\Theta_{r2} - Z_{aR}^3) - C_{uR}^3 (\dot{Z}_{r2} - b\dot{\Phi}_{r2} + L_4\dot{\Theta}_{r2} - \dot{Z}_{aR}^3) \tag{2.7f}$$

以 F_z 表示两个车体在铰接处的相互作用力（受压为正），于是，车体 1 的力平衡方程为

$$\sum F_{r1} = 0 = -F_z - gM_{r1} - M_{r1}\ddot{Z}_{r1} - F_{uL}^1 - F_{uR}^1 - F_{uL}^2 - F_{uR}^2 \tag{2.8a}$$

$$\sum I_{yz}^1 = 0 = -J_{yz}^1 \ddot{\Phi}_{r1} + F_{uR}^1 b - F_{uL}^1 b + F_{uR}^2 b - F_{uL}^2 b \tag{2.8b}$$

$$\sum I_{zx}^1 = 0 = -F_z L_5 - J_{zx}^1 \ddot{\Theta}_{r1} + F_{uR}^1 L_1 + F_{uL}^1 L_1 - F_{uR}^2 L_2 - F_{uL}^2 L_2 \tag{2.8c}$$

式中，I_{yz}^1，I_{zx}^1 分别表示车体 1 在 yz 和 zx 平面的转动惯量。

车体 2 的力平衡方程为

$$\sum F_{r2} = 0 = F_z - gM_{r2} - M_{r2}\ddot{Z}_{r2} - F_{uR}^3 - F_{uL}^3 \tag{2.9a}$$

$$\sum I_{yz}^2 = 0 = -J_{yz}^2 \ddot{\Phi}_{r2} + F_{uR}^3 b - F_{uL}^3 b \tag{2.9b}$$

$$\sum I_{zx}^2 = 0 = -F_z L_6 - J_{zx}^2 \ddot{\Theta}_{r2} - F_{uR}^3 L_4 - F_{uL}^3 L_4 \tag{2.9c}$$

式中，I_{yz}^2，I_{zx}^2 分别表示车体 2 在 yz 和 zx 平面的转动惯量。

6 个轮胎的力平衡方程为

$$\sum F_{aL}^1 = 0 = -\ddot{Z}_{aL}^1 M_{aL}^1 - gM_{aL}^1 + F_{uL}^1 - K_{lL}^1 (Z_{aL}^1 - y_L^1) - C_{lL}^1 (\dot{Z}_{aL}^1 - \dot{y}_L^1) \tag{2.10a}$$

$$\sum F_{aR}^1 = 0 = -\ddot{Z}_{aR}^1 M_{aR}^1 - gM_{aR}^1 + F_{uR}^1 - K_{lR}^1 (Z_{aR}^1 - y_R^1) - C_{lR}^1 (\dot{Z}_{aR}^1 - \dot{y}_R^1) \tag{2.10b}$$

$$\sum F_{aL}^2 = 0 = -\ddot{Z}_{aL}^2 M_{aL}^2 - gM_{aL}^2 + F_{uL}^2 - K_{lL}^2 (Z_{aL}^2 - y_L^2) - C_{lL}^2 (\dot{Z}_{aL}^2 - \dot{y}_L^2) \tag{2.10c}$$

$$\sum F_{aR}^2 = 0 = -\ddot{Z}_{aR}^2 M_{aR}^2 - gM_{aR}^2 + F_{uR}^2 - K_{lR}^2 (Z_{aR}^2 - y_R^2) - C_{lR}^2 (\dot{Z}_{aR}^2 - \dot{y}_R^2) \tag{2.10d}$$

$$\sum F_{aL}^3 = 0 = -\ddot{Z}_{aL}^3 M_{aL}^3 - gM_{aL}^3 + F_{uL}^3 - K_{lL}^3 (Z_{aL}^3 - y_L^3) - C_{lL}^3 (\dot{Z}_{aL}^3 - \dot{y}_L^3) \tag{2.10e}$$

$$\sum F_{aR}^3 = 0 = -\ddot{Z}_{aR}^3 M_{aR}^3 - gM_{aR}^3 + F_{uR}^3 - K_{lR}^3 (Z_{aR}^3 - y_R^3) - C_{lR}^3 (\dot{Z}_{aR}^3 - \dot{y}_R^3) \tag{2.10f}$$

车体 1 和车体 2 通过球铰相连，故二者满足以下位移协调方程：

$$\begin{cases} Z_{r1} + \Theta_{r1}L_5 = Z_{r2} - \Theta_{r2}L_6 \\ \dot{Z}_{r1} + \dot{\Theta}_{r1}L_5 = \dot{Z}_{r2} - \dot{\Theta}_{r2}L_6 \\ \ddot{Z}_{r1} + \ddot{\Theta}_{r1}L_5 = \ddot{Z}_{r2} - \ddot{\Theta}_{r2}L_6 \end{cases} \tag{2.11}$$

式中，Z_{r1}、Θ_{r1}、Z_{r2} 和 Θ_{r2} 这 4 个未知变量中，仅 3 个是独立的，因此车辆模型总自由度数为 11，将车体 2 的俯仰自由度 Θ_{r2} 用其他 3 个未知量表示，有

$$\begin{cases} \Theta_{r2} = -(Z_{r1} + \Theta_{r1}L_5 - Z_{r2})/L_6 \\ \dot{\Theta}_{r2} = -(\dot{Z}_{r1} + \dot{\Theta}_{r1}L_5 - \dot{Z}_{r2})/L_6 \\ \ddot{\Theta}_{r2} = -(\ddot{Z}_{r1} + \ddot{\Theta}_{r1}L_5 - \ddot{Z}_{r2})/L_6 \end{cases} \qquad (2.12)$$

联立式（2.8）～ 式（2.10），消除 F_z ，并将式（2.12）代入，可以得到：

$$\boldsymbol{M}_v \ddot{\boldsymbol{Z}} + \boldsymbol{C}_v \dot{\boldsymbol{Z}} + \boldsymbol{K}_v \boldsymbol{Z} = \boldsymbol{F}_{vb} + \boldsymbol{F}_{vg} \qquad (2.13)$$

式中，$\boldsymbol{Z} = \left[Z_{aL}^1, Z_{aR}^1, Z_{aL}^2, Z_{aR}^2, Z_{aL}^3, Z_{aR}^3, Z_{r1}, \Phi_{r1}, \Theta_{r1}, Z_{r2}, \Phi_{r2} \right]^T$ 为自由度列向量；$\boldsymbol{M}_v$、$\boldsymbol{C}_v$ 和 $\boldsymbol{K}_v$ 分别为车辆结构的质量、阻尼和刚度矩阵，均为 11×11 的方阵，其值为

$$\boldsymbol{M}_v = \begin{bmatrix} M_{aL}^1 & & & & & & & & & \\ & M_{aR}^1 & & & & & & & & \\ & & \ddots & & & & & & & \\ & & & M_{aR}^3 & & & & & & \\ & & & & M_{r1} & 0 & 0 & M_{r2} & 0 \\ & & & & 0 & J_{yz}^1 & 0 & 0 & 0 \\ & & & & -L_5 M_{r1} & 0 & J_{zx}^1 & 0 & 0 \\ & & & & -\dfrac{M_{r1}L_6^2 + J_{zx}^2}{L_6} & 0 & -\dfrac{L_5 J_{zx}^2}{L_6} & \dfrac{J_{zx}^2}{L_6} & 0 \\ & & & & 0 & 0 & 0 & 0 & J_{yz}^2 \end{bmatrix}$$

$$\boldsymbol{K}_v = \begin{bmatrix} \boldsymbol{K}_{11_{6 \times 6}} & \boldsymbol{K}_{12_{6 \times 5}} \\ \boldsymbol{K}_{21_{5 \times 6}} & \boldsymbol{K}_{22_{5 \times 5}} \end{bmatrix}$$

$$\boldsymbol{C}_v = \begin{bmatrix} \boldsymbol{C}_{11_{6 \times 6}} & \boldsymbol{C}_{12_{6 \times 5}} \\ \boldsymbol{C}_{21_{5 \times 6}} & \boldsymbol{C}_{22_{5 \times 5}} \end{bmatrix}$$

式中，

$$\boldsymbol{K}_{11} = \begin{bmatrix} K_{lL}^1 - K_{uL}^1 & & & \\ & K_{lR}^1 - K_{uR}^1 & & \\ & & \ddots & \\ & & & K_{lR}^3 - K_{uR}^3 \end{bmatrix}$$

$$\boldsymbol{C}_{11} = \begin{bmatrix} C_{lL}^1 - C_{uL}^1 & & & \\ & C_{lR}^1 - C_{uR}^1 & & \\ & & \ddots & \\ & & & C_{lR}^3 - C_{uR}^3 \end{bmatrix}$$

$$\boldsymbol{K}_{12} = \begin{bmatrix} -K_{uL}^1 & -bK_{uL}^1 & K_{uL}^1 L_1 & 0 & 0 \\ -K_{uR}^1 & bK_{uR}^1 & -L_2 K_{uL}^2 & 0 & 0 \\ -K_{uL}^2 & -bK_{uL}^2 & -L_2 K_{uL}^2 & 0 & 0 \\ -K_{uR}^2 & -bK_{uR}^2 & -L_2 K_{uR}^2 & 0 & 0 \\ -\dfrac{L_4}{L_6} K_{uL}^3 & 0 & \dfrac{L_4 L_5}{L_6} K_{uL}^3 & -\dfrac{L_4 + L_6}{L_6} K_{uL}^3 & -bK_{uL}^3 \\ -\dfrac{L_4}{L_6} K_{uR}^3 & 0 & \dfrac{L_4 L_5}{L_6} K_{uR}^3 & -\dfrac{L_4 + L_6}{L_6} K_{uR}^3 & bK_{uR}^3 \end{bmatrix}$$

$$\boldsymbol{C}_{12} = \begin{bmatrix} -C_{uL}^1 & -bC_{uL}^1 & C_{uL}^1 L_1 & 0 & 0 \\ -C_{uR}^1 & bC_{uR}^1 & -L_2 C_{uL}^2 & 0 & 0 \\ -C_{uL}^2 & -bC_{uL}^2 & -L_2 C_{uL}^2 & 0 & 0 \\ -C_{uR}^2 & -bC_{uR}^2 & -L_2 C_{uR}^2 & 0 & 0 \\ -\dfrac{L_4}{L_6} C_{uL}^3 & 0 & \dfrac{L_4 L_5}{L_6} C_{uL}^3 & -\dfrac{L_4 + L_6}{L_6} C_{uL}^3 & -bC_{uL}^3 \\ -\dfrac{L_4}{L_6} C_{uR}^3 & 0 & \dfrac{L_4 L_5}{L_6} C_{uR}^3 & -\dfrac{L_4 + L_6}{L_6} C_{uR}^3 & bC_{uR}^3 \end{bmatrix}$$

$$\boldsymbol{K}_{21} = \begin{bmatrix} -K_{uL}^1 & -K_{uR}^1 & -K_{uL}^2 & -K_{uR}^2 & -K_{uL}^3 & -K_{uR}^3 \\ -bK_{uL}^1 & bK_{uR}^1 & -bK_{uL}^2 & bK_{uR}^2 & 0 & 0 \\ (L_1 + L_2)K_{uL}^1 & (L_1 + L_5)K_{uR}^1 & (L_5 - L_2)K_{uL}^2 & (L_5 - L_2)K_{uR}^2 & 0 & 0 \\ L_6 K_{uL}^1 & L_6 K_{uR}^1 & L_6 K_{uL}^2 & L_6 K_{uR}^2 & -L_4 K_{uL}^3 & -L_4 K_{uR}^3 \\ 0 & 0 & 0 & 0 & -bK_{uL}^3 & bK_{uR}^3 \end{bmatrix}$$

$$\boldsymbol{C}_{21} = \begin{bmatrix} -C_{uL}^1 & -C_{uR}^1 & -C_{uL}^2 & -C_{uR}^2 & -C_{uL}^3 & -C_{uR}^3 \\ -bC_{uL}^1 & bC_{uR}^1 & -bC_{uL}^2 & bC_{uR}^2 & 0 & 0 \\ (L_1 + L_2)C_{uL}^1 & (L_1 + L_5)C_{uR}^1 & (L_5 - L_2)C_{uL}^2 & (L_5 - L_2)C_{uR}^2 & 0 & 0 \\ L_6 C_{uL}^1 & L_6 C_{uR}^1 & L_6 C_{uL}^2 & L_6 C_{uR}^2 & -L_4 C_{uL}^3 & -L_4 C_{uR}^3 \\ 0 & 0 & 0 & 0 & -bC_{uL}^3 & bC_{uR}^3 \end{bmatrix}$$

$$
K_{22}=
\begin{bmatrix}
K^1_{uL}+K^1_{uR}+K^2_{uL}+K^2_{uR}-\dfrac{L_4}{L_5}(K^3_{uL}+K^3_{uR}) & b(K^1_{uL}-K^1_{uR}+K^2_{uL}-K^2_{uR}) & L_1(K^1_{uL}+K^1_{uR})-L_2(K^2_{uL}+K^2_{uR})+L_2(K^2_{uL}-K^2_{uR})-\dfrac{L_4 L_5}{L_6}(K^3_{uL}+K^3_{uR}) & \dfrac{(L_4+L_6)}{L_6}(K^3_{uL}+K^3_{uR}) & b(K^3_{uL}-K^3_{uR}) \\[2mm]
b(K^1_{uL}-K^1_{uR}+K^2_{uL}-K^2_{uR}) & b^2(K^1_{uL}+K^1_{uR}+K^2_{uL}+K^2_{uR}) & b[L_1(-K^1_{uL}+K^1_{uR})+L_2(K^2_{uL}-K^2_{uR})+L_1(L_1+L_5)(K^1_{uL}+K^1_{uR})] & 0 & 0 \\[2mm]
-(L_1+L_5)(K^1_{uL}+K^1_{uR})+(L_2-L_5)(K^2_{uL}+K^2_{uR})-\dfrac{L_4^2}{L_5}(K^3_{uL}+K^3_{uR}) & b[(L_1+L_5)(-K^1_{uL}+K^1_{uR})+(L_2-L_5)(K^2_{uL}-K^2_{uR})] & L_1 L_6(K^1_{uL}+K^1_{uR})-L_2 L_6(K^2_{uL}+K^2_{uR})-\dfrac{L_4^2 L_5}{L_6}(K^3_{uL}+K^3_{uR}) & 0 & 0 \\[2mm]
\dfrac{bL_4}{L_6}(-K^3_{uL}+K^3_{uR}) & bL_6(-K^1_{uL}+K^1_{uR}+K^2_{uL}+K^2_{uR}) & \dfrac{bL_4 L_5}{L_6}(K^3_{uR}-K^3_{uL}) & \dfrac{L_4(L_4+L_6)}{L_6}(K^3_{uL}+K^3_{uR}) & bL_4(K^3_{uL}-K^3_{uR}) \\[2mm]
 & & & \dfrac{bL_4(L_4+L_6)}{L_6}(K^3_{uL}-K^3_{uR}) & b^2(K^3_{uL}+K^3_{uR})
\end{bmatrix}
$$

$$
C_{22}=
\begin{bmatrix}
C^1_{uL}+C^1_{uR}+C^2_{uL}+C^2_{uR}-\dfrac{L_4}{L_5}(C^3_{uL}+C^3_{uR}) & b(C^1_{uL}-C^1_{uR}+C^2_{uL}-C^2_{uR}) & L_1(C^1_{uL}+C^1_{uR})-L_2(C^2_{uL}+C^2_{uR})+L_2(C^2_{uL}-C^2_{uR})-\dfrac{L_4 L_5}{L_6}(C^3_{uL}+C^3_{uR}) & \dfrac{(L_4+L_6)}{L_6}(C^3_{uL}+C^3_{uR}) & b(C^3_{uL}-C^3_{uR}) \\[2mm]
b(C^1_{uL}-C^1_{uR}+C^2_{uL}-C^2_{uR}) & b^2(C^1_{uL}+C^1_{uR}+C^2_{uL}+C^2_{uR}) & b[L_1(-C^1_{uL}+C^1_{uR})+L_2(C^2_{uL}-C^2_{uR})+L_1(L_1+L_5)(C^1_{uL}+C^1_{uR})] & 0 & 0 \\[2mm]
-(L_1+L_5)(C^1_{uL}+C^1_{uR})+(L_2-L_5)(C^2_{uL}+C^2_{uR})-\dfrac{L_4^2}{L_5}(C^3_{uL}+C^3_{uR}) & b[(L_1+L_5)(-C^1_{uL}+C^1_{uR})+(L_2-L_5)(C^2_{uL}-C^2_{uR})] & L_1 L_6(C^1_{uL}+C^1_{uR})-L_2 L_6(C^2_{uL}+C^2_{uR})-\dfrac{L_4^2 L_5}{L_6}(C^3_{uL}+C^3_{uR}) & 0 & 0 \\[2mm]
\dfrac{bL_4}{L_6}(-C^3_{uL}+C^3_{uR}) & bL_6(-C^1_{uL}+C^1_{uR}+C^2_{uL}+C^2_{uR}) & \dfrac{bL_4 L_5}{L_6}(C^3_{uR}-C^3_{uL}) & \dfrac{L_4(L_4+L_6)}{L_6}(C^3_{uL}+C^3_{uR}) & bL_4(C^3_{uL}-C^3_{uR}) \\[2mm]
 & & & \dfrac{bL_4(L_4+L_6)}{L_6}(C^3_{uL}-C^3_{uR}) & b^2(C^3_{uL}+C^3_{uR})
\end{bmatrix}
$$

$\boldsymbol{F}_{\mathrm{vb}}$ 和 $\boldsymbol{F}_{\mathrm{vg}}$ 均为 11 阶列向量，前者为轮胎变形引起的车桥相互作用力荷载向量，后者为车辆自重引起的荷载向量，其值分别为

$$\boldsymbol{F}_{\mathrm{vb}} = \begin{bmatrix} K_{\mathrm{tL}}^{1} y_{\mathrm{L}}^{1} + C_{\mathrm{tL}}^{1} \dot{y}_{\mathrm{L}}^{1} \\ K_{\mathrm{tR}}^{1} y_{\mathrm{R}}^{1} + C_{\mathrm{tR}}^{1} \dot{y}_{\mathrm{R}}^{1} \\ K_{\mathrm{tL}}^{2} y_{\mathrm{L}}^{2} + C_{\mathrm{tL}}^{2} \dot{y}_{\mathrm{L}}^{2} \\ K_{\mathrm{tR}}^{2} y_{\mathrm{R}}^{2} + C_{\mathrm{tR}}^{2} \dot{y}_{\mathrm{R}}^{2} \\ K_{\mathrm{tL}}^{3} y_{\mathrm{L}}^{3} + C_{\mathrm{tL}}^{3} \dot{y}_{\mathrm{L}}^{3} \\ K_{\mathrm{tR}}^{3} y_{\mathrm{R}}^{3} + C_{\mathrm{tR}}^{3} \dot{y}_{\mathrm{R}}^{3} \\ 0 \\ 0 \\ 0 \\ 0 \\ 0 \end{bmatrix}, \quad \boldsymbol{F}_{\mathrm{vg}} = - \begin{bmatrix} M_{\mathrm{aL}}^{1} \\ M_{\mathrm{aR}}^{1} \\ M_{\mathrm{aL}}^{2} \\ M_{\mathrm{aR}}^{2} \\ M_{\mathrm{aL}}^{3} \\ M_{\mathrm{aR}}^{3} \\ M_{\mathrm{r1}} + M_{\mathrm{r2}} \\ 0 \\ -L_{5} M_{\mathrm{r1}} \\ -L_{6} M_{\mathrm{r1}} \\ 0 \end{bmatrix} g$$

AASHTO 桥梁设计规范 HS20-44 车辆三维数值模型的参数如表 2.1 所示（Shi et al., 2008）。

表 2.1　AASHTO 桥梁设计规范 HS20-44 车辆三维数值模型的参数取值

参数	取值
车体 1 质量 $M_{\mathrm{r1}}/\mathrm{kg}$	2 611.8
俯仰转动惯量 $J_{zx}^{1}/(\mathrm{kg}\cdot\mathrm{m}^{2})$	2 022
翻转转动惯量 $J_{yz}^{1}/(\mathrm{kg}\cdot\mathrm{m}^{2})$	8 544
车体 2 质量 $M_{\mathrm{r2}}/\mathrm{kg}$	26 113
俯仰转动惯量 $J_{zx}^{2}/(\mathrm{kg}\cdot\mathrm{m}^{2})$	33 153
翻转转动惯量 $J_{yz}^{2}/(\mathrm{kg}\cdot\mathrm{m}^{2})$	181 216
车轴 1 质量 $M_{\mathrm{aL}}^{1}, M_{\mathrm{aR}}^{1}/\mathrm{kg}$	245
悬架刚度 $K_{u\mathrm{L}}^{1}, K_{u\mathrm{R}}^{1}/(\mathrm{kN}\cdot\mathrm{m}^{-1})$	243
悬架阻尼 $C_{u\mathrm{L}}^{1}, C_{u\mathrm{R}}^{1}/(\mathrm{kN}\cdot\mathrm{s}\cdot\mathrm{m}^{-1})$	2.19
轮胎刚度 $K_{\mathrm{tL}}^{1}, K_{\mathrm{tR}}^{1}/(\mathrm{kN}\cdot\mathrm{m}^{-1})$	875.08
轮胎阻尼 $C_{\mathrm{tL}}^{1}, C_{\mathrm{tR}}^{1}/(\mathrm{kN}\cdot\mathrm{s}\cdot\mathrm{m}^{-1})$	2
车轴 2 质量 $M_{\mathrm{aL}}^{2}, M_{\mathrm{aR}}^{2}/\mathrm{kg}$	405
悬架刚度 $K_{u\mathrm{L}}^{2}, K_{u\mathrm{R}}^{2}/(\mathrm{kN}\cdot\mathrm{m}^{-1})$	1 903.17
悬架阻尼 $C_{\mathrm{tL}}^{2}, C_{\mathrm{tR}}^{2}/(\mathrm{kN}\cdot\mathrm{s}\cdot\mathrm{m}^{-1})$	7.88
轮胎刚度 $K_{\mathrm{tL}}^{2}, K_{\mathrm{tR}}^{2}/(\mathrm{kN}\cdot\mathrm{m}^{-1})$	3 503.31
轮胎阻尼 $C_{\mathrm{tL}}^{2}, C_{\mathrm{tR}}^{2}/(\mathrm{kN}\cdot\mathrm{s}\cdot\mathrm{m}^{-1})$	2
车轴 3 质量 $M_{\mathrm{aL}}^{3}, M_{\mathrm{aR}}^{3}/\mathrm{kg}$	325
悬架刚度 $K_{u\mathrm{L}}^{3}, K_{u\mathrm{R}}^{3}/(\mathrm{kN}\cdot\mathrm{m}^{-1})$	1 969.03
悬架阻尼 $C_{u\mathrm{L}}^{3}, C_{u\mathrm{R}}^{3}/(\mathrm{kN}\cdot\mathrm{s}\cdot\mathrm{m}^{-1})$	7.18

参数	取值
轮胎刚度 $K_{lL}^3, K_{lR}^3/(\text{kN}\cdot\text{m}^{-1})$	3 507.43
轮胎阻尼 $C_{lL}^3, C_{lR}^3/(\text{kN}\cdot\text{s}\cdot\text{m}^{-1})$	2
L_1/m	1.7
L_2/m	2.57
L_3/m	1.98
L_4/m	2.28
L_5/m	2.22
L_6/m	2.34
b/m	1.1

我国公路桥梁设计规范中车辆荷载的立面布置如图 2.3 所示，轮距为 1.8 m。由邓露提出的与我国桥梁设计规范中车辆荷载对应的三维车辆模型如图 2.4 所示。

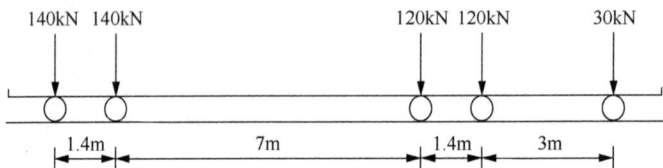

图 2.3 我国公路桥梁设计规范中车辆荷载的立面布置

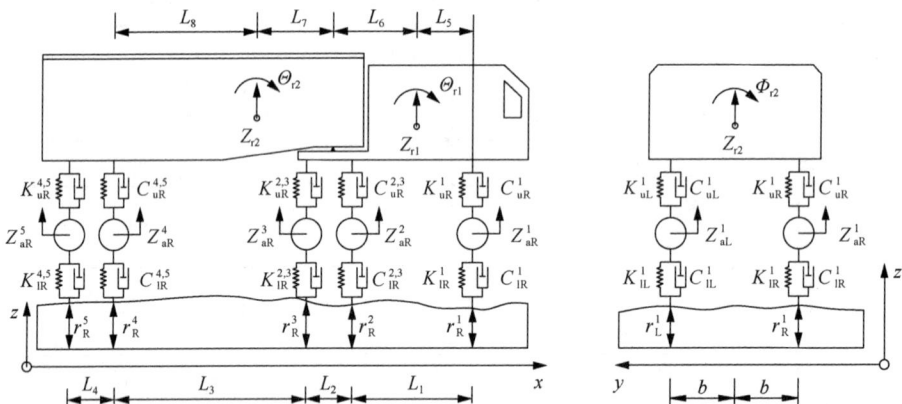

图 2.4 与我国桥梁设计规范中车辆荷载对应的三维车辆模型

该模型也是凝聚质量-弹簧-阻尼模型，车辆的自由度向量为

$$\boldsymbol{d} = \left[Z_{aL}^1, Z_{aR}^1, Z_{aL}^2, Z_{aR}^2, Z_{aL}^3, Z_{aR}^3, Z_{aL}^4, Z_{aR}^4, Z_{aL}^5, Z_{aR}^5, Z_{r1}, \Phi_{r1}, \Theta_{r1}, Z_{r2}, \Phi_{r2}, \Theta_{r2} \right] \quad (2.14)$$

车辆的刚度系数向量为

$$\boldsymbol{K} = \left[K_{uL}^1, K_{uR}^1, K_{uL}^2, K_{uR}^2, K_{uL}^3, K_{uR}^3, K_{uL}^4, K_{uR}^4, K_{uL}^5, K_{uR}^5, K_{lL}^1, K_{lR}^1, K_{lL}^2, K_{lR}^2, K_{lL}^3, K_{lR}^3, K_{lL}^4, K_{lR}^4, K_{lL}^5, K_{lR}^5 \right]$$
$$(2.15)$$

车辆的阻尼系数向量为

$$\boldsymbol{C} = \left[C_{uL}^1, C_{uR}^1, C_{uL}^2, C_{uR}^2, C_{uL}^3, C_{uR}^3, C_{uL}^4, C_{uR}^4, C_{uL}^5, C_{uR}^5, C_{lL}^1, C_{lR}^1, C_{lL}^2, C_{lR}^2, C_{lL}^3, C_{lR}^3, C_{lL}^4, C_{lR}^4, C_{lL}^5, C_{lR}^5 \right]$$
$$(2.16)$$

假设与轮胎接触处桥梁的位移（包含桥面不平整度）为

$$\boldsymbol{Y} = \left[y_{\mathrm{L}}^1, y_{\mathrm{R}}^1, y_{\mathrm{L}}^2, y_{\mathrm{R}}^2, y_{\mathrm{L}}^3, y_{\mathrm{R}}^3, y_{\mathrm{L}}^4, y_{\mathrm{R}}^4, y_{\mathrm{L}}^5, y_{\mathrm{R}}^5 \right] \tag{2.17}$$

由图 2.4 易知，与 10 个轮胎相连的上部弹簧的压力为

$$F_{\mathrm{uL}}^1 = -K_{\mathrm{uL}}^1 (Z_{\mathrm{r1}} + b\varPhi_{\mathrm{r1}} - L_5\varTheta_{\mathrm{r1}} - Z_{\mathrm{aL}}^1) - C_{\mathrm{uL}}^1 (\dot{Z}_{\mathrm{r1}} + b\dot{\varPhi}_{\mathrm{r1}} - L_5\dot{\varTheta}_{\mathrm{r1}} - \dot{Z}_{\mathrm{aL}}^1) \tag{2.18a}$$

$$F_{\mathrm{uR}}^1 = -K_{\mathrm{uR}}^1 (Z_{\mathrm{r1}} - b\varPhi_{\mathrm{r1}} - L_5\varTheta_{\mathrm{r1}} - Z_{\mathrm{aR}}^1) - C_{\mathrm{uR}}^1 (\dot{Z}_{\mathrm{r1}} - b\dot{\varPhi}_{\mathrm{r1}} - L_5\dot{\varTheta}_{\mathrm{r1}} - \dot{Z}_{\mathrm{aR}}^1) \tag{2.18b}$$

$$\begin{aligned} F_{\mathrm{uL}}^2 = &-K_{\mathrm{uL}}^2 \left[Z_{\mathrm{r1}} + b\varPhi_{\mathrm{r1}} + (L_1 - L_5)\varTheta_{\mathrm{r1}} - Z_{\mathrm{aL}}^2 \right] \\ &-C_{\mathrm{uL}}^2 \left[\dot{Z}_{\mathrm{r1}} + b\dot{\varPhi}_{\mathrm{r1}} + (L_1 - L_5)\dot{\varTheta}_{\mathrm{r1}} - \dot{Z}_{\mathrm{aL}}^2 \right] \end{aligned} \tag{2.18c}$$

$$\begin{aligned} F_{\mathrm{uR}}^2 = &-K_{\mathrm{uR}}^2 \left[Z_{\mathrm{r1}} - b\varPhi_{\mathrm{r1}} + (L_1 - L_5)\varTheta_{\mathrm{r1}} - Z_{\mathrm{aR}}^2 \right] \\ &-C_{\mathrm{uR}}^2 \left[\dot{Z}_{\mathrm{r1}} - b\dot{\varPhi}_{\mathrm{r1}} + (L_1 - L_5)\dot{\varTheta}_{\mathrm{r1}} - \dot{Z}_{\mathrm{aR}}^2 \right] \end{aligned} \tag{2.18d}$$

$$\begin{aligned} F_{\mathrm{uL}}^3 = &-K_{\mathrm{uL}}^3 \left[Z_{\mathrm{r1}} + b\varPhi_{\mathrm{r1}} + (L_1 - L_5 + L_2)\varTheta_{\mathrm{r1}} - Z_{\mathrm{aL}}^3 \right] \\ &-C_{\mathrm{uL}}^3 \left[\dot{Z}_{\mathrm{r1}} + b\dot{\varPhi}_{\mathrm{r1}} + (L_1 - L_5 + L_2)\dot{\varTheta}_{\mathrm{r1}} - \dot{Z}_{\mathrm{aL}}^3 \right] \end{aligned} \tag{2.18e}$$

$$\begin{aligned} F_{\mathrm{uR}}^3 = &-K_{\mathrm{uR}}^3 \left[Z_{\mathrm{r1}} - b\varPhi_{\mathrm{r1}} + (L_1 - L_5 + L_2)\varTheta_{\mathrm{r1}} - Z_{\mathrm{aR}}^3 \right] \\ &-C_{\mathrm{uR}}^3 \left[\dot{Z}_{\mathrm{r1}} - b\dot{\varPhi}_{\mathrm{r1}} + (L_1 - L_5 + L_2)\dot{\varTheta}_{\mathrm{r1}} - \dot{Z}_{\mathrm{aR}}^3 \right] \end{aligned} \tag{2.18f}$$

$$F_{\mathrm{uL}}^4 = -K_{\mathrm{uL}}^4 (Z_{\mathrm{r2}} + b\varPhi_{\mathrm{r2}} + L_8\varTheta_{\mathrm{r2}} - Z_{\mathrm{aL}}^4) - C_{\mathrm{uL}}^4 (\dot{Z}_{\mathrm{r2}} + b\dot{\varPhi}_{\mathrm{r2}} + L_8\dot{\varTheta}_{\mathrm{r2}} - \dot{Z}_{\mathrm{aL}}^3) \tag{2.18g}$$

$$F_{\mathrm{uR}}^4 = -K_{\mathrm{uR}}^4 (Z_{\mathrm{r2}} - b\varPhi_{\mathrm{r2}} + L_8\varTheta_{\mathrm{r2}} - Z_{\mathrm{aR}}^4) - C_{\mathrm{uR}}^3 (\dot{Z}_{\mathrm{r2}} - b\dot{\varPhi}_{\mathrm{r2}} + L_8\dot{\varTheta}_{\mathrm{r2}} - \dot{Z}_{\mathrm{aR}}^4) \tag{2.18h}$$

$$\begin{aligned} F_{\mathrm{uL}}^5 = &-K_{\mathrm{uL}}^5 \left[Z_{\mathrm{r2}} + b\varPhi_{\mathrm{r2}} + (L_8 + L_4)\varTheta_{\mathrm{r2}} - Z_{\mathrm{aL}}^5 \right] \\ &-C_{\mathrm{uL}}^4 \left[\dot{Z}_{\mathrm{r2}} + b\dot{\varPhi}_{\mathrm{r2}} + (L_8 + L_4)\dot{\varTheta}_{\mathrm{r2}} - \dot{Z}_{\mathrm{aL}}^5 \right] \end{aligned} \tag{2.18i}$$

$$F_{\mathrm{uR}}^5 = -K_{\mathrm{uR}}^5 \left[Z_{\mathrm{r2}} - b\varPhi_{\mathrm{r2}} + (L_8 + L_4)\varTheta_{\mathrm{r2}} - Z_{\mathrm{aR}}^5 \right] - C_{\mathrm{uR}}^5 \left[\dot{Z}_{\mathrm{r2}} - b\dot{\varPhi}_{\mathrm{r2}} + (L_8 + L_4)\dot{\varTheta}_{\mathrm{r2}} - \dot{Z}_{\mathrm{aR}}^5 \right] \tag{2.18j}$$

同样，以 F_z 表示两个车体在铰接处的相互作用力（受压为正）。于是，车体 1 的力平衡方程为

$$\sum F_{\mathrm{r1}} = 0 = -F_z - gM_{\mathrm{r1}} - M_{\mathrm{r1}}\ddot{Z}_{\mathrm{r1}} - F_{\mathrm{uL}}^1 - F_{\mathrm{uR}}^1 - F_{\mathrm{uL}}^2 - F_{\mathrm{uR}}^2 - F_{\mathrm{uL}}^3 - F_{\mathrm{uR}}^3 \tag{2.19a}$$

$$\sum I_{yz}^1 = 0 = -J_{yz}^1 \ddot{\varPhi}_{\mathrm{r1}} + F_{\mathrm{uR}}^1 b - F_{\mathrm{uL}}^1 b + F_{\mathrm{uR}}^2 b - F_{\mathrm{uL}}^2 b + F_{\mathrm{uR}}^3 b - F_{\mathrm{uL}}^3 b \tag{2.19b}$$

$$\begin{aligned} \sum I_{zx}^1 = 0 = &-F_z L_6 - J_{zx}^1 \ddot{\varTheta}_{\mathrm{r1}} + F_{\mathrm{uR}}^1 L_5 + F_{\mathrm{uL}}^1 L_5 - F_{\mathrm{uR}}^2 (L_1 - L_5) - F_{\mathrm{uL}}^2 (L_1 - L_5) \\ &-F_{\mathrm{uR}}^3 (L_1 - L_5 + L_2) - F_{\mathrm{uL}}^3 (L_1 - L_5 + L_2) \end{aligned} \tag{2.19c}$$

车体 2 的力平衡方程为

$$\sum F_{\mathrm{r2}} = 0 = F_z - gM_{\mathrm{r2}} - M_{\mathrm{r2}}\ddot{Z}_{\mathrm{r2}} - F_{\mathrm{uR}}^4 - F_{\mathrm{uL}}^4 - F_{\mathrm{uR}}^5 - F_{\mathrm{uL}}^5 \tag{2.20a}$$

$$\sum I_{yz}^2 = 0 = -J_{yz}^2 \ddot{\varPhi}_{\mathrm{r2}} + F_{\mathrm{uR}}^4 b - F_{\mathrm{uL}}^4 b + F_{\mathrm{uR}}^5 b - F_{\mathrm{uL}}^5 b \tag{2.20b}$$

$$\sum I_{zx}^2 = 0 = -F_z L_7 - J_{zx}^2 \ddot{\varTheta}_{\mathrm{r2}} - F_{\mathrm{uR}}^4 L_8 - F_{\mathrm{uL}}^4 L_8 - F_{\mathrm{uR}}^5 (L_8 + L_4) - F_{\mathrm{uL}}^5 (L_8 + L_4) \tag{2.20c}$$

10 个轮胎的力平衡方程为

$$\sum F_{\mathrm{aL}}^1 = 0 = -\ddot{Z}_{\mathrm{aL}}^1 M_{\mathrm{aL}}^1 - gM_{\mathrm{aL}}^1 + F_{\mathrm{uL}}^1 - K_{\mathrm{lL}}^1 (Z_{\mathrm{aL}}^1 - y_{\mathrm{L}}^1) - C_{\mathrm{lL}}^1 (\dot{Z}_{\mathrm{aL}}^1 - \dot{y}_{\mathrm{L}}^1) \tag{2.21a}$$

$$\sum F_{\mathrm{aR}}^1 = 0 = -\ddot{Z}_{\mathrm{aR}}^1 M_{\mathrm{aR}}^1 - gM_{\mathrm{aR}}^1 + F_{\mathrm{uR}}^1 - K_{\mathrm{lR}}^1 (Z_{\mathrm{aR}}^1 - y_{\mathrm{R}}^1) - C_{\mathrm{lR}}^1 (\dot{Z}_{\mathrm{aR}}^1 - \dot{y}_{\mathrm{R}}^1) \tag{2.21b}$$

$$\sum F_{\mathrm{aL}}^2 = 0 = -\ddot{Z}_{\mathrm{aL}}^2 M_{\mathrm{aL}}^2 - gM_{\mathrm{aL}}^2 + F_{\mathrm{uL}}^2 - K_{\mathrm{lL}}^2(Z_{\mathrm{aL}}^2 - y_{\mathrm{L}}^2) - C_{\mathrm{lL}}^2(\dot{Z}_{\mathrm{aL}}^2 - \dot{y}_{\mathrm{L}}^2) \tag{2.21c}$$

$$\sum F_{\mathrm{aR}}^2 = 0 = -\ddot{Z}_{\mathrm{aR}}^2 M_{\mathrm{aR}}^2 - gM_{\mathrm{aR}}^2 + F_{\mathrm{uR}}^2 - K_{\mathrm{lR}}^2(Z_{\mathrm{aR}}^2 - y_{\mathrm{R}}^2) - C_{\mathrm{lR}}^2(\dot{Z}_{\mathrm{aR}}^2 - \dot{y}_{\mathrm{R}}^2) \tag{2.21d}$$

$$\sum F_{\mathrm{aL}}^3 = 0 = -\ddot{Z}_{\mathrm{aL}}^3 M_{\mathrm{aL}}^3 - gM_{\mathrm{aL}}^3 + F_{\mathrm{uL}}^3 - K_{\mathrm{lL}}^3(Z_{\mathrm{aL}}^3 - y_{\mathrm{L}}^3) - C_{\mathrm{lL}}^3(\dot{Z}_{\mathrm{aL}}^3 - \dot{y}_{\mathrm{L}}^3) \tag{2.21e}$$

$$\sum F_{\mathrm{aR}}^3 = 0 = -\ddot{Z}_{\mathrm{aR}}^3 M_{\mathrm{aR}}^3 - gM_{\mathrm{aR}}^3 + F_{\mathrm{uR}}^3 - K_{\mathrm{lR}}^3(Z_{\mathrm{aR}}^3 - y_{\mathrm{R}}^3) - C_{\mathrm{lR}}^3(\dot{Z}_{\mathrm{aR}}^3 - \dot{y}_{\mathrm{R}}^3) \tag{2.21f}$$

$$\sum F_{\mathrm{aL}}^4 = 0 = -\ddot{Z}_{\mathrm{aL}}^4 M_{\mathrm{aL}}^4 - gM_{\mathrm{aL}}^4 + F_{\mathrm{uL}}^4 - K_{\mathrm{lL}}^4(Z_{\mathrm{aL}}^4 - y_{\mathrm{L}}^4) - C_{\mathrm{lL}}^4(\dot{Z}_{\mathrm{aL}}^4 - \dot{y}_{\mathrm{L}}^4) \tag{2.21g}$$

$$\sum F_{\mathrm{aR}}^4 = 0 = -\ddot{Z}_{\mathrm{aR}}^4 M_{\mathrm{aR}}^4 - gM_{\mathrm{aR}}^4 + F_{\mathrm{uR}}^4 - K_{\mathrm{lR}}^4(Z_{\mathrm{aR}}^4 - y_{\mathrm{R}}^4) - C_{\mathrm{lR}}^4(\dot{Z}_{\mathrm{aR}}^4 - \dot{y}_{\mathrm{R}}^4) \tag{2.21h}$$

$$\sum F_{\mathrm{aL}}^5 = 0 = -\ddot{Z}_{\mathrm{aL}}^5 M_{\mathrm{aL}}^5 - gM_{\mathrm{aL}}^5 + F_{\mathrm{uL}}^5 - K_{\mathrm{lL}}^5(Z_{\mathrm{aL}}^5 - y_{\mathrm{L}}^5) - C_{\mathrm{lL}}^5(\dot{Z}_{\mathrm{aL}}^5 - \dot{y}_{\mathrm{L}}^5) \tag{2.21i}$$

$$\sum F_{\mathrm{aR}}^5 = 0 = -\ddot{Z}_{\mathrm{aR}}^5 M_{\mathrm{aR}}^5 - gM_{\mathrm{aR}}^5 + F_{\mathrm{uR}}^5 - K_{\mathrm{lR}}^5(Z_{\mathrm{aR}}^5 - y_{\mathrm{R}}^5) - C_{\mathrm{lR}}^5(\dot{Z}_{\mathrm{aR}}^5 - \dot{y}_{\mathrm{R}}^5) \tag{2.21j}$$

车体 1 和车体 2 通过球铰相连，故二者满足以下位移协调方程：

$$\begin{cases} Z_{\mathrm{r1}} + \Theta_{\mathrm{r1}}L_6 = Z_{\mathrm{r2}} - \Theta_{\mathrm{r2}}L_7 \\ \dot{Z}_{\mathrm{r1}} + \dot{\Theta}_{\mathrm{r1}}L_6 = \dot{Z}_{\mathrm{r2}} - \dot{\Theta}_{\mathrm{r2}}L_7 \\ \ddot{Z}_{\mathrm{r1}} + \ddot{\Theta}_{\mathrm{r1}}L_6 = \ddot{Z}_{\mathrm{r2}} - \ddot{\Theta}_{\mathrm{r2}}L_7 \end{cases} \tag{2.22}$$

在 Z_{r1}、Θ_{r1}、Z_{r2} 和 Θ_{r2} 这 4 个未知量中，仅 3 个是独立的，因此模型系统总自由度数为 15，将车体 2 的俯仰自由度 Θ_{r2} 用其他 3 个未知量表示，有

$$\begin{cases} \Theta_{\mathrm{r2}} = -(Z_{\mathrm{r1}} + \Theta_{\mathrm{r1}}L_6 - Z_{\mathrm{r2}})/L_7 \\ \dot{\Theta}_{\mathrm{r2}} = -(\dot{Z}_{\mathrm{r1}} + \dot{\Theta}_{\mathrm{r1}}L_6 - \dot{Z}_{\mathrm{r2}})/L_7 \\ \ddot{\Theta}_{\mathrm{r2}} = -(\ddot{Z}_{\mathrm{r1}} + \ddot{\Theta}_{\mathrm{r1}}L_6 - \ddot{Z}_{\mathrm{r2}})/L_7 \end{cases} \tag{2.23}$$

联立式（2.19）～式（2.21），消除 F_z，并将式（2.23）代入，可得

$$\boldsymbol{M}_{\mathrm{v}}\ddot{\boldsymbol{Z}} + \boldsymbol{C}_{\mathrm{v}}\dot{\boldsymbol{Z}} + \boldsymbol{K}_{\mathrm{v}}\boldsymbol{Z} = \boldsymbol{F}_{\mathrm{vb}} + \boldsymbol{F}_{\mathrm{vg}} \tag{2.24}$$

式中，$\boldsymbol{Z} = \left[Z_{\mathrm{aL}}^1, Z_{\mathrm{aR}}^1, Z_{\mathrm{aL}}^2, Z_{\mathrm{aR}}^2, Z_{\mathrm{aL}}^3, Z_{\mathrm{aR}}^3, Z_{\mathrm{aL}}^4, Z_{\mathrm{aR}}^4, Z_{\mathrm{aL}}^5, Z_{\mathrm{aR}}^5, Z_{\mathrm{r1}}, \Phi_{\mathrm{r1}}, \Theta_{\mathrm{r1}}, Z_{\mathrm{r2}}, \Phi_{\mathrm{r2}} \right]^{\mathrm{T}}$ 为自由度列向量，$\boldsymbol{M}_{\mathrm{v}}$、$\boldsymbol{C}_{\mathrm{v}}$ 和 $\boldsymbol{K}_{\mathrm{v}}$ 分别为车辆结构的质量、阻尼和刚度矩阵，均为 15×15 的方阵，其值为

$$\boldsymbol{M}_{\mathrm{v}} = \begin{bmatrix} M_{\mathrm{aL}}^1 & & & & & & & & \\ & M_{\mathrm{aR}}^1 & & & & & & & \\ & & \ddots & & & & & & \\ & & & M_{\mathrm{aR}}^5 & & & & & \\ & & & & M_{\mathrm{r1}} & 0 & 0 & M_{\mathrm{r2}} & 0 \\ & & & & 0 & J_{yz}^1 & 0 & 0 & 0 \\ & & & & -M_{\mathrm{r1}}L_6 & 0 & J_{zx}^1 & 0 & 0 \\ & & & & -\dfrac{M_{\mathrm{r1}}L_7^2 + J_{zx}^2}{L_7} & 0 & -\dfrac{J_{zx}^2 L_6}{L_7} & \dfrac{J_{zx}^2}{L_7} & 0 \\ & & & & 0 & 0 & 0 & 0 & J_{yz}^2 \end{bmatrix}$$

$$\boldsymbol{K}_{\mathrm{v}} = \begin{bmatrix} \boldsymbol{K}_{11_{10\times10}} & \boldsymbol{K}_{12_{10\times5}} \\ \boldsymbol{K}_{21_{5\times10}} & \boldsymbol{K}_{22_{5\times5}} \end{bmatrix}$$

$$\boldsymbol{C}_{\mathrm{v}} = \begin{bmatrix} \boldsymbol{C}_{11_{10\times10}} & \boldsymbol{C}_{12_{10\times5}} \\ \boldsymbol{C}_{21_{5\times10}} & \boldsymbol{C}_{22_{5\times5}} \end{bmatrix}$$

式中，

$$
\boldsymbol{K}_{11} = \begin{bmatrix} K_{lL}^1 - K_{uL}^1 & & & \\ & K_{lR}^1 - K_{uR}^1 & & \\ & & \ddots & \\ & & & K_{lR}^5 - K_{uR}^5 \end{bmatrix}
$$

$$
\boldsymbol{C}_{11} = \begin{bmatrix} C_{lL}^1 - C_{uL}^1 & & & \\ & C_{lR}^1 - C_{uR}^1 & & \\ & & \ddots & \\ & & & C_{lR}^5 - C_{uR}^5 \end{bmatrix}
$$

$$
\boldsymbol{K}_{12} = \begin{bmatrix}
K_{uL}^1 & K_{uL}^1 & -K_{uL}^1 L_5 & 0 & 0 \\
K_{uR}^1 & -K_{uR}^1 b & -K_{uR}^1 L_5 & 0 & 0 \\
K_{uL}^2 & K_{uL}^2 b & K_{uL}^2 (L_1 - L_5) & 0 & 0 \\
K_{uR}^2 & -K_{uR}^2 b & K_{uR}^2 (L_1 - L_5) & 0 & 0 \\
K_{uL}^3 & K_{uL}^3 b & K_{uL}^3 (L_1 - L_5 + L_2) & 0 & 0 \\
K_{uR}^3 & -K_{uR}^3 b & K_{uR}^3 (L_1 - L_5 + L_2) & 0 & 0 \\
-\dfrac{K_{uL}^4 L_8}{L_7} & 0 & -\dfrac{K_{uL}^4 L_8 L_6}{L_7} & \dfrac{K_{uL}^4 (L_7 + L_8)}{L_7} & K_{uL}^4 b \\
-\dfrac{K_{uR}^4 L_8}{L_7} & 0 & -\dfrac{K_{uR}^4 L_8 L_6}{L_7} & \dfrac{(L_7 + L_8) K_{uR}^4}{L_7} & -K_{uR}^4 b \\
-\dfrac{(L_8 + L_4) K_{uL}^5}{L_7} & 0 & -\dfrac{L_6 (L_8 + L_4) K_{uL}^5}{L_7} & \dfrac{(L_8 + L_4 + L_7) K_{uL}^5}{L_7} & K_{uL}^5 b \\
-\dfrac{(L_8 + L_4) K_{uR}^5}{L_7} & 0 & -\dfrac{L_6 (L_8 + L_4) K_{uR}^5}{L_7} & \dfrac{(L_8 + L_4 + L_7) K_{uR}^5}{L_7} & -K_{uR}^5 b
\end{bmatrix}
$$

$$
\boldsymbol{C}_{12} = \begin{bmatrix}
C_{uL}^1 & C_{uL}^1 & -C_{uL}^1 L_5 & 0 & 0 \\
C_{uR}^1 & -C_{uR}^1 b & -C_{uR}^1 L_5 & 0 & 0 \\
C_{uL}^2 & C_{uL}^2 b & C_{uL}^2 (L_1 - L_5) & 0 & 0 \\
C_{uR}^2 & -C_{uR}^2 b & C_{uR}^2 (L_1 - L_5) & 0 & 0 \\
C_{uL}^3 & C_{uL}^3 b & C_{uL}^3 (L_1 - L_5 + L_2) & 0 & 0 \\
C_{uR}^3 & -C_{uR}^3 b & C_{uR}^3 (L_1 - L_5 + L_2) & 0 & 0 \\
-\dfrac{C_{uL}^4 L_8}{L_7} & 0 & -\dfrac{C_{uL}^4 L_8 L_6}{L_7} & \dfrac{C_{uL}^4 (L_7 + L_8)}{L_7} & C_{uL}^4 b \\
-\dfrac{C_{uR}^4 L_8}{L_7} & 0 & -\dfrac{C_{uR}^4 L_8 L_6}{L_7} & \dfrac{(L_7 + L_8) C_{uR}^4}{L_7} & -C_{uR}^4 b \\
-\dfrac{(L_8 + L_4) C_{uL}^5}{L_7} & 0 & -\dfrac{L_6 (L_8 + L_4) C_{uL}^5}{L_7} & \dfrac{(L_8 + L_4 + L_7) C_{uL}^5}{L_7} & C_{uL}^5 b \\
-\dfrac{(L_8 + L_4) C_{uR}^5}{L_7} & 0 & -\dfrac{L_6 (L_8 + L_4) C_{uR}^5}{L_7} & \dfrac{(L_8 + L_4 + L_7) C_{uR}^5}{L_7} & -C_{uR}^5 b
\end{bmatrix}
$$

$$\boldsymbol{K}_{21}=\begin{bmatrix} K_{uL}^1 & K_{uR}^1 & -K_{uL}^1 L_7 & K_{uL}^2 & K_{uL}^3 & K_{uL}^3 & K_{uL}^4 & K_{uR}^4 & K_{uL}^5 & K_{uR}^5 \\ K_{uL}^1 b & -K_{uR}^1 b & K_{uL}^2 b & -K_{uR}^2 b & -K_{uL}^3 b & -K_{uR}^3 b & 0 & 0 & 0 & 0 \\ -K_{uL}^1(L_6+L_5) & -K_{uR}^1(L_6+L_5) & -K_{uL}^2(L_6+L_5-L_1) & K_{uR}^2 & -K_{uL}^3(L_6+L_5-L_1-L_2) & -K_{uR}^3(L_6+L_5-L_1-L_2) & 0 & 0 & 0 & 0 \\ -K_{uL}^1 L_7 & -K_{uR}^1 L_7 & -K_{uL}^2 L_7 & -K_{uR}^2 L_7 & -K_{uL}^3 L_7 & -K_{uR}^3 L_7 & K_{uL}^4 L_8 & K_{uR}^4 L_8 & K_{uL}^5(L_8+L_4) & K_{uR}^5(L_8+L_4) \\ 0 & 0 & 0 & 0 & 0 & 0 & K_{uL}^4 b & -K_{uR}^4 b & K_{uL}^5 b & -K_{uR}^5 b \end{bmatrix}$$

$$\boldsymbol{C}_{21}=\begin{bmatrix} C_{uL}^1 & C_{uR}^1 & -C_{uL}^1 L_7 & C_{uR}^2 & C_{uL}^3 & C_{uL}^3 & C_{uL}^4 & C_{uR}^4 & C_{uL}^5 & C_{uR}^5 \\ C_{uL}^1 b & -C_{uR}^1 b & C_{uL}^2 b & -C_{uR}^2 b & -C_{uL}^3 b & -C_{uR}^3 b & 0 & 0 & 0 & 0 \\ -C_{uL}^1(L_6+L_5) & -C_{uR}^1(L_6+L_5) & -C_{uL}^2(L_6+L_5-L_1) & C_{uR}^2 & -C_{uL}^3(L_6+L_5-L_1-L_2) & -C_{uR}^3(L_6+L_5-L_1-L_2) & 0 & 0 & 0 & 0 \\ -C_{uL}^1 L_7 & -C_{uR}^1 L_7 & -C_{uL}^2 L_7 & -C_{uR}^2 L_7 & -C_{uL}^3 L_7 & -C_{uR}^3 L_7 & C_{uL}^4 L_8 & C_{uR}^4 L_8 & C_{uL}^5(L_8+L_4) & C_{uR}^5(L_8+L_4) \\ 0 & 0 & 0 & 0 & 0 & 0 & C_{uL}^4 b & -C_{uR}^4 b & C_{uL}^5 b & -C_{uR}^5 b \end{bmatrix}$$

$$\boldsymbol{K}_{22}=\begin{bmatrix} k_{11\times11} & k_{11\times12} & k_{11\times13} & k_{11\times14} & k_{11\times15} \\ k_{12\times11} & k_{12\times12} & k_{12\times13} & 0 & 0 \\ k_{13\times11} & k_{13\times12} & k_{13\times13} & 0 & 0 \\ k_{14\times11} & k_{14\times12} & k_{14\times13} & k_{14\times14} & k_{14\times15} \\ k_{15\times11} & 0 & k_{15\times13} & k_{15\times14} & k_{15\times15} \end{bmatrix}$$

$k_{11\times11}=-[K_{uL}^1+K_{uR}^1+K_{uL}^2+K_{uR}^2+K_{uL}^3+K_{uR}^3-L_8(K_{uL}^4+K_{uR}^4)/L_7-(L_8+L_4)(K_{uR}^5+K_{uL}^5)/L_7]$

$k_{11\times12}=K_{uR}^1 b-K_{uL}^1 b+K_{uR}^2 b-K_{uL}^2 b+K_{uR}^3 b-K_{uL}^3 b$

$k_{11\times13}=(K_{uR}^1+K_{uL}^1)L_5-(K_{uL}^2+K_{uR}^2)(L_1-L_5)-(K_{uL}^3+K_{uR}^3)(L_1-L_5+L_2)+L_6 L_8(K_{uL}^4-K_{uR}^4)/L_7$
$\qquad+(L_8+L_4)L_6(K_{uR}^5+K_{uL}^5)/L_7$

$k_{11\times14}=-[(L_8+L_7)K_{uL}^4+(L_8+L_7)K_{uR}^4+(L_8+L_4+L_7)K_{uR}^5+(L_8+L_4+L_7)K_{uL}^5]/L_7$

$k_{11\times15}=K_{uL}^4 b-K_{uL}^4 b+K_{uR}^5 b-K_{uL}^5 b$

$k_{12\times11}=K_{uR}^1 b-K_{uL}^1 b+K_{uR}^2 b-K_{uL}^2 b+K_{uR}^3 b-K_{uL}^3 b$

$k_{12\times12}=-(K_{uL}^1 b^2+K_{uR}^1 b^2+K_{uR}^2 b^2+K_{uL}^2 b^2+K_{uR}^3 b^2+K_{uL}^3 b^2)$

$k_{12\times13}=K_{uL}^1 bL_5-K_{uR}^1 bL_5+K_{uR}^2 b(L_1-L_5)-K_{uL}^2 b(L_1-L_5)+K_{uR}^3 b(L_1-L_5+L_2)-K_{uL}^3 b(L_1-L_5+L_2)$

$k_{13\times11}=(K_{uL}^1+K_{uR}^1)(L_6+L_5)+(K_{uL}^2+K_{uR}^2)(L_6+L_5-L_1)+(K_{uL}^3+K_{uR}^3)(L_6+L_5-L_1-L_2)$

$k_{13\times12}=(K_{uR}^1-K_{uL}^1)(L_6+L_5)b+(K_{uR}^2-K_{uL}^2)(L_6+L_5-L_1)b+(K_{uR}^3-K_{uL}^3)(L_6+L_5-L_1-L_2)b$

$k_{13\times13}=-(K_{uL}^1+K_{uR}^1)(L_6+L_5)L_5-(K_{uL}^2+K_{uR}^2)(L_6+L_5-L_1)(L_5-L_1)-(K_{uL}^3+K_{uR}^3)(L_6+L_5-L_1-L_2)$
$\qquad\times(L_5-L_1-L_2)$

$k_{14\times11}=(K_{uL}^1+K_{uR}^1+K_{uL}^2+K_{uR}^2+K_{uL}^3+K_{uR}^3)L_7+(K_{uR}^4+K_{uL}^4)L_8^2/L_7+(K_{uR}^5+K_{uL}^5)(L_8+L_4)^2/L_7$

$k_{14\times12}=(K_{uL}^1-K_{uR}^1)L_7 b+(K_{uL}^2-K_{uR}^2)L_7 b+(K_{uL}^3-K_{uR}^3)L_7 b$

$k_{14\times13}=(K_{uL}^2+K_{uR}^2)L_7(L_1-L_5)-(K_{uL}^1+K_{uR}^1)L_7 L_5+(K_{uL}^3+K_{uR}^3)L_7(L_1-L_5+L_2)+(K_{uR}^4+K_{uL}^4)L_8^2 L_6/L_7$
$\qquad+(K_{uR}^5+K_{uL}^5)(L_8+L_4)^2 L_6/L_7$

$k_{14\times14}=-[K_{uR}^4 L_8+K_{uL}^4 L_8+(K_{uR}^4+K_{uL}^4)L_8^2/L_7+(K_{uR}^5+K_{uL}^5)(L_8+L_4)+(K_{uR}^5+K_{uL}^5)(L_8+L_4)^2/L_7]$

$k_{14\times15}=K_{uR}^4 L_8 b-K_{uL}^4 L_8 b+K_{uR}^5(L_8+L_4)b-K_{uL}^5(L_8+L_4)b$

$k_{15\times11}=(K_{uL}^4-K_{uR}^4)bL_8/L_7+(K_{uL}^5-K_{uR}^5)b(L_8+L_4)/L_7$

$k_{15\times13}=(K_{uL}^4-K_{uR}^4)bL_8 L_6/L_7+(K_{uL}^5-K_{uR}^5)(L_8+L_4)bL_6/L_7$

$k_{15\times14}=(K_{uR}^4-K_{uL}^4)b+(K_{uR}^4-K_{uL}^4)bL_8/L_7+(K_{uR}^5-K_{uL}^5)b+b(L_8+L_4)(K_{uR}^5-K_{uL}^5)/L_7$

$k_{15\times15}=-(K_{uR}^4+K_{uL}^4+K_{uL}^5+K_{uR}^5)b^2$

$$\boldsymbol{C}_{22}=\begin{bmatrix} c_{11\times11} & c_{11\times12} & c_{11\times13} & c_{11\times14} & c_{11\times15} \\ c_{12\times11} & c_{12\times12} & c_{12\times13} & 0 & 0 \\ c_{13\times11} & c_{13\times12} & c_{13\times13} & 0 & 0 \\ c_{14\times11} & c_{14\times12} & c_{14\times13} & c_{14\times14} & c_{14\times15} \\ c_{15\times11} & 0 & c_{15\times13} & c_{15\times14} & c_{15\times15} \end{bmatrix}$$

$$c_{11\times11}=-[C_{uL}^1+C_{uR}^1+C_{uL}^2+C_{uR}^2+C_{uL}^3+C_{uR}^3-L_8(C_{uL}^4+C_{uR}^4)/L_7-(L_8+L_4)(C_{uR}^5+C_{uL}^5)/L_7]$$

$$c_{11\times12}=C_{uR}^1b-C_{uL}^1b+C_{uR}^2b-C_{uL}^2b+C_{uR}^3b-C_{uL}^3b$$

$$c_{11\times13}=(C_{uR}^1+C_{uL}^1)L_5-(C_{uL}^2+C_{uR}^2)(L_1-L_5)-(C_{uL}^3+C_{uR}^3)(L_1-L_5+L_2)+L_6L_8(C_{uL}^4-C_{uR}^4)/L_7$$
$$\qquad+(L_8+L_4)L_6(C_{uR}^5+C_{uL}^5)/L_7$$

$$c_{11\times14}=-[(L_8+L_7)C_{uL}^4+(L_8+L_7)C_{uR}^4+(L_8+L_4+L_7)C_{uR}^5+(L_8+L_4+L_7)C_{uL}^5]/L_7$$

$$c_{11\times15}=C_{uR}^4b-C_{uL}^4b+C_{uR}^5b-C_{uL}^5b$$

$$c_{12\times11}=C_{uR}^1b-C_{uL}^1b+C_{uR}^2b-C_{uL}^2b+C_{uR}^3b-C_{uL}^3b$$

$$c_{12\times12}=-(C_{uL}^1b^2+C_{uR}^1b^2+C_{uR}^2b^2+C_{uL}^2b^2+C_{uR}^3b^2+C_{uL}^3b^2)$$

$$c_{12\times13}=C_{uL}^1bL_5-C_{uR}^1bL_5+C_{uR}^2b(L_1-L_5)-C_{uL}^2b(L_1-L_5)+C_{uR}^3b(L_1-L_5+L_2)-C_{uL}^3b(L_1-L_5+L_2)$$

$$c_{13\times11}=(C_{uL}^1+C_{uR}^1)(L_6+L_5)+(C_{uL}^2+C_{uR}^2)(L_6+L_5-L_1)+(C_{uL}^3+C_{uR}^3)(L_6+L_5-L_1-L_2)$$

$$c_{13\times12}=(C_{uR}^1-C_{uL}^1)(L_6+L_5)b+(C_{uR}^2-C_{uL}^2)(L_6+L_5-L_1)b+(C_{uR}^3-C_{uL}^3)(L_6+L_5-L_1-L_2)b$$

$$c_{13\times13}=-(C_{uL}^1+C_{uR}^1)(L_6+L_5)L_5-(C_{uL}^2+C_{uR}^2)(L_6+L_5-L_1)(L_5-L_1)-(C_{uL}^3+C_{uR}^3)(L_6+L_5-L_1-L_2)$$
$$\qquad\times(L_5-L_1-L_2)$$

$$c_{14\times11}=(C_{uL}^1+C_{uR}^1+C_{uL}^2+C_{uR}^2+C_{uL}^3+C_{uR}^3)L_7+(C_{uR}^4+C_{uL}^4)L_8^2/L_7+(C_{uR}^5+C_{uL}^5)(L_8+L_4)^2/L_7$$

$$c_{14\times12}=(C_{uL}^1-C_{uR}^1)L_7b+(C_{uL}^2-C_{uR}^2)L_7b+(C_{uL}^3-C_{uR}^3)L_7b$$

$$c_{14\times13}=(C_{uL}^2+C_{uR}^2)L_7(L_1-L_5)-(C_{uL}^1+C_{uR}^1)L_7L_5+(C_{uL}^3+C_{uR}^3)L_7(L_1-L_5+L_2)+(C_{uR}^4+C_{uL}^4)L_8^2L_6/L_7$$
$$\qquad+(C_{uR}^5+C_{uL}^5)(L_8+L_4)^2L_6/L_7$$

$$c_{14\times14}=-[C_{uR}^4L_8+C_{uL}^4L_8+(C_{uR}^4+C_{uL}^4)L_8^2/L_7+(C_{uR}^5+C_{uL}^5)(L_8+L_4)+(C_{uR}^5+C_{uL}^5)(L_8+L_4)^2/L_7]$$

$$c_{14\times15}=C_{uR}^4L_8b-C_{uL}^4L_8b+C_{uR}^5(L_8+L_4)b-C_{uL}^5(L_8+L_4)b$$

$$c_{15\times11}=(C_{uL}^4-C_{uR}^4)bL_8/L_7+(C_{uL}^5-C_{uR}^5)b(L_8+L_4)/L_7$$

$$c_{15\times13}=(C_{uL}^4-C_{uR}^4)bL_8L_6/L_7+(C_{uR}^5-C_{uL}^5)(L_8+L_4)bL_6/L_7$$

$$c_{15\times14}=(C_{uR}^4-C_{uL}^4)b+(C_{uR}^4-C_{uL}^4)bL_8/L_7+(C_{uR}^5-C_{uL}^5)b+b(L_8+L_4)(C_{uR}^5-C_{uL}^5)/L_7$$

$$c_{15\times15}=-(C_{uR}^4+C_{uL}^4+C_{uL}^5+C_{uR}^5)b^2$$

$$
\boldsymbol{F}_{\mathrm{vb}} = \begin{bmatrix}
K_{\mathrm{IL}}^1 y_{\mathrm{L}}^1 + C_{\mathrm{IL}}^1 \dot{y}_{\mathrm{L}}^1 \\
K_{\mathrm{IR}}^1 y_{\mathrm{R}}^1 + C_{\mathrm{IR}}^1 \dot{y}_{\mathrm{R}}^1 \\
K_{\mathrm{IL}}^2 y_{\mathrm{L}}^2 + C_{\mathrm{IL}}^2 \dot{y}_{\mathrm{L}}^2 \\
K_{\mathrm{IR}}^2 y_{\mathrm{R}}^2 + C_{\mathrm{IR}}^2 \dot{y}_{\mathrm{R}}^2 \\
K_{\mathrm{IL}}^3 y_{\mathrm{L}}^3 + C_{\mathrm{IL}}^3 \dot{y}_{\mathrm{L}}^3 \\
K_{\mathrm{IR}}^3 y_{\mathrm{R}}^3 + C_{\mathrm{IR}}^3 \dot{y}_{\mathrm{R}}^3 \\
K_{\mathrm{IL}}^4 y_{\mathrm{L}}^4 + C_{\mathrm{IL}}^4 \dot{y}_{\mathrm{L}}^4 \\
K_{\mathrm{IR}}^4 y_{\mathrm{R}}^4 + C_{\mathrm{IR}}^4 \dot{y}_{\mathrm{R}}^4 \\
K_{\mathrm{IL}}^5 y_{\mathrm{L}}^5 + C_{\mathrm{IL}}^5 \dot{y}_{\mathrm{L}}^5 \\
K_{\mathrm{IR}}^5 y_{\mathrm{R}}^5 + C_{\mathrm{IR}}^5 \dot{y}_{\mathrm{R}}^5 \\
0 \\
0 \\
0 \\
0 \\
0
\end{bmatrix}, \quad
\boldsymbol{F}_{\mathrm{vg}} = - \begin{bmatrix}
M_{\mathrm{aL}}^1 \\
M_{\mathrm{aR}}^1 \\
M_{\mathrm{aL}}^2 \\
M_{\mathrm{aR}}^2 \\
M_{\mathrm{aL}}^3 \\
M_{\mathrm{aR}}^3 \\
M_{\mathrm{aL}}^4 \\
M_{\mathrm{aR}}^4 \\
M_{\mathrm{aL}}^5 \\
M_{\mathrm{aR}}^5 \\
-(M_{\mathrm{r1}} + M_{\mathrm{r2}}) \\
0 \\
-M_{\mathrm{r1}} L_6 \\
-M_{\mathrm{r1}} L_7 \\
0
\end{bmatrix} g
$$

根据我国桥梁设计规范中车辆荷载、上述平衡方程及相关文献可确定车辆模型的尺寸、车体和车轮质量、车体转动惯量等参数的建议取值，如表 2.2 所示。

表 2.2　我国三维车辆模型参数的建议取值

参数	取值
车体 1 质量 M_{r1}/kg	2 276.5
俯仰转动惯量 J_{zx}^1/(kg·m²)	20 196
翻转转动惯量 J_{yz}^1/(kg·m²)	2 189.2
车体 2 质量 M_{r2}/kg	45 246
俯仰转动惯量 J_{zx}^2/(kg·m²)	285 990
翻转转动惯量 J_{yz}^2/(kg·m²)	43 512
车轴 1 质量 $M_{\mathrm{aL}}^1, M_{\mathrm{aR}}^1$/kg	350
悬架刚度 $K_{\mathrm{uL}}^1, K_{\mathrm{uR}}^1$/(kN·m⁻¹)	300
悬架阻尼 $C_{\mathrm{uL}}^1, C_{\mathrm{uR}}^1$/(kN·s·m⁻¹)	10
轮胎刚度 $K_{\mathrm{IL}}^1, K_{\mathrm{IR}}^1$/(kN·m⁻¹)	1 500
轮胎阻尼 $C_{\mathrm{IL}}^1, C_{\mathrm{IR}}^1$/(kN·s·m⁻¹)	3
车轴 2、3 质量 $M_{\mathrm{aL}}^2, M_{\mathrm{aR}}^2, M_{\mathrm{aL}}^3, M_{\mathrm{aR}}^3$/kg	500
悬架刚度 $K_{\mathrm{uL}}^2, K_{\mathrm{uR}}^2, K_{\mathrm{uL}}^3, K_{\mathrm{uR}}^3$/(kN·m⁻¹)	1 000
悬架阻尼 $C_{\mathrm{uL}}^2, C_{\mathrm{uR}}^2, C_{\mathrm{uL}}^3, C_{\mathrm{uR}}^3$/(kN·s·m⁻¹)	53
轮胎刚度 $K_{\mathrm{IL}}^2, K_{\mathrm{IR}}^2, K_{\mathrm{IL}}^3, K_{\mathrm{IR}}^3$/(kN·m⁻¹)	3 000
轮胎阻尼 $C_{\mathrm{IL}}^2, C_{\mathrm{IR}}^2, C_{\mathrm{IL}}^3, C_{\mathrm{IR}}^3$/(kN·s·m⁻¹)	3
车轴 4、5 质量 $M_{\mathrm{aL}}^4, M_{\mathrm{aR}}^4, M_{\mathrm{aL}}^5, M_{\mathrm{aR}}^5$/kg	400
悬架刚度 $K_{\mathrm{uL}}^4, K_{\mathrm{uR}}^4, K_{\mathrm{uL}}^5, K_{\mathrm{uR}}^5$/(kN·m⁻¹)	1 250
悬架阻尼 $C_{\mathrm{uL}}^4, C_{\mathrm{uR}}^4, C_{\mathrm{uL}}^5, C_{\mathrm{uR}}^5$/(kN·s·m⁻¹)	53

续表

参数	取值
轮胎刚度 $K_{IL}^4, K_{IR}^4, K_{IL}^5, K_{IR}^5 /((kN \cdot m^{-1})$	3 000
轮胎阻尼 $C_{IL}^4, C_{IR}^4, C_{IL}^5, C_{IR}^5 /(kN \cdot s \cdot m^{-1})$	3
L_1/m	3
L_2/m	1.4
L_3/m	7
L_4/m	1.4
L_5/m	1
L_6/m	2.7
L_7/m	4.5
L_8/m	3.2
b_1/m	2.5
b_2/m	0.9

2.2　桥梁建模方法

由于计算能力的限制，早期车桥耦合振动研究中桥梁往往利用平面梁杆模型（王恒华等，1997）或空间梁格模型（Huang et al.，1992）进行模拟。这些模型较为简单，但在早期的车桥耦合振动研究中起到了重要的作用。然而，平面梁杆模型不能考虑桥梁扭转，空间梁格模型不能获得桥梁局部构件的响应。随着计算机硬件和软件的发展，尤其是商业有限元软件的飞速发展，目前中小跨径桥梁或大型桥梁的局部模型已可用高精度三维实体单元进行模拟。然而，对于大跨径的斜拉桥、悬索桥的响应计算，由于桥梁几何尺寸较大，基于精细实体单元建立的有限元模型的自由度巨大，在计算效率方面不如基于空间梁杆单元的桥梁有限元模型。此外，多尺度建模作为一种新的建模技术，尤其适合大型桥梁或复杂桥梁的建模。该建模方法对研究的桥梁局部构件采用小尺寸精细单元模拟，而对其他部分采用大尺寸单元模拟，最后将这两部分通过合适的耦合单元连接。这种方法兼顾了计算精度和效率，具有很好的应用潜力，是桥梁有限元模型未来发展的重要方向。

针对车桥耦合振动问题，桥梁模型的建立方法主要有模态坐标法和有限元法。模态坐标法是最早用于车桥耦合振动分析的桥梁建模方法，运用该方法可以大幅减少自由度数量。然而，该建模方法只能获取结构的整体振动特性，无法考虑结构局部的振动特征。对于复杂桥梁结构，利用该方法也会因自由度大幅增加而无法获得解析解。随着计算机技术的迅速发展，利用大型商业有限元软件可快速建立复杂桥梁的有限元模型并进行计算分析。有限元法因其计算精度高、建模速度快等优点而被广泛应用于车桥耦合振动分析中的桥梁建模。

利用大型商业有限元软件可快速建立桥梁的有限元模型，本节将介绍如何使用大型商业有限元软件 ANSYS 建立中小跨径桥梁的三维有限元模型。为了准确获取桥梁的动力响应，其有限元模型需要满足以下条件（谢秉敏等，2012）。

1）有限元模型不应过于简化，也不应过于复杂，应根据所求问题的需要，综合考虑计算效率和计算精度以确定最优模型方案。

2）合理设定与桥梁结构质量、刚度和阻尼等动力特性相关的材料与尺寸参数。

3）划分有限元模型单元时需考虑其尺寸对桥梁局部结构畸变、箱梁剪力滞后效应及桥梁局部振动的影响。

下面以 ANSYS 建立简支 T 梁有限元模型为例来具体介绍建模步骤。

1）获取桥梁的设计图纸及其材料属性（如弹性模量、密度、热膨胀系数、泊松比等）。

2）根据桥梁构件特征，选取适当的单元类型，确定单元的相关参数。

3）根据桥梁设计图纸，建立桥梁有限元模型，并根据计算需求合理划分单元尺寸。对于简支 T 梁而言，可基于 AutoCAD 平台绘制桥梁横截面并导出保存为.sat 文件，通过 ANSYS 导入该.sat 文件得到桥梁截面的几何形状。利用 Mesh200 单元实现对桥梁横截面的网格划分，然后通过 ANSYS 中"extrude"命令拉伸得到简支 T 梁三维有限元模型。

4）根据桥梁的支撑方式，确定模型的边界条件。图 2.5 显示了在 ANSYS 中建立的跨径为 20m 的简支 T 梁桥的有限元模型。

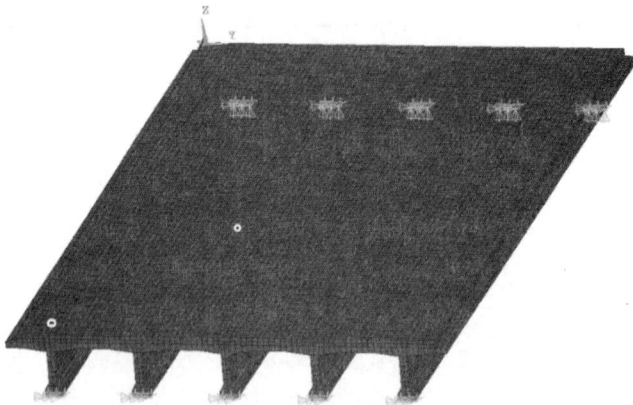

图 2.5　跨径为 20m 的简支 T 梁桥的有限元模型

2.3　桥面不平整度的模拟方法

桥面不平整度是车桥耦合振动的主要激励源。研究表明，桥面不平整度可视为均值为零的高斯随机过程，可以通过桥面不平整度的功率谱密度函数进行模拟。目前，关于桥面不平整度的标准主要有两个：ISO SC2/WG4（1972）和 ISO TC108/SC2N67（2005）。我国《机械振动　道路路面谱测量数据报告》（GB/T 7031—2005）采用与 ISO（2005）相同的表达式。

ISO（2005）标准采用功率谱密度函数来定义桥面不平整度，表达式为

$$\begin{cases} G_q(\Omega) = G_q(\Omega_0)(\Omega / \Omega_0)^{-\omega_1} & (\Omega \leqslant \Omega_0) \\ G_q(\Omega) = G_q(\Omega_0)(\Omega / \Omega_0)^{-\omega_2} & (\Omega > \Omega_0) \end{cases} \tag{2.25}$$

式中，Ω 为空间频率（或称为行程频率），cycle/m，表示每米长度中包含波长的个数；Ω_0 为标准空间频率，为空间频率范围中低频与高频的分界频率，$\Omega_0 = 1 / (2\pi) = 0.16 \, \text{cycle} / \text{m}$；$G_q(\Omega_0)$ 为标准空间频率 Ω_0 对应的桥面不平整度功率谱密度，$10^{-6} \, \text{m}^3 / \text{cycle}$，称为平整度系数，其值表征桥面不平整度程度；$\omega_n$ 为频率指数，决定了功率谱的频率结构，其中 $\omega_1 = 2$

和 $\omega_2=1.5$ 分别为桥面功率谱在低频段和高频段采用的指数。

ISO（2005）标准将桥面不平整度从"非常好"到"非常差"划分为 5 个等级，表 2.3 列出了各等级桥面不平整度功率谱密度值。

表 2.3　ISO SC2/WG4 各等级桥面不平整度功率谱密度值　　　　单位：m³/cycle

桥面不平整度等级	$G_q(\Omega_0)$ 值	$G_q(\Omega_0)$ 平均值
非常好（A）	2～8	5
好（B）	8～32	20
一般（C）	32～128	80
差（D）	128～512	320
非常差（E）	512～2 048	1 280

目前，常用的桥面不平整度生成方法有时间序列法、白噪声激励模拟法、分形分析法、傅里叶逆变换法和三角级数法。本章只介绍用三角级数法生成桥面不平整度，其表达式可根据功率谱密度函数通过傅里叶逆变换得到：

$$r(X) = \sum_{k=1}^{N} \sqrt{2G_q(\Omega_k)\Delta\Omega}\cos(2\pi\Omega_k X + \theta_k) \tag{2.26}$$

式中，X 为桥长方向坐标；Ω_k 为空间频率离散采样点；$\Delta\Omega$ 为空间频率采样间距；N 为空间频率采样数，一般为 2 的整数次幂；θ_k 为随机相位角，取值范围为（$0,2\pi$）。

空间频率采样范围可通过下述方法确定：下限 Ω_{min} 取为桥梁跨径的倒数，上限 Ω_{max} 取为平整度曲线空间采样距离的倒数。设桥梁跨径为 L，平整度曲线在沿桥方向的离散点采样间距为 δ_0（如 0.02m），则 $\Omega_{min}=1/L$、$\Omega_{max}=1/\delta_0$，且 $\Delta\Omega=(\Omega_{max}-\Omega_{min})/N$，功率谱密度函数的表达式如式（2.25）所示。根据上述方法利用 MATLAB 编制程序可得不同等级桥面不平整度的示意图，如图 2.6 所示。

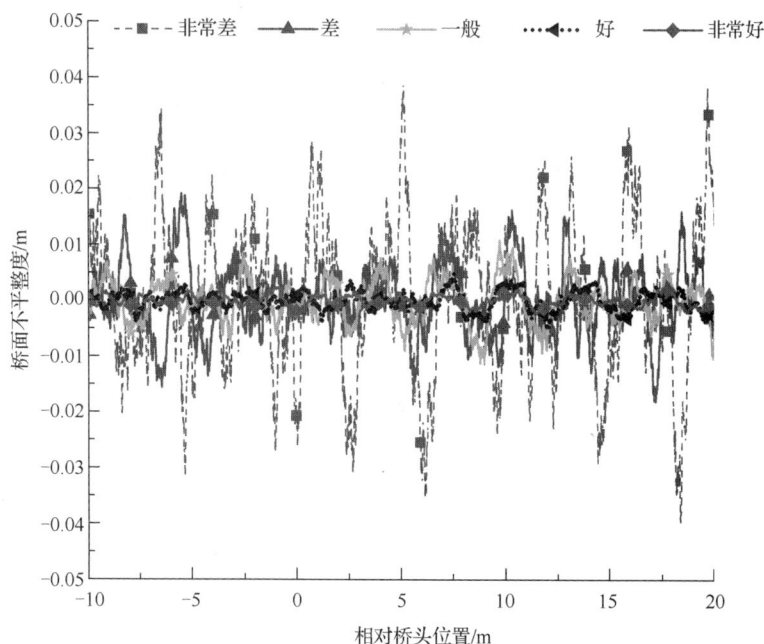

图 2.6　不同等级的桥面不平整度示意图

在大多数车桥耦合振动分析中，左右两侧车轮使用的是相同的桥面不平整度样本，这种处理方式与真实情况不符，导致计算的桥梁响应与真实值存在偏差。因此，Liu 等（2002）提出了桥面不平整度横向相关系数的概念，并在分析中对车辆左右车轮采用了不同的桥面不平整度样本。韩万水等（2011）在实测桥面不平整度的基础上进行了桥面非一致激励研究。随后，Oliva 等（2013）提出了基于傅里叶逆变换生成具有相关性的桥面不平整度样本的算法。Zou 等（2016）基于该方法研究了桥面不平整度样本相关系数对车桥耦合系统中车桥响应的影响，指出不同相关系数下计算得到的车辆和桥梁的响应存在明显的差异，且相关系数越大，车桥耦合振动越剧烈。桥面不平整度横向相关系数对车桥耦合振动响应有一定的影响，因此在车桥耦合振动分析中应尽可能采用符合实际情况的横向相关系数。在计算动力冲击系数等相关研究中，若桥面不平整度横向相关系数获取不便，则可采用相同的桥面不平整度样本，即相关系数取为 1，此时计算得到的桥梁响应将稍大于实际响应。

2.4　车桥接触模型

在车桥耦合振动分析中，车辆轮胎与桥面的接触一般采用单点接触模型，如图 2.7（a）所示，这与实际情况有异。Yin 等（2010）和 Chang 等（2011）发现采用单点接触模型将高估车辆对桥梁的冲击效应，他们同时提出了更加符合实际情况的车轮圆盘模型，如图 2.7（b）所示，通过实桥测试发现，车轮圆盘模型比单点接触模型具有更高的精度。基于此，Deng 等（2016）提出了便于计算的多点模型，如图 2.7（c）所示[其中 K_{li}、C_{li}（$i=1,2,\cdots,n$）分别为各点的刚度与阻尼]，该模型不仅达到了和车轮圆盘模型同等的计算精度，同时避免了积分计算接触力的过程，具有较好的工程应用价值。值得一提的是，在桥面较为平整的情况下，3 种车桥接触模型计算的桥梁响应相差不大，但当桥面破损较为严重，或需主要关注桥梁振动速度或加速度等响应时，需要选用精度更优的车轮圆盘模型或多点模型。

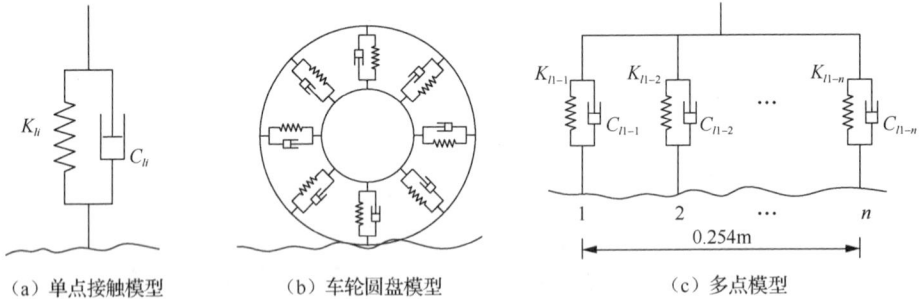

（a）单点接触模型　　　　（b）车轮圆盘模型　　　　　（c）多点模型

图 2.7　车轮模型

2.5　车桥耦合振动动力学方程

针对整个车桥耦合振动系统，建立系统的动力学方程时，车辆的运动方程可表示为

$$\boldsymbol{M}_{v}\ddot{\boldsymbol{d}}_{v}+\boldsymbol{C}_{v}\dot{\boldsymbol{d}}_{v}+\boldsymbol{K}_{v}\boldsymbol{d}_{v}=\boldsymbol{f}_{vg}+\boldsymbol{F}_{vb} \tag{2.27}$$

式中，$\boldsymbol{M}_v$、$\boldsymbol{C}_v$ 和 $\boldsymbol{K}_v$ 分别为车辆的质量矩阵、阻尼矩阵和刚度矩阵；$\boldsymbol{d}_v$ 为车辆的位移矩阵；$\boldsymbol{f}_{vg}$ 为车辆所受重力荷载矩阵；$\boldsymbol{F}_{vb}$ 为桥面对车辆的作用力矩阵。

桥梁的运动方程可表示为

$$\boldsymbol{M}_{\text{b}}\ddot{\boldsymbol{d}}_{\text{b}} + \boldsymbol{C}_{\text{b}}\dot{\boldsymbol{d}}_{\text{b}} + \boldsymbol{K}_{\text{b}}\boldsymbol{d}_{\text{b}} = \boldsymbol{F}_{\text{bv}} \qquad (2.28)$$

式中，$\boldsymbol{M}_{\text{b}}$、$\boldsymbol{C}_{\text{b}}$ 和 $\boldsymbol{K}_{\text{b}}$ 分别为桥梁的质量矩阵、阻尼矩阵和刚度矩阵；$\boldsymbol{d}_{\text{b}}$ 为桥梁的位移矩阵；$\boldsymbol{F}_{\text{bv}}$ 为车辆作用在桥面的作用力矩阵。

根据车桥接触点的位移协调关系和相互作用力关系（Deng et al.，2010a；2010b），可以建立如下的车桥耦合振动方程：

$$\begin{bmatrix} \boldsymbol{M}_{\text{b}} & \\ & \boldsymbol{M}_{\text{v}} \end{bmatrix}\begin{bmatrix} \ddot{\boldsymbol{d}}_{\text{b}} \\ \ddot{\boldsymbol{d}}_{\text{v}} \end{bmatrix} + \begin{bmatrix} \boldsymbol{C}_{\text{b}} + \boldsymbol{C}_{\text{b-b}} & \boldsymbol{C}_{\text{b-v}} \\ \boldsymbol{C}_{\text{v-b}} & \boldsymbol{C}_{\text{v}} \end{bmatrix}\begin{bmatrix} \dot{\boldsymbol{d}}_{\text{b}} \\ \dot{\boldsymbol{d}}_{\text{v}} \end{bmatrix} + \begin{bmatrix} \boldsymbol{K}_{\text{b}} + \boldsymbol{K}_{\text{b-b}} & \boldsymbol{K}_{\text{b-v}} \\ \boldsymbol{K}_{\text{v-b}} & \boldsymbol{K}_{\text{v}} \end{bmatrix}\begin{bmatrix} \boldsymbol{d}_{\text{b}} \\ \boldsymbol{d}_{\text{v}} \end{bmatrix} = \begin{bmatrix} \boldsymbol{F}_{\text{b-r}} \\ \boldsymbol{F}_{\text{v-r}} + \boldsymbol{F}_{\text{G}} \end{bmatrix} \qquad (2.29)$$

式中，$\boldsymbol{F}_{\text{G}}$ 为车辆的重力；$\boldsymbol{C}_{\text{b-b}}$、$\boldsymbol{C}_{\text{b-v}}$、$\boldsymbol{C}_{\text{v-b}}$、$\boldsymbol{K}_{\text{b-b}}$、$\boldsymbol{K}_{\text{b-v}}$、$\boldsymbol{K}_{\text{v-b}}$、$\boldsymbol{F}_{\text{b-r}}$ 和 $\boldsymbol{F}_{\text{v-r}}$ 为与时间相关的车轮与桥面的接触力。

第3章　车桥耦合振动动力学方程求解的数值方法

第 2 章建立的车辆耦合振动动力学方程在时域和频域内均可进行求解，本章仅介绍时域求解方法，对于频域求解方法读者可参阅相关论著。常见的时域计算方法及其之间的相互联系如图 3.1 所示。

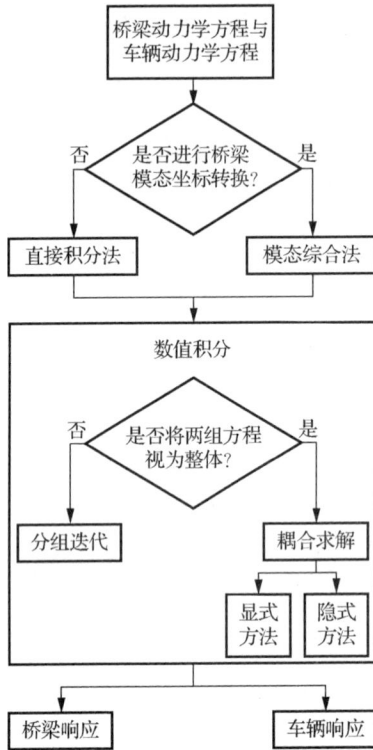

图 3.1　车桥耦合振动方程计算方法

车桥耦合时变系统的荷载与该系统响应相关，因此需要进行一定处理才能使用中心差分法、Wilson-θ 法、Newmark-β 法及 Runge-Kutta 法等数值积分方法求解。时域求解方法可分为两类：将桥梁、车辆视为独立子系统的分组迭代求解法（Wang and Huang，1992）和将车辆、桥梁视为整体系统的耦合求解方法（Cai et al.，2007）。第一类方法分别迭代计算车辆和桥梁两个子系统的响应，然后通过车辆桥梁接触点处位移相容和相互作用力大小相等的条件判断迭代是否收敛。何维（2015）给出了基于 Newmark-β 法的详细迭代格式。分组迭代求解法具有较高的稳定性，耦合关系清楚直接，易于程序实现，且可模拟车辆、桥梁结构分离，即可用于跳车分析。第二类方法将车桥运动方程联立为耦合方程组，存在显式方法和隐式方法两种求解途径。显式方法是将荷载项中与未知系统响应相关的部分移项到方程左边直接求解；隐式方法则不移项，直接将动力学方程作为迭代格式进行迭代求解。需要注意的是，移项后的系数矩阵是时变的，不能用 Wilson-θ 法、Newmark-β 法等常规动力系统求解算法求解，但可用 Runge-Kutta 等常微分方程数值解法求解，此时实际求解的是一个时变刚度问题。值得注意的是，显式 Runge-Kutta 方法不需要进行迭代，计算速度快且理论上在相同时间步长条件下解的精度更高，并可用于计算桥梁的有载频率。但该方法求解过程中矩阵阶数是原矩阵的两倍。此外，对于刚度很大的结构的求解，显式 Runge-Kutta 方法可能需要取很小的时间步长才能收敛（陈代海等，2017）。

简化后的车辆模型一般自由度数目较少，对计算量的影响几乎可以忽略。然而，复杂桥梁模型的自由度数目可能非常巨大，直接求解式（2.29）需要耗费大量的内存和计算时间，甚至可能无法求解。为此，学者们提出了模态综合法，也称为模态叠加法（Wang et al.，1992），将桥梁响应由物理空间转换到模态空间进行求解。在实际计算中，可以忽略高阶模态的贡献，仅需选取少量桥梁模态成分参与积分计算，因此该方法可大幅降低求解的规模（Deng et al.，2010a；Cai et al.，2007）。Zou 等（2016）针对多种桥梁和车辆模型详细研究了所取模态阶数对计算精度的影响，指出对于桥梁跨中位移等整体响应的计算，仅需取少量模态即可取得较满意的精度，而对局部响应或加速度等受高阶模态影响的量的计算，则应适当增加所取模态的阶数。随着计算机技术的快速发展，车桥耦合振动分析可以基于 ANSYS 等大型商业有限元软件平台，采用高精度单元建立复杂的桥梁有限元模型并提取其振动模态，然后使用模态综合法计算车桥系统的耦合动力响应。这种策略以非常小的计算代价获得满足目标精度的车辆和桥梁响应，具有广泛的应用价值。不过，模态综合法需要提取桥梁结构的线性模态参与运算，因此该方法不适用于需考虑桥梁结构非线性振动的车桥耦合振动分析。下面详细介绍用直接积分法和模态综合法求解车桥耦合振动动力学方程。

3.1 直接积分法

直接积分法将荷载作用时间分成一系列时间长度为"步长"的时间区段。在每个时间步内均以该时间步的开始状态（位移和速度）和荷载条件来计算此时间步内结构的响应，每一个时间步结束时的状态即为下一时间步的开始状态。因此，每步的求解都是独立的，步中没有响应的叠加，仅需要在单个时间步内结构特性（如刚度或阻尼）不发生变化，而各个时间步之间的结构特性可以不一样。因此，此方法能够方便地解决非线性问题，且可以通过改变时间步长的大小来满足不同非线性程度的求解。下面介绍几种常用的求解车桥耦合振动动力学方程的方法。

3.1.1 Runge-Kutta 方法

1. 显式 Runge-Kutta 法的一般形式

在进行 Runge-Kutta 法的推导之前，首先讨论如式（3.1）所示的一阶常微分方程组的定解问题。

$$\begin{cases} \dot{y} = f(x, y) & (a \leqslant x \leqslant b) \\ y(a) = y_0 \end{cases} \tag{3.1}$$

式中，$x \in [a,b]$ 为自变量；$\boldsymbol{y} = [y_1, y_2, \cdots, y_m]^\mathrm{T} \in \mathbf{R}^m$；$\boldsymbol{y} = y(x)$ 为向量值函数；$f(x, \boldsymbol{y})$ 为右端向量场；$\boldsymbol{y}_0$ 为初值向量。

假设式（3.1）等式右端函数充分光滑，不妨用 $n+1$ 个点 $(x_1, x_2, \cdots, x_{n+1})$ 将 $[a,b]$ 等距分成 n 段，每段之间的间隔为 h，则有 $x_{n+1} = x_n + h$。在点 x_{n+1} 处将其解 $y(x)$ 进行泰勒展开得到

$$y(x_{n+1}) = y(x_n) + h\dot{y}(x_n) + \frac{h^2}{2!}\ddot{y}(x_n) + \cdots + \frac{h^k}{k!}y^{(k)}(x_n) + O(h^{k+1}) \tag{3.2}$$

式中，$O(h^{k+1})$ 为 h^{k+1} 的高阶无穷小；$y^{(k)}(x)$ 为 $y(x)$ 的 k 阶导数。

$\dot{y}(x) = f(x, y(x))$，则对等式两边继续求导可得

$$\begin{cases} \ddot{y}(x) = f_x + f_y f \\ y^{(3)}(x) = f_{xx} + 2f_{xy}f + f_{yy}f^2 + f_y f_x + f_y^2 f \\ \cdots\cdots \end{cases} \tag{3.3}$$

式中，f_x 和 f_y 分别为函数 $f(x, y(x))$ 对 x 和 y 的偏导数；f_{xx}、f_{xy} 和 f_{yy} 分别为 $f(x, y(x))$ 对 x 的二阶偏导数、先对 x 再对 y 的一阶偏导数、对 y 的二阶偏导数。

设 $y(x_{n+1})$ 为函数 $y(x)$ 在点 x_{n+1} 的精确值，y_{n+1} 表示 $y(x_{n+1})$ 的近似值，则式（3.2）舍去 $O(h^{k+1})$ 可得如下近似公式：

$$y_{n+1} = y_n + h\dot{y}(x_n) + \frac{h^2}{2!}\ddot{y}(x_n) + \cdots + \frac{h^k}{k!}y^{(k)}(x_n) \tag{3.4}$$

观察式（3.4）发现，每步求 y_{n+1} 时都需求 $y(x)$ 的各阶导数，即使将各阶导数用式（3.3）代替，也需求函数 $f(x, y(x))$ 的偏导数。用 $f(x, y(x))$ 表示 $y(x)$ 的高阶导数过于复杂，可以采用 $f(x, y(x))$ 函数值的线性组合代替式（3.4）等号右端各项，具体做法是：假定

$$y_{n+1} = y_n + h\sum_{i=1}^{N} c_i K_i \tag{3.5}$$

其中：

$$K_i = f\left(x_n + \lambda_i h, \; y_n + h\sum_{j=1}^{i-1} \mu_{ij} K_j\right) \quad (i = 2, \cdots, N) \tag{3.6}$$

式中，c_i、λ_i、μ_{ij} 均为常数。

式（3.5）即为 N 阶显式 Runge-Kutta 法的一般形式。当 $N=1$ 时，式（3.5）可写成如下形式：

$$y_{n+1} = y_n + hf(x_n, y_n) \tag{3.7}$$

式（3.7）即为著名的欧拉公式，依据式（3.7）可逐步计算出各个点 $(x_1, x_2, \cdots, x_{n+1})$ 处函数的近似值。

2. 二阶显式 Runge-Kutta 法

在对 Runge-Kutta 法推导时，式（3.4）的泰勒展开式中 h 的幂次不超过 k 的项的系数与式（3.5）中对应项的系数相等。当 $k=2$ 时，结合式（3.3），可将式（3.2）写成

$$y(x_{n+1}) = y(x_n) + hf + \frac{h^2}{2!}(f_x + f_y f) + O(h^3) \tag{3.8}$$

再利用二阶泰勒展开式：

$$f(x_n + \lambda_2 h, y_n + h\mu_{21}K_1) = f(x_n, y_n) + h\left(\lambda_2 \frac{\partial}{\partial x} + \mu_{21}K_1 \frac{\partial}{\partial y}\right) f(x_n, y_n)$$

$$+ \frac{h^2}{2!}\left(\lambda_2 \frac{\partial}{\partial x} + \mu_{21}K_1 \frac{\partial}{\partial y}\right)^2 f(x_n, y_n) + \cdots \quad (3.9)$$

将式（3.9）代入式（3.5），有

$$y_{n+1} = y_n + h(c_1 + c_2)f + h^2 c_2(\lambda_2 f_x + \mu_{21} f_y f) + O(h^3) \quad (3.10)$$

对比式（3.8）中各项系数，可得

$$c_1 + c_2 = 1, \qquad c_2\lambda_2 = \frac{1}{2}, \qquad c_2\mu_{21} = \frac{1}{2} \quad (3.11)$$

式中，未知量有 4 个，而方程只有 3 个，因此式（3.11）有无穷多组解。若取 $c_1 = c_2 = \dfrac{1}{2}$，$\lambda_2 = \mu_{21} = 1$，则相应的二阶 Runge-Kutta 法计算公式为

$$y_{n+1} = y_n + \frac{h}{2}\left[(f(x_n, y_n) + f(x_{n+1}, y_n + hf(x_n, y_n))\right] \quad (n = 0,1,\cdots) \quad (3.12)$$

式（3.12）也称为改进的欧拉法，其求解精度比欧拉法有明显的提升。当取 $c_1 = 0, c_2 = 1, \lambda_2 = \mu_{21} = \dfrac{1}{2}$ 时，相应的二阶 Runge-Kutta 法的计算公式为

$$y_{n+1} = y_n + hf\left(x_n + \frac{h}{2}, y_n + \frac{h}{2}f(x_n, y_n)\right) \quad (n = 0,1,\cdots) \quad (3.13)$$

式（3.13）相当于数值积分中的矩形公式，故又称为中点公式。

3. 三阶显式 Runge-Kutta 法

求解三阶显式 Runge-Kutta 法的表达式，可令 $N = 3$，则式（3.5）可以表示为

$$\begin{cases} y_{n+1} = y_n + h(c_1 K_1 + c_2 K_2 + c_3 K_3) \\ K_1 = f(x_n, y_n) \\ K_2 = f(x_n + \lambda_2 h, y_n + \mu_{21} h K_1) \\ K_3 = f(x_n + \lambda_3 h, y_n + \mu_{31} h K_1 + \mu_{32} h K_2) \end{cases} \quad (3.14)$$

同样，将 K_3 展开到二阶，并将 K_2 的二阶泰勒展开式代入，舍去所得表达式中的 $O(h^2)$ 项得

$$K_3 = f(x_n, y_n) + \lambda_3 h f_x + (\mu_{31} + \mu_{32})h f_y f(x_n, y_n) + \mu_{32}\lambda_2 h^2 f_y f_x$$

$$+ \mu_{32}\mu_{21}h^2 f_y^2 f(x_n, y_n) + \frac{1}{2}\lambda_3^2 h^2 f_{xx} + \lambda_3 h^2 \mu_{31} f_{xy} f(x_n, y_n) + \lambda_3 h^2 \mu_{32} f_{xy} f(x_n, y_n)$$

$$+ \frac{1}{2}(\mu_{31}^2 + \mu_{32}^2)h^2 f_{yy} f^2(x_n, y_n) + \mu_{31}\mu_{32}h^2 f_{yy} f^2(x_n, y_n) \quad (3.15)$$

同时令 $k = 3$，结合式（3.3），可将式（3.2）改写为

$$y(x_{n+1}) = y(x_n, y_n) + h f(x_n, y_n) + \frac{h^2}{2!}(f_x + f_y f)$$

$$+ \frac{h^2}{3!}(f_{xx} + 2f_{xy}f + f_{yy}f^2 + f_y f_x + f_y^2 f) + O(h^4) \quad (3.16)$$

由式（3.14）和式（3.16）中对应项系数相等可得

$$
\begin{cases}
c_1 + c_2 + c_3 = 1 \\
\lambda_2 = \mu_{21} \\
\lambda_3 = \mu_{31} + \mu_{32} \\
c_2\lambda_2 + c_3\lambda_3 = \dfrac{1}{2} \\
c_2\lambda_2^2 + c_3\lambda_3^2 = \dfrac{1}{3} \\
c_3\lambda_2\mu_{32} = \dfrac{1}{6}
\end{cases}
\tag{3.17}
$$

式（3.17）为包含 8 个未知数和 6 个方程的方程组，同样有无穷多组解。满足式（3.14）的公式统称为三阶 Runge-Kutta 公式，下面是其常见的一种形式。

$$
\begin{cases}
y_{n+1} = y_n + \dfrac{h}{6}(K_1 + 4K_2 + K_3) \\
K_1 = f(x_n, y_n) \\
K_2 = f\left(x_n + \dfrac{h}{2}, y_n + \dfrac{h}{2}K_1\right) \\
K_3 = f(x_n + h, y_n - hK_1 + 2hK_2)
\end{cases}
$$

4. 四阶显式 Runge-Kutta 法

类似地，四阶 Runge-Kutta 法的表达式可写成

$$
\begin{cases}
y_{n+1} = y_n + h(c_1K_1 + c_2K_2 + c_3K_3 + c_4K_4) \\
K_1 = f(x_n, y_n) \\
K_2 = f(x_n + \lambda_2 h, y_n + \mu_{21}hK_1) \\
K_3 = f(x_n + \lambda_3 h, y_n + \mu_{31}hK_1 + \mu_{32}hK_2) \\
K_4 = f(x_n + \lambda_4 h, y_n + \mu_{41}hK_1 + \mu_{42}hK_2 + \mu_{43}hK_3)
\end{cases}
\tag{3.18}
$$

将 K_2、K_3 和 K_4 展开到三阶，并将 K_2 和 K_3 的三阶泰勒展开式代入 K_4 的三阶泰勒展开式，舍去最终所得表达式中 $O(h^3)$ 项后，得到 K_4 的表达式，再将 K_2、K_3 和 K_4 的表达式代入式（3.18）得到 y_{n+1} 的表达式，最后和式（3.2）展开到四阶的泰勒展开式对比，得到各待定系数的方程。整个证明过程较为烦琐，相应的参数确定方程已在附录中给出。式（3.19）为常用的显式四阶 Runge-Kutta 公式：

$$
\begin{cases}
y_{n+1} = y_n + \dfrac{h}{6}(K_1 + 2K_2 + 2K_3 + K_4) \\
K_1 = f(x_n, y_n) \\
K_2 = f\left(x_n + \dfrac{h}{2}, y_n + \dfrac{h}{2}K_1\right) \\
K_3 = f\left(x_n + \dfrac{h}{2}, y_n + \dfrac{h}{2}K_2\right) \\
K_4 = f(x_n + h, y_n + hK_3)
\end{cases}
\tag{3.19}
$$

四阶 Runge-Kutta 法的误差限为

$$\delta_h = \left| y(x_{n+1}) - y_{n+1} \right| \propto O(h^5) \tag{3.20}$$

四阶 Runge-Kutta 法精度相对较高，因而得到了广泛应用。

5. Runge-Kutta 法用于车桥耦合振动方程的求解

Runge-Kutta 法用于求解车桥耦合振动方程时可直接得到结构响应的近似解。为了便于求解，把车桥耦合振动方程写成如下形式：

$$M\ddot{d} + C\dot{d} + Kd = F \tag{3.21}$$

解上述方程时首先采用换元法进行降阶。令 $\dot{d} = q$，则由式（3.21）可得到下列微分方程组：

$$\begin{bmatrix} \dot{d} \\ \dot{q} \end{bmatrix} = \begin{bmatrix} q \\ -M^{-1}Cq - M^{-1}Kd + M^{-1}F \end{bmatrix} \tag{3.22}$$

之后即可使用 Runge-Kutta 法对式（3.22）一阶微分方程组进行求解。

求解二阶微分方程时也可不采用换元方式而直接使用 Runge-Kutta 法（唐友刚，2002）。当得到第 n 步的位移响应 d 和速度响应 $\dot{d}$ 时，第 $n+1$ 步的速度响应和位移响应如式（3.23）所示：

$$\begin{cases} d_{n+1} = d_n + h\dot{d}_n + \dfrac{h^2}{6}(K_1 + K_2 + K_3) \\ \dot{d}_{n+1} = \dot{d}_n + \dfrac{h}{6}(K_1 + 2K_2 + 2K_3 + K_4) \end{cases} \tag{3.23}$$

式中，

$$\begin{cases} K_1 = f(t_n, y_n, \dot{y}_n) \\ K_2 = f\left(t_n + \dfrac{h}{2}, y_n + \dfrac{h}{2}\dot{y}_n, \dot{y}_n + \dfrac{1}{2}K_1\right) \\ K_3 = f\left(t_n + \dfrac{h}{2}, y_n + \dfrac{h}{2}\dot{y}_n + \dfrac{h}{4}K_1, \dot{y}_n + \dfrac{1}{2}K_2\right) \\ K_4 = f\left(t_n + h, y_n + h\dot{y}_n + \dfrac{K_2}{2}, \dot{y}_n + K_3\right) \end{cases} \tag{3.24}$$

运用式（3.24）同样可以解出车桥耦合振动方程，得到位移和速度响应。

3.1.2　Newmark-β 法

1. Newmark-β 法介绍

Newmark-β 法是求解车桥耦合振动方程的另一种有效方法。求解一般动力学微分方程的 Newmark-β 公式可表示为

$$v_{i+1} = v_i + (1-\gamma)h\ddot{y}_i + \gamma h\ddot{y}_{i+1} \tag{3.25}$$

$$y_{i+1} = y_i + v_i h + \left(\dfrac{1}{2} - \beta\right)h^2\ddot{y}_i + \beta h^2\ddot{y}_{i+1} \tag{3.26}$$

式中，y_i、v_i、$\ddot{y}_i$ 和 y_{i+1}、v_{i+1}、$\ddot{y}_{i+1}$ 分别为时间步起始时刻和终止时刻系统的位移、速度和加速度；h 为时间步长；γ 为决定初始加速度 $\ddot{y}_i$ 和最终加速度 $\ddot{y}_{i+1}$ 对速度改变贡献的权重的参

数，当加速度是线性变化时，γ 取 $1/2$；系数 β 决定了初始加速度和最终加速度对位移变化的影响。

稳定性研究表明，当 $\beta \geqslant 1/4$ 时，Newmark-β 法是无条件稳定的，当 $\beta = 1/4$ 时，Newmark-β 法也称为常平均加速度法。当 β 分别为 0、1/12 和 1/6 时，$h/T_{\min}$ 必须分别小于 0.381、0.390 和 0.551，其中 $T_{\min}$ 为结构的最小自振周期。当 $\beta < 1/4$ 时，Newmark-β 法是有条件稳定的，特别地，对于 $\beta = 1/6$（$\gamma = 1/2$）这种情况，速度和位移的最终表达式为

$$v_1 = v_0 + \frac{h}{2}(\ddot{y}_0 + \ddot{y}_1) \tag{3.27}$$

$$y_1 = y_0 + v_0 h + \frac{h^2}{3}\ddot{y}_0 + \frac{h^2}{6}\ddot{y}_1 \tag{3.28}$$

式（3.27）和式（3.28）表示的是单个时间步内，加速度为线性变化时的积分结果，因此 $\beta = 1/6$ 时的 Newmark-β 法也称线加速度法。它和常平均加速度法一样，在实际中也被广泛应用。常平均加速度法的荷载步需满足 $h/T_{\min} < 0.55$。

2. Newmark-β 法显式公式

式（3.26）为 Newmark-β 法隐式公式，每一个时间步都需要通过迭代来求解此步终点加速度，在实际应用中并不方便。因此，需要将该公式表达成显式形式，即将最终的加速度、速度和位移用初始条件来表示。由式（3.26）求解加速度可得

$$\ddot{y}_{i+1} = \frac{1}{\beta h^2}\left[y_{i+1} - y_i - v_i h - \left(\frac{1}{2} - \beta\right)h^2 \ddot{y}_i \right] \tag{3.29}$$

将式（3.29）代入式（3.25），得到时间步终点速度表达式为

$$v_{i+1} = \frac{\gamma}{\beta h}(y_{i+1} - y_i) + \left(1 + \frac{\gamma}{\beta}\right)v_i + \left[(1-\gamma) - \frac{\gamma}{\beta}\left(\frac{1}{2} - \beta\right)\right]h\ddot{y}_i \tag{3.30}$$

将式（3.30）代入时间步终点时刻的动力平衡方程

$$m\ddot{y}_{i+1} + Cv_{i+1} + ky_{i+1} = p_{i+1} \tag{3.31}$$

式中，m 为质量；C 为阻尼。

得到关于最终位移的等效静力平衡方程，即

$$\tilde{k} y_{i+1} = \tilde{p}_{i+1} \tag{3.32}$$

式中，$\tilde{k} = k + \dfrac{1}{\beta h^2}m + \dfrac{\gamma}{\beta h}C$，称为等效刚度；$\tilde{p}_{i+1} = p_{i+1} + \left[\left(\dfrac{1}{2\beta} - 1\right)\ddot{y}_i + \dfrac{1}{\beta h}v_i + \dfrac{1}{\beta h^2}y_i\right]m + \left[\left(\dfrac{\gamma}{2\beta} - 1\right)h\ddot{y}_i + \left(\dfrac{\gamma}{\beta} - 1\right)v_i + \dfrac{\gamma}{\beta h}v_i\right]C$ 称为等效荷载。

由式（3.32）和初始条件可以直接求得位移，速度 v_{i+1} 可以由式（3.30）求得，而加速度 $\ddot{y}_{i+1}$ 可从动力平衡方程式（3.31）求得，显然平衡条件也得到了保证。特别地，当加速度保持不变时，即 γ 取 $1/2$、β 取 $1/4$ 时，位移的最终表达式为

$$\tilde{k}_c y_{i+1} = \tilde{p}_c \tag{3.33}$$

式中，下标 c 为常平均加速度法；$\tilde{k}_c$ 为相应的等效刚度；$\tilde{p}_c$ 为相应的等效荷载。

$$\tilde{k}_c = \frac{4m}{h^2} + \frac{2C}{h} + k$$

$$\tilde{p}_c = p_1 + m\left(\frac{4y_0}{h^2} + \frac{4}{h}v_0 + \ddot{y}_0\right) + C\left(\frac{2y_0}{h} + v_0\right)$$

对于加速度线性变化的情况，取 $\gamma = 1/2$、$\beta = 1/6$，可以得到位移求解公式：

$$\tilde{k}_l y_{i+1} = \tilde{p}_l \tag{3.34}$$

式中，下标 l 为线加速度法；$\tilde{k}_l$ 为相应的等效刚度；$\tilde{p}_l$ 为相应的等效荷载。

$$\tilde{k}_l = \frac{6m}{h^2} + \frac{3C}{h} + k$$

$$\tilde{p}_l = p_1 + 2m\left(\frac{3y_0}{h^2} + \frac{3}{h}v_0 + \ddot{y}_0\right) + C\left(\frac{3y_0}{h} + 2v_0 + \frac{h}{2}\ddot{y}_0\right)$$

研究表明，每个步长内加速度线性变化时计算的结果要比连续使用多次常平均加速度法获得的结果更准确。事实上，数值结果也证明线加速度法相对于常平均加速度法在计算精度方面的优越性。故在条件允许的情况下，在 Newmark-β 法迭代过程中推荐使用线加速度法。

3. Newmark-β 法用于车桥耦合振动方程的求解

根据第 2 章内容，车桥耦合振动方程为

$$M_b \ddot{d}_b + C_b \dot{d}_b + K_b d_b = F_{bv} \tag{3.35a}$$

$$M_v \ddot{d}_v + C_v \dot{d}_v + K_v d_v = f_{vg} + F_{vb} \tag{3.35b}$$

式中，M_v 为车辆的质量矩阵；M_b 为桥梁的质量矩阵；F_{bv} 为车辆对桥面板的作用力；F_{vb} 为桥面对车轮的作用力。

以车辆前进方向为 x 方向，竖直向上为 y 方向建立右手笛卡儿坐标系。车桥竖向振动以向上为正，接触力以受压为正。记第 i 个轮胎下部刚度为 k_i，阻尼为 c_i，记轮胎竖向位移为 z_i，接触处桥梁的竖向位移为 y_i，桥面不平整度为 r_i，则接触力 f_i 公式为

$$f_i = k_i(-z_i + r_i + y_i) - c_i(-\dot{z}_i + \dot{r}_i + \dot{y}_i) \tag{3.35c}$$

在运用 Newmark-β 法求解车桥耦合运动方程时，式（3.35a）和式（3.35b）右端项 F_{bv} 和 F_{vb} 在 t_{i+1} 时刻的值与当前时刻的振动位移 d_{i+1} 等相关，即在求得 y_{i+1} 之前，式（3.31）右端的荷载向量 p_{i+1} 是未知的，因此，无法直接使用 3.1.2 节中的方法求解。

一种简单的处理方法是使用 t_i 时刻的荷载列向量 p_i 代替 p_{i+1} 以求得近似解。然而，与一般结构动力学问题不同，车桥耦合系统的振动通常是通过两个子系统的接触力联系起来的，接触力的精度直接影响最终求解的精度。使用这种简单的处理方法求解振动加速度会导致较大的误差，甚至求得完全错误的结果。因此，提出以下迭代方法。

步骤 1：令 $p_{i+1}^{(0)} = p_i$，代入车桥耦合动力学方程（3.31），用 3.1.2 节显式 Newmark-β 法求解位移 $y_{i+1}^{(0)}$ 和速度 $v_{i+1}^{(0)}$。

步骤 2：将求得的 $y_{i+1}^{(0)}$ 和 $v_{i+1}^{(0)}$ 代入接触力表达式（3.35c），求得 $p_{i+1}^{(1)}$。

步骤 3：将 $p_{i+1}^{(1)}$ 再次代入式（3.31），求得 $y_{i+1}^{(1)}$、$v_{i+1}^{(1)}$ 和 $\ddot{y}_{i+1}^{(1)}$。

步骤 4：重复步骤 2、步骤 3，求得 $\boldsymbol{p}_{i+1}^{(1)}$，$\boldsymbol{p}_{i+1}^{(2)}$，…，$\boldsymbol{p}_{i+1}^{(k)}$，直到以下收敛性判定条件成立：

$$\left\| \frac{\boldsymbol{p}_{i+1}^{(k+1)} - \boldsymbol{p}_{i+1}^{(k)}}{\boldsymbol{p}_{i+1}^{(k)}} \right\| < \varepsilon$$

式中，ε 为指定的相对误差限；$\|\bullet\|$ 为向量范数（可以为 1-范数、2-范数等）。

3.2　模态综合法

模态综合法最早由 Gladwell 和 Hurty 在 20 世纪 60 年代提出。1977 年 Craig 和 Bampton 提出的 C-B 模态综合法实现了对结构内部自由度与界面自由度的有效控制。20 世纪 80 年代以来，模态综合法的研究工作在我国土木工程、船舶与海洋及水利工程等领域广泛开展。

模态综合法的主要步骤是：首先，将结构分成若干子结构，对各个子结构分别进行模态分析得到其动力特性，并根据频率准则去掉各子结构的高阶模态，保留低阶模态；其次，利用各子结构在相邻界面上的力平衡条件及位移协调条件，将各子结构的模态组合成完整结构主要模态的里兹基，由里兹法得到缩减自由度的综合特征值，其中系统的主要模态需加入子结构的静力模态以减少截断高阶模态引起的误差。由于内部高阶模态的剔除，子结构交界面上的位移自由度相应缩减，最后得到的整体结构的自由度也会大大减少，计算效率得以明显提高。

目前，模态综合法分为自由界面法、固定界面法和混合界面综合法。自由界面法将结构分为若干子结构后，对子结构的自由度全部不加约束地进行分析；固定界面法将结构离散成子结构后，固定子结构连接部位的自由度后再进行分析。下面主要介绍常用的固定界面法。

3.2.1　子结构的划分

首先，建立结构的有限元模型，并将有限元模型划分为若干个子结构。划分子结构时应尽量考虑符合结构加工及装配的实际情况，以便进行结构的改进和振动测试。

如图 3.2 所示，将整体结构划分成子结构 1 和子结构 2，每个子结构的内部位移坐标和界面位移坐标分别用向量 $\boldsymbol{Y}_i$ 和 $\boldsymbol{Y}_j$ 表示。

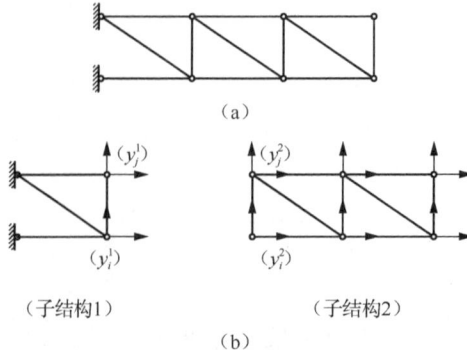

图 3.2　结构示意图

子结构的无阻尼运动方程如下：

$$M\ddot{Y} + KY = F \tag{3.36}$$

式中，Y 为结构的位移向量，将质量矩阵 M 及刚度矩阵 K 根据内部自由度和界面自由度分块，可得

$$\begin{bmatrix} M_{ii} & M_{ij} \\ M_{ji} & M_{jj} \end{bmatrix} \begin{bmatrix} \ddot{Y}_i \\ \ddot{Y}_j \end{bmatrix} + \begin{bmatrix} K_{ii} & K_{ij} \\ K_{ji} & K_{jj} \end{bmatrix} \begin{bmatrix} Y_i \\ Y_j \end{bmatrix} = \begin{bmatrix} F_i \\ F_j \end{bmatrix} \tag{3.37}$$

模态综合法就是通过坐标变换将位移用模态坐标表示，即

$$Y = \Psi u \tag{3.38}$$

式中，u 为结构的模态坐标；Ψ 为结构的模态矩阵，主要包括固定界面主模态和约束模态等。下面将详细介绍生成这些模态的方法及利用模态组合得到以模态坐标表示的结构运动方程的过程。

3.2.2　固定界面子结构的模态求解

（1）固定界面主模态

固定界面法主要采用两种模态：固定界面主模态和约束模态。在子结构界面全部固定时，计算得到的子结构模态为固定界面主模态，通过截取高阶模态的方式即可缩减子结构内部自由度，由式（3.37）第一行得到子结构动力微分方程如下：

$$M_{ii}\ddot{Y} + K_{ii}Y = F_i \tag{3.39}$$

式中各项含义同前。

当结构自由振动时，内部节点力向量 F_i 为零，则式（3.39）的特征方程如下：

$$\left(K_{ii} - \omega^2 M_{ii} \right) \Phi = 0 \tag{3.40}$$

式中，ω 为结构振动频率；Φ 为所求的固定界面主模态。

将各阶模态对质量矩阵归一化，有

$$\Phi_i^{\mathrm{T}} M_{ii} \Phi_i = I_i \tag{3.41}$$

式中，I_i 为单位矩阵；Φ_i 为第 i 阶模态。

将归一化后的主模态 Φ_i 分为低阶模态 Φ_{il} 和高阶模态 Φ_{ih} 如下：

$$\Phi_i = \left(\Phi_{il}, \Phi_{ih} \right) \tag{3.42}$$

（2）约束模态

约束模态的求解和结构动力学中刚度矩阵的求解类似，依次使固定界面上某一约束坐标发生单位位移，同时其余坐标保持固定，由此得到每个位移产生的静力反应称为结构的约束模态。由定义可得约束模态表达式，即

$$\begin{bmatrix} K_{ii} & K_{ij} \\ K_{ji} & K_{jj} \end{bmatrix} \begin{bmatrix} \Psi_{ij} \\ I_{jj} \end{bmatrix} = \begin{bmatrix} 0_{ij} \\ F_{jj} \end{bmatrix} \tag{3.43}$$

式中，I_{jj} 为依次使每个约束坐标（共有 j 个约束坐标）发生单位位移的单位矩阵；Ψ_{ij} 为子结构内部的静力位移响应矩阵；F_{jj} 为约束反力矩阵。展开式（3.43）第一行，得

$$K_{ii}\Psi_{ij} + K_{ij}I_{jj} = 0_{ij} \tag{3.44}$$

即

$$\Psi_{ij} = -K_{ii}^{-1} K_{ij} \tag{3.45}$$

则约束模态矩阵如下：

$$\boldsymbol{\Psi}_j = \begin{bmatrix} \boldsymbol{\Psi}_{ij} \\ \boldsymbol{I}_{jj} \end{bmatrix} = \begin{bmatrix} -\boldsymbol{K}_{ii}^{-1}\boldsymbol{K}_{ij} \\ \boldsymbol{I}_{jj} \end{bmatrix} \tag{3.46}$$

且约束模态中独立的约束模态数目和约束坐标数相等。

子结构的约束包含了外边界约束和子结构之间的约束，外边界约束主要为结构的支承条件。对于无外边界约束的子结构，当其约束坐标数 j 等于刚体的自由度数 N 时，约束反力矩阵 $\boldsymbol{F}_{jj} = \boldsymbol{0}$，则 j 个约束模态转化为 N 个刚体模态，且刚体能用约束线性表示。结合以上条件，由约束反力矩阵 $\boldsymbol{F}_{jj}$ 任意列向量都满足 N 个力平衡条件可得

$$\boldsymbol{F}_{jj}\boldsymbol{X} = \boldsymbol{0} \tag{3.47}$$

式（3.47）可以解出 N 个线性无关的解 $\hat{\boldsymbol{X}} = [X_1\ X_2\ \cdots\ X_N]$，将 $\hat{\boldsymbol{X}}$ 右乘到式（3.47）的两边，可得

$$\boldsymbol{K}\boldsymbol{\Psi}_j\hat{\boldsymbol{X}} = \boldsymbol{0} \tag{3.48}$$

令 $\boldsymbol{\Phi}_N = \boldsymbol{\Psi}_j\hat{\boldsymbol{X}}$，则式（3.48）可写成：

$$\boldsymbol{K}\boldsymbol{\Phi}_N = \boldsymbol{0} \tag{3.49}$$

式中，$\boldsymbol{\Phi}_N$ 为刚体模态，由 $\boldsymbol{\Phi}_N = \boldsymbol{\Psi}_j\hat{\boldsymbol{X}}$ 可看出刚体模态可以用约束模态的线性组合来表示，即无外边界约束的子结构的约束模态可以反映结构的刚体位移。

3.2.3　固定界面子结构的模态综合

在固定界面法中，子结构的位移是由固定界面主模态和约束模态共同表示的。子结构的高阶主模态对整体的低频振动贡献很小，故只取子结构的低阶主模态和约束模态来描述子结构的位移。

子结构内部节点位移为

$$\boldsymbol{Y}_i = \boldsymbol{\Phi}_{il}\boldsymbol{u}_l + \boldsymbol{\Psi}_{ij}\boldsymbol{u}_j$$

式中，$\boldsymbol{u}_l$ 为部件的模态坐标。

子结构外部节点位移为

$$\boldsymbol{Y}_j = \boldsymbol{I}_{jj}\boldsymbol{u}_j = \boldsymbol{u}_j$$

上式用矩阵形式表示为

$$\boldsymbol{Y} = \begin{bmatrix} \boldsymbol{Y}_i \\ \boldsymbol{Y}_j \end{bmatrix} = \boldsymbol{\Psi}\boldsymbol{u} = \begin{bmatrix} \boldsymbol{\Phi}_{il} & \boldsymbol{\Psi}_{ij} \\ \boldsymbol{0}_{jl} & \boldsymbol{I}_{jj} \end{bmatrix} \begin{bmatrix} \boldsymbol{u}_i \\ \boldsymbol{u}_j \end{bmatrix} \tag{3.50}$$

式中，$\boldsymbol{\Phi}_{il}$ 为子结构的低阶主模态；$\boldsymbol{u}$ 为子结构的模态坐标。

假设系统被分为两个子结构，则在交界面处应满足位移协调条件和力平衡条件。其中位移协调条件如下：

$$\boldsymbol{Y}_j^1 = \boldsymbol{Y}_j^2 \tag{3.51}$$

式中，$\boldsymbol{Y}_j^1$、$\boldsymbol{Y}_j^2$ 分别为子结构1和子结构2的界面位移。

由式（3.50）和式（3.51）有

$$\boldsymbol{u}_j^1 = \boldsymbol{u}_j^2 \tag{3.52}$$

式中，上标 1，2 为子结构号，下标 j 代表外部节点位移。

力平衡条件如下：

$$F_j^1 = -F_j^2 \tag{3.53}$$

式中，F_j^1、F_j^2 分别代表两个子结构交界面处的力向量。

前面已经得到位移坐标变换成模态坐标的表达式，整体结构的动能和弹性势能也可以用模态坐标来描述，最后应用拉格朗日第二类方程便能得到整体结构由模态坐标表示的自由振动方程。

整体结构的动能表达式为

$$T = \frac{1}{2} \dot{Y}^{1T} M^1 \dot{Y}^1 + \frac{1}{2} \dot{Y}^{2T} M^2 \dot{Y}^2 \tag{3.54}$$

式中，M^1 和 M^2 分别为子结构 1 和子结构 2 的质量矩阵。

将式（3.50）代入式（3.54），有

$$\begin{aligned}
T &= \frac{1}{2} \dot{u}^{1T} \Psi^{1T} M^1 \Psi^1 \dot{u}^1 + \frac{1}{2} \dot{u}^{2T} \Psi^{2T} M^2 \Psi^2 \dot{u}^2 \\
&= \frac{1}{2} \dot{u}^{1T} M_\varphi^1 \dot{u}^1 + \frac{1}{2} \dot{u}^{2T} M_\varphi^2 \dot{u}^2 \\
&= \frac{1}{2} \dot{u}_\varphi{}^T M_\varphi \dot{u}_\varphi
\end{aligned} \tag{3.55}$$

同理可得弹性势能表达式为

$$\begin{aligned}
V &= \frac{1}{2} Y^{1T} K^1 Y^1 + \frac{1}{2} Y^{2T} K^2 Y^2 \\
&= \frac{1}{2} u^{1T} \Psi^{1T} K^1 \Psi^1 u^1 + \frac{1}{2} u^{2T} \Psi^{2T} K^2 \Psi^2 u^2 \\
&= \frac{1}{2} u^{1T} K_\varphi^1 u^1 + \frac{1}{2} u^{2T} K_\varphi^2 u^2 \\
&= \frac{1}{2} u_\varphi{}^T K_\varphi u_\varphi
\end{aligned} \tag{3.56}$$

式中，

$$\begin{cases}
M_\varphi^1 = \Psi^{1T} M^1 \Psi^1 \\
M_\varphi^2 = \Psi^{2T} M^2 \Psi^2 \\
K_\varphi^1 = \Psi^{1T} K^1 \Psi^1 \\
K_\varphi^2 = \Psi^{2T} K^2 \Psi^2 \\
M_\varphi = \begin{bmatrix} M_\varphi^1 & 0 \\ 0 & M_\varphi^2 \end{bmatrix} \\
K_\varphi = \begin{bmatrix} K_\varphi^1 & 0 \\ 0 & K_\varphi^2 \end{bmatrix} \\
u_\varphi = \begin{bmatrix} u^1 \\ u^2 \end{bmatrix}
\end{cases}$$

总模态坐标 $\boldsymbol{u}_{\varphi}$ 必须满足式（3.52），因此 $\boldsymbol{u}_{\varphi}$ 中各个元素之间不完全是独立的。将独立元素排列在一起形成主坐标 $\boldsymbol{q}$，不独立元素排列成副坐标 $\boldsymbol{u}_f$，则 $\boldsymbol{u}_{\varphi}$ 的表达式为

$$\boldsymbol{u}_{\varphi} = \begin{bmatrix} \boldsymbol{q} \\ \boldsymbol{u}_f \end{bmatrix} = \begin{bmatrix} u_l^1 \\ u_l^2 \\ u_j^1 \\ u_j^2 \end{bmatrix}$$

不妨令 $\boldsymbol{u}_f = [u_j^2]$，$\boldsymbol{q} = \begin{bmatrix} u_l^1 \\ u_l^2 \\ u_j^1 \end{bmatrix}$，结合式（3.52）可得

$$\boldsymbol{u}_{\varphi} = \boldsymbol{H} \boldsymbol{q} \tag{3.57}$$

式中，

$$\boldsymbol{H} = \begin{bmatrix} \boldsymbol{I} & 0 & 0 \\ 0 & 0 & \boldsymbol{I} \\ 0 & \boldsymbol{I} & 0 \\ 0 & 0 & \boldsymbol{I} \end{bmatrix}$$

将式（3.57）代入式（3.55）和式（3.56）有

$$\begin{cases} T = \dfrac{1}{2} \dot{\boldsymbol{q}}^{\mathrm{T}} \boldsymbol{S}^{\mathrm{T}} \boldsymbol{M}_{\varphi} \boldsymbol{S} \dot{\boldsymbol{q}} \\ V = \dfrac{1}{2} \dot{\boldsymbol{q}}^{\mathrm{T}} \boldsymbol{S}^{\mathrm{T}} \boldsymbol{K}_{\varphi} \boldsymbol{S} \dot{\boldsymbol{q}} \end{cases} \tag{3.58}$$

令

$$\begin{cases} \boldsymbol{M}_q = \boldsymbol{S}^{\mathrm{T}} \boldsymbol{M}_{\varphi} \boldsymbol{S} \\ \boldsymbol{K}_q = \boldsymbol{S}^{\mathrm{T}} \boldsymbol{K}_{\varphi} \boldsymbol{S} \end{cases} \tag{3.59}$$

式（3.58）可写成

$$\begin{cases} T = \dfrac{1}{2} \dot{\boldsymbol{q}}^{\mathrm{T}} \boldsymbol{M}_q \dot{\boldsymbol{q}} \\ V = \dfrac{1}{2} \dot{\boldsymbol{q}}^{\mathrm{T}} \boldsymbol{K}_q \dot{\boldsymbol{q}} \end{cases} \tag{3.60}$$

将式（3.60）代入拉格朗日第二类方程，可得

$$\frac{\mathrm{d}}{\mathrm{d}t} \left(\frac{\partial (T-V)}{\partial \dot{\boldsymbol{q}}} \right) - \frac{\partial (T-V)}{\partial \dot{\boldsymbol{q}}} = 0 \tag{3.61}$$

进而得到

$$\boldsymbol{M}_q \ddot{\boldsymbol{q}} + \boldsymbol{K}_q \boldsymbol{q} = \boldsymbol{0} \tag{3.62}$$

式（3.62）即为用模态坐标表示整体结构的自由振动方程，其未知量数目为模态阶数，远小于用位移坐标 $\boldsymbol{Y}$ 得到的自由度数目，因此计算量得以大幅减少。

第4章 车桥耦合振动数值仿真系统

车辆荷载引起的桥梁振动一直是桥梁界关注的重要问题之一。随着计算机技术的发展，数值仿真逐渐成为研究车桥耦合振动的主流方法。本章将介绍车桥耦合振动数值仿真系统的理论，并结合算例进行演示说明。

4.1 车桥耦合振动数值仿真系统简介

为了简化推导过程，本节采用由质点、弹簧和阻尼器组成的单自由度系统建立车桥耦合振动方程，并假设车辆与桥面之间的接触为点接触，如图4.1所示。值得注意的是，已有研究表明由质点、弹簧和阻尼器组成的单自由度模型能很好地模拟单个车轮和桥面板的相互作用（Chatterjee et al.，1994；Yang et al.，2000；Bilello et al.，2004），而三维车辆实际可视为由多个刚体、弹簧以及阻尼器组成的多自由度模型，基于车体的变形协调关系，单自由度模型可应用于模拟多自由度车辆与桥梁的相互作用（Zhang et al.，2006；Shi et al.，2008）。

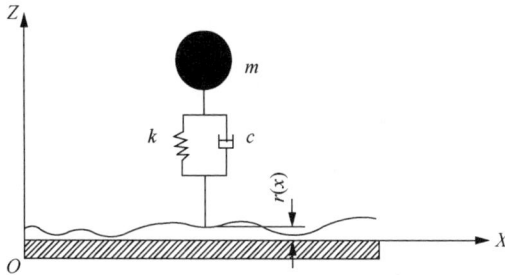

图4.1 单自由度车桥耦合系统

根据牛顿第二定律，车辆的竖向运动方程为

$$M_v \ddot{d}_v = -F_G + F_{v-b} \tag{4.1}$$

式中，M_v为质量的对角矩阵，其元素为n辆车的质量；$\ddot{d}_v$为n辆车竖向的加速度矢量；F_G和F_{v-b}分别为n辆车的重力矢量和相互作用力矢量。

$$F_{v-b} = -K_v \cdot \Delta_L + C_v \dot{\Delta}_L \tag{4.2}$$

式中，K_v和C_v分别为n辆车的对角刚度矩阵和阻尼矩阵；Δ_L为车辆弹簧的形变量。

对于n辆车同时在桥上行驶的情况，车辆的运动方程可以写成式（4.1）的矩阵形式。

车辆荷载作用下，桥梁的运动方程可表示为

$$M_b \ddot{d}_b + C_b \dot{d}_b + K_b d_b = F_b \tag{4.3}$$

式中，M_b、C_b和K_b分别为桥梁的质量矩阵、阻尼矩阵和刚度矩阵；d_b为桥梁所有自由度的位移矢量；$\dot{d}_b$和$\ddot{d}_b$分别为d_b关于时间t的一阶导数和二阶导数；F_b为作用在桥上的所有外力向量。

利用模态综合法，式（4.3）中桥梁的位移可表示为

$$\boldsymbol{d}_b = \begin{bmatrix} \boldsymbol{\Phi}_1 & \boldsymbol{\Phi}_2 \cdots \boldsymbol{\Phi}_m \end{bmatrix} \begin{bmatrix} \xi_1 & \xi_2 \cdots \xi_m \end{bmatrix}^T = \boldsymbol{\Phi}_b \boldsymbol{\xi}_b \tag{4.4}$$

式中，m 为所考虑的桥梁模态阶数；$\boldsymbol{\Phi}_i$ 和 ξ_i 分别为桥梁的第 i 阶模态振型和第 i 阶广义模态坐标；$\boldsymbol{\Phi}_b$ 和 $\boldsymbol{\xi}_b$ 分别为模态振型矩阵和广义模态坐标向量。ω_i 为桥梁的第 i 阶频率，$\boldsymbol{I}$ 为单位矩阵，对每个模态振型进行归一化，有 $\boldsymbol{\Phi}_i^T \boldsymbol{M}_b \boldsymbol{\Phi}_i = \boldsymbol{I}$ 和 $\boldsymbol{\Phi}_i^T \boldsymbol{K}_b \boldsymbol{\Phi}_i = \omega_i^2$。假设式（4.3）中的阻尼矩阵 $\boldsymbol{C}_b$ 等于 $2\omega_i \eta_i \boldsymbol{M}_b$，其中 η_i 为桥梁第 i 阶模态临界阻尼比，式（4.3）可改写成：

$$\boldsymbol{I}\ddot{\boldsymbol{\xi}}_b + 2\omega_i \eta_i \boldsymbol{I}\dot{\boldsymbol{\xi}}_b + \omega_i^2 \boldsymbol{I}\boldsymbol{\xi}_b = \boldsymbol{\Phi}_b^T \boldsymbol{F}_b \tag{4.5}$$

桥上行驶的车辆通过接触点与桥梁相连。接触点处车辆作用于桥梁的力 $\boldsymbol{F}_{b-v}$ 和桥梁作用于车辆的力 $\boldsymbol{F}_{v-b}$ 互为作用力与反作用力。然而，在有限元模型中，车辆对桥梁的作用力可能不是正好加载在有限元模型的节点上。因此，在有限元分析中，车辆对桥梁的作用力需转化为等效节点力 $\boldsymbol{F}_e^{eq}$。根据虚功原理和形函数概念可知，作用于桥梁有限元单元上的车轮荷载 $\boldsymbol{F}$ 所做的功和等效节点力所做的功相等，即

$$\boldsymbol{F}_e^{eq} = \boldsymbol{N}_e^T \cdot \boldsymbol{F} \tag{4.6}$$

式中，$\boldsymbol{N}_e$ 为车辆与桥梁接触处有限元单元的形函数矩阵，上标 T 表示矩阵的转置。

为了与全桥分析中荷载矩阵大小一致，可以将式（4.6）扩展为全局荷载矩阵形式，即

$$\boldsymbol{F}_b^{eq} = \boldsymbol{N}_b^T \cdot \boldsymbol{F} \tag{4.7}$$

式中，$\boldsymbol{F}_b^{eq}$ 为 $\boldsymbol{F}_e^{eq}$ 的扩展向量，其维数等于桥梁的自由度总数。为了方便起见，用 $\boldsymbol{N}_b$ 表示桥梁的形函数。对于作用在桥上不同位置的两个作用力，尽管单元形函数可能相同，但这两个作用力对应的桥梁形函数 $\boldsymbol{N}_b$ 不同，因为在形函数中非零项是与位置相关的量。

在车桥耦合振动系统中，车身竖向位移 $\boldsymbol{d}_v$、车桥接触点处桥梁挠度 $\boldsymbol{d}_{b\_contact}$、车辆弹簧形变量 $\varDelta_L$、桥面不平整度 $r(x)$ 之间的关系可表示为

$$\varDelta_L = \boldsymbol{d}_v - \boldsymbol{d}_{b\_contact} - r(x) \tag{4.8}$$

对式（4.9）取一阶导数，变为

$$\dot{\varDelta}_L = \dot{\boldsymbol{d}}_v - \dot{\boldsymbol{d}}_{b\_contact} - \dot{r}(x) \tag{4.9}$$

式中，$\dot{\boldsymbol{d}}_v$ 为车体竖向的振动速度；$\dot{r}(x) = \dfrac{dr(x)}{dx}\dfrac{dx}{dt} = \dfrac{dr(x)}{dx}V(t)$，其中 $V(t)$ 为车辆行驶速度，由式（4.7）中桥梁形函数的定义，$\boldsymbol{d}_{b\_contact}$ 可表示为

$$\boldsymbol{d}_{b\_contact} = \boldsymbol{N}_b \cdot \boldsymbol{d}_b \tag{4.10}$$

当 n 辆车作用在桥上时，将式（4.8）～式（4.10）代入式（4.2）可得桥梁作用于第 i 辆车的作用力：

$$\begin{aligned}
\boldsymbol{F}_{v-b}^i &= -\boldsymbol{K}_v^i \cdot \varDelta_L^i - \boldsymbol{C}_v^i \cdot \dot{\varDelta}_L^i \\
&= -\boldsymbol{K}_v^i \cdot \left(\boldsymbol{d}_v^i - \boldsymbol{N}_b^i \boldsymbol{d}_b - r(x)^i \right) - \boldsymbol{C}_v^i \cdot \left(\dot{\boldsymbol{d}}_v^i - \frac{d\boldsymbol{N}_b^i}{dx}\frac{dx}{dt}\boldsymbol{d}_b - \boldsymbol{N}_b^i \dot{\boldsymbol{d}}_b - \frac{dr(x)^i}{dx}V^i(t) \right)
\end{aligned} \tag{4.11}$$

式中，$\boldsymbol{N}_b^i$ 为第 i 辆车与桥梁相互作用时桥梁的形函数。作用于 n 辆车上的 n 个作用力可用矢量形式表示为

$$\begin{aligned}
\boldsymbol{F}_{v-b} &= \begin{bmatrix} \boldsymbol{F}_{v-b}^1 & \boldsymbol{F}_{v-b}^2 & \cdots & \boldsymbol{F}_{v-b}^n \end{bmatrix}^T \\
&= -\boldsymbol{K}_v \boldsymbol{d}_v + \boldsymbol{K}_{v-b} \boldsymbol{d}_b + \boldsymbol{F}_{v-r} - \boldsymbol{C}_v \dot{\boldsymbol{d}}_v + \boldsymbol{K}_{v-cb} \boldsymbol{d}_b + \boldsymbol{C}_{v-b} \dot{\boldsymbol{d}}_v + \boldsymbol{F}_{v-cr}
\end{aligned} \tag{4.12}$$

式中，K_{v-b}、F_{v-r}、K_{v-cb}、C_{v-b} 和 F_{v-cr} 分别定义为

$$
\begin{cases}
K_{v-b} = K_v \cdot \left[N_b^{1T} \quad N_b^{2T} \cdots N_b^{nT} \right]^T \\[2mm]
F_{v-r} = K_v \cdot \left[r(x)^1 \quad r(x)^2 \cdots r(x)^n \right]^T \\[2mm]
K_{v-cb} = C_v \dfrac{d\left[V^1(t) \cdot N_b^{1T} \quad V^2(t) \cdot N_b^{2T} \cdots V^n(t) \cdot N_b^{nT} \right]^T}{dx} \\[3mm]
C_{v-b} = C_v \cdot \left[N_b^{1T} \quad N_b^{2T} \cdots N_b^{nT} \right]^T \\[2mm]
F_{v-cr} = C_v \cdot \left[\dfrac{dr(x)^1}{dx} V^1(t) \quad \dfrac{dr(x)^2}{dx} V^2(t) \cdots \dfrac{dr(x)^n}{dx} V^n(t) \right]^T
\end{cases}
\tag{4.13}
$$

如前所述，车辆作用于桥梁的作用力和桥梁作用于车辆的作用力是作用力和反作用力的关系，即

$$
F_{b-v} = -F_{v-b}
\tag{4.14}
$$

将式（4.11）和式（4.13）代入式（4.2），可得到 N 个作用力所对应的等效节点力为

$$
\begin{aligned}
F_b^{eq} &= \sum_{i=1}^{n} N_b^{iT} \cdot (-F_{v-b}^i) \\
&= \sum_{i=1}^{n} N_b^{iT} \cdot \left[K_v^i \cdot \left(d_v^i - N_b^i d_b - r(x)^i \right) \right. \\
&\quad \left. + C_v^i \cdot \left(\dot{d}_v^i - \frac{dN_b^i}{dx}\frac{dx}{dt} d_b - N_b^i \dot{d}_b - \frac{dr(x)^i}{dx} V^i(t) \right) \right] \\
&= K_{b-v} d_v - K_{b-vb} d_b - F_{b-r} \\
&\quad + C_{b-v} \dot{d}_v - K_{b-cb} d_b - C_{b-b} \dot{d}_b - F_{b-cr}
\end{aligned}
\tag{4.15}
$$

式中，K_{b-v}、K_{b-vb}、F_{b-r}、C_{b-v}、K_{b-cb}、C_{b-b} 和 F_{b-cr} 的表达式分别为

$$
\begin{cases}
K_{b-v} = \left[N_b^{1T} \cdot K_v^1 N_b^{2T} \cdot K_v^2 \cdots N_b^{nT} \cdot K_v^n \right] \\[2mm]
K_{b-vb} = \sum_{i=1}^{n} N_b^{iT} \cdot K_v^i \cdot N_b^i \\[2mm]
F_{b-r} = \sum_{i=1}^{n} N_b^{iT} \cdot K_v^i \cdot r(x)^i \\[2mm]
C_{b-v} = \left[N_b^{1T} \cdot C_v^1 \quad N_b^{2T} \cdot C_v^2 \cdots N_b^{nT} \cdot C_v^n \right] \\[2mm]
K_{b-cb} = \sum_{i=1}^{n} N_b^{iT} \cdot C_v^i \cdot \frac{dN_b^i}{dx} V^i(t) \\[2mm]
C_{b-b} = \sum_{i=1}^{n} N_b^{iT} \cdot C_v^i \cdot N_b^i \\[2mm]
F_{b-cr} = \sum_{i=1}^{n} N_b^{iT} \cdot C_v^i \cdot \frac{dr(x)^i}{dx} V^i(t)
\end{cases}
\tag{4.16}
$$

将式（4.12）代入式（4.1），可得

$$M_v \ddot{d}_v = -F_G - K_v d_v + K_{v-b} d_b + F_{v-r} - C_v \dot{d}_v - K_{v-cb} d_b + C_{v-b} \dot{d}_v + F_{v-cr} \qquad (4.17)$$

由于式（4.15）中 F_b^{eq} 实际上是式（4.3）中外力 F_b 的等效荷载，将式（4.15）代入式（4.1）可得

$$M_b \ddot{d}_b + C_b \dot{d}_b + K_b d_b = K_{b-v} d_v - K_{b-vb} d_b - F_{b-r} \\ + C_{b-v} \dot{d}_v - K_{b-cb} d_b - C_{b-b} \dot{d}_b - F_{b-cr} \qquad (4.18)$$

重组式（4.17）和式（4.18）可得

$$\begin{bmatrix} M_b & \\ & M_v \end{bmatrix} \begin{bmatrix} \ddot{d}_b \\ \ddot{d}_v \end{bmatrix} + \begin{bmatrix} C_b + C_{b-b} & -C_{b-v} \\ -C_{v-b} & C_v \end{bmatrix} \begin{bmatrix} \dot{d}_b \\ \dot{d}_v \end{bmatrix} + \begin{bmatrix} K_b + K_{b-vb} + K_{b-cb} & -K_{b-v} \\ -K_{v-b} - K_{v-cb} & K_v \end{bmatrix} \begin{bmatrix} d_b \\ d_v \end{bmatrix} = \begin{bmatrix} -F_{b-r} - F_{b-cr} \\ F_{v-r} + F_{v-cr} - F_G \end{bmatrix} \qquad (4.19)$$

与式（4.1）和式（4.3）相比，式（4.19）中多了车桥耦合作用产生的附加项 C_{b-b}、C_{v-b}、C_{b-v}、K_{b-vb}、K_{b-cb}、K_{b-v}、K_{v-b}、K_{v-cb}、F_{b-r}、F_{b-cr}、F_{v-r} 和 F_{v-cr}。当车辆在桥上行驶时，接触点的位置随时间变化，接触点处的桥面不平整度和形函数也均随时间变化，即式（4.19）中所有附加项均为时间相关项。

利用式（4.5），式（4.19）可进一步改写为

$$\begin{bmatrix} I & \\ & M_v \end{bmatrix} \begin{bmatrix} \ddot{\xi}_b \\ \ddot{d}_v \end{bmatrix} + \begin{bmatrix} 2\omega_i \eta_i I + \Phi_b^T C_{b-b} \Phi_b & -\Phi_b^T C_{b-v} \\ -C_{v-b} \Phi_b & C_v^N \end{bmatrix} \begin{bmatrix} \ddot{\xi}_b \\ \dot{d}_v \end{bmatrix} \\ + \begin{bmatrix} \omega_i^2 I + \Phi_b^T (K_{b-vb} + K_{b-cb}) \Phi_b & -\Phi_b^T K_{b-v} \\ -(K_{v-b} + K_{v-cb}) \Phi_b & K_v \end{bmatrix} \begin{bmatrix} \xi_b \\ d_v \end{bmatrix} = \begin{bmatrix} -\Phi_b^T (F_{b-r} + F_{b-cr}) \\ F_{v-r} + F_{v-cr} - F_G \end{bmatrix} \qquad (4.20)$$

式（4.20）表征的车桥耦合系统仅包含桥梁的模态特性和车辆的物理参数。

基于上述方法，在 MATLAB 环境下开发了程序 BIRDS-BVI 对车桥耦合振动方程进行组建，并用 Rounge-Kutta 法在时域内进行求解。式（4.20）中桥梁的模态信息可通过商业有限元软件（如 ANSYS）获得。在每一个时间步内，首先确定式（4.20）中子刚度矩阵和阻尼矩阵，其中时间相关项由车辆位置决定。然后，利用式（4.12）计算接触点的作用力。需要注意的是，计算过程中如果作用力项为负，表示车轮离开了桥面，则将该作用力设为零并重新求解该时间步。因此，该车桥耦合系统可以考虑车轮与桥面脱离的情况。通过车桥耦合振动方程的求解可得桥梁和车辆各自由度的位移、速度和加速度的响应时程，以及车辆与桥梁之间的相互作用力时程。

4.2 算 例 分 析

4.2.1 车辆模型选取

为了更准确地模拟中国车辆的动力效应，作者提出了对应于我国桥梁设计荷载的三维车辆动力学模型。在本算例中，选取作者提出的车辆模型，同时选取了 AASHTO 桥梁设计规范 HS20-44 三轴卡车模型作为对比。两车的示意图和相关参数在第 2 章中已有详细介绍，此处不再赘述。

4.2.2 桥梁模型

本算例采用的桥梁选自我国《公路桥梁通用图》中截面形式为 T 型、空心板和箱型的简支梁桥，桥梁跨径为 20m。桥梁截面形式如图 4.2 所示，桥梁上部结构主要构件的材料参数如表 4.1 所示。本章所建立的车桥耦合振动数值仿真系统在软件设计层面上使用的是解耦的模块化设计方法，即车辆模型模块、桥梁模型模块、桥面不平整度模型模块、振动计算模块相互独立，并通过专门设计的软件接口（API）协同工作，因此可以方便地针对不同的车辆、桥梁和桥面不平整度样本进行仿真分析。由于桥梁模型的建模是独立于其他模块的，显然也适用于曲线梁桥、拱桥、斜拉桥等其他类型的桥梁，只需要在建立桥梁模型时遵循相同的软件接口即可。需要注意的是，在应用该仿真系统于其他桥梁时，使用不同类型的有限元单元建立桥梁的有限元模型，在振动计算模块中要使用正确的形函数来确定接触力和位移相容关系。此外，对于过刚的桥梁结构（基频很高），可能需要适当调小振动分析的采样周期来使得程序内部的偏微分方程计算过程可以达到收敛。

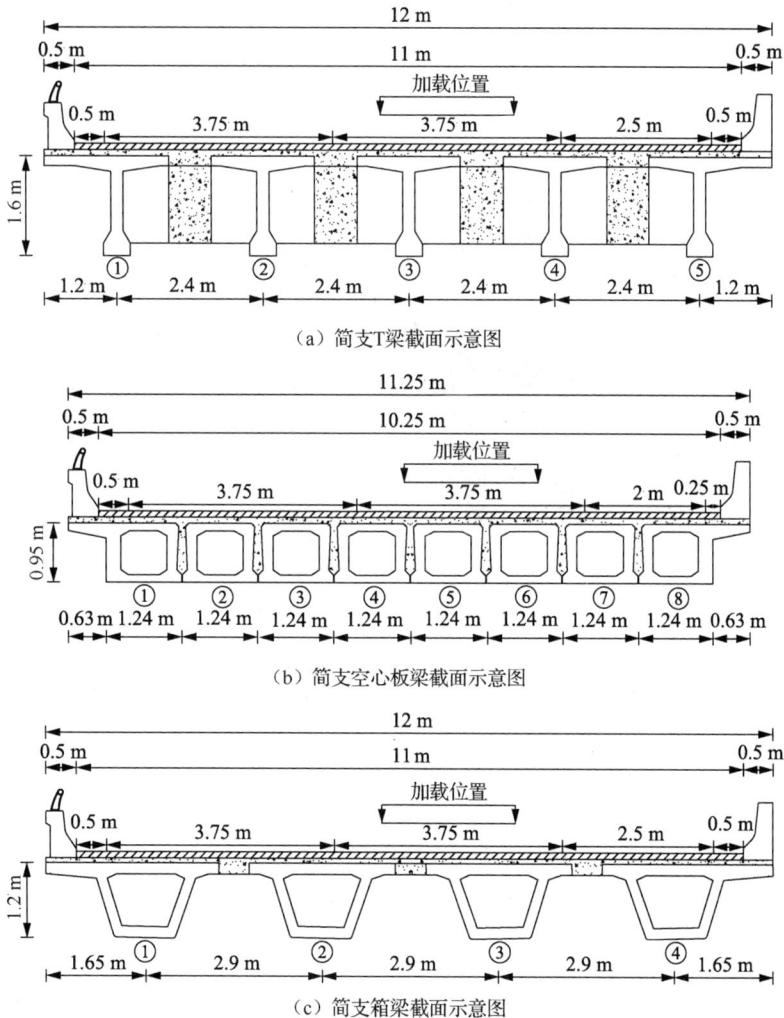

（a）简支T梁截面示意图

（b）简支空心板梁截面示意图

（c）简支箱梁截面示意图

图 4.2 桥梁截面示意图

表 4.1　桥梁上部结构主要构件的材料参数

桥梁结构	材料名称	弹性模量/MPa	密度/（kg/m³）	泊松比
桥面层	沥青混凝土	$1.20×10^3$	2 449	0.25
现浇层	C40 混凝土	$3.25×10^4$	2 653	0.2
预制板	C50 混凝土	$3.45×10^4$	2 653	0.2
横隔板	C50 混凝土	$3.45×10^4$	2 653	0.2

　　根据桥梁结构的几何参数和材料参数，利用 ANSYS 对桥梁进行建模。主梁和桥面板采用三维实体单元（Solid185）模拟。假定桥面板和主梁没有相对滑移，桥面板与主梁上翼缘采用共单元节点的方式实现刚性连接。为模拟支座对桥梁的约束，在梁一端约束了其竖向、横向和纵向 3 个方向的位移，另一端约束竖向和横向两个方向的位移。三座桥梁的有限元模型如图 4.3 所示。通过模态分析获取三座桥梁前 10 阶自振频率如表 4.2 所示。而后，将桥梁的频率与模态振型矩阵通过 ANSYS 程序导出，并利用 MATLAB 进行后续耦合振动分析。

（a）20 m 跨径混凝土简支 T 梁桥

（b）20 m 跨径混凝土简支空心板梁桥

（c）20 m 跨径混凝土简支箱梁桥

图 4.3 桥梁有限元模型

表 4.2 所选桥梁前 10 阶自振频率   单位：Hz

阶次	简支 T 梁桥自振频率	简支空心板梁桥自振频率	简支箱梁桥自振频率
1	5.86	4.59	5.11
2	7.21	11.64	8.98
3	8.84	17.34	16.56
4	11.29	25.63	17.66
5	16.46	29.02	18.78
6	18.09	31.42	22.21
7	18.24	35.06	27.15
8	24.53	42.92	27.96
9	25.70	46.97	32.64
10	27.96	48.98	34.69

4.2.3 桥面不平整度等级选取

桥面不平整度是车桥耦合振动的主要激励源，其可视为零均值的平稳各态历经 Gauss 随机过程，通常用功率谱密度函数表征桥面不平整度。国际标准组织利用桥面不平整度系数来评定桥面不平整度等级，不同桥面不平整度等级对应的桥面不平整度系数的范围如表 4.3 所示。本节选取了国际标准组织规定的 5 种桥面不平整度等级：非常好、好、一般、差、非常差。各桥面不平整度等级示意图可参见图 2.6。需要注意的是，此处假定左右车轮下桥面不平整度情况相同，即不考虑桥面不平整度的横向差异性。

表4.3　不同桥面不平整度等级对应的桥面不平整度系数

桥面不平整度等级	桥面不平整度系数范围/（m³/cycle）
非常好	$2\times10^{-6}\sim8\times10^{-6}$
好	$8\times10^{-6}\sim32\times10^{-6}$
一般	$32\times10^{-6}\sim128\times10^{-6}$
差	$128\times10^{-6}\sim512\times10^{-6}$
非常差	$512\times10^{-6}\sim2\,048\times10^{-6}$

4.2.4　动力响应计算结果

针对3种不同截面形式的桥梁，示例中考虑了车重、车速和桥面不平整度这3个因素对车桥耦合振动的影响，其中三轴车辆和五轴车辆总重分别为 32 t 和 55 t，7 种速度从 15 km/h 增至 105 km/h，间距为 15 km/h。车辆荷载的横向加载位置如图4.2所示。为了减少桥面不平整度生成过程的随机性对结果的影响，对每座桥在给定的车速和桥面不平整度情况下，生成 20 个独立随机的不平整度样本，并令车桥耦合振动程序独立运行 20 次，而后取 20 次仿真结果的平均值进行敏感性分析。

（1）桥梁跨中挠度

基于开发的车桥耦合振动数值仿真系统，计算得到简支 T 梁桥、简支空心板梁桥和简支箱梁桥在三轴车辆和五轴车辆以车速为 60 km/h 通过桥梁时跨中挠度的时程曲线，如图 4.4 和图 4.5 所示。

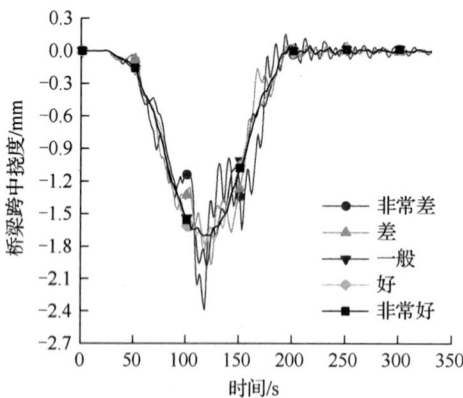

（a）简支T梁桥的桥梁跨中挠度时程曲线　　　（b）简支空心板梁桥的桥梁跨中挠度时程曲线

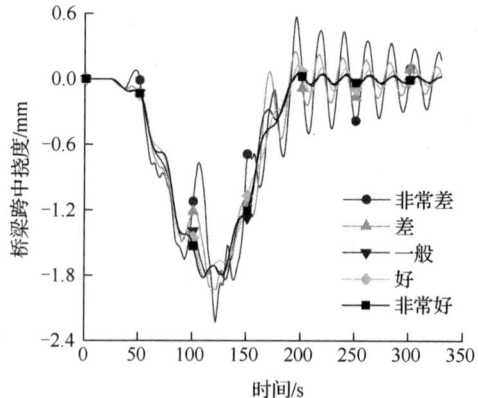

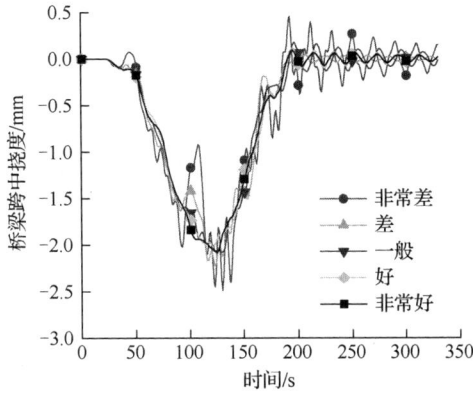

（c）简支箱梁桥的桥梁跨中挠度时程曲线

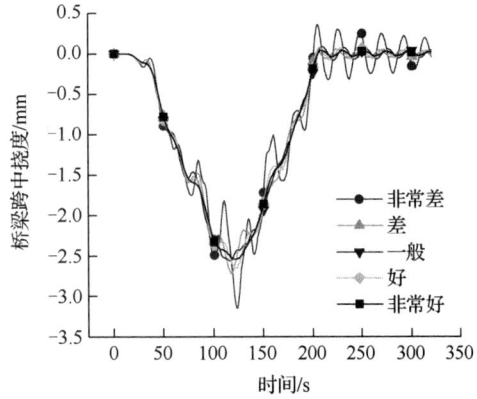

图 4.4　三轴车辆以 60 km/h 通过时的桥梁跨中挠度时程曲线

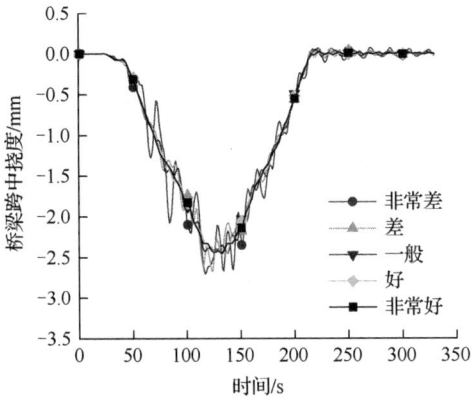

（a）简支T梁桥的桥梁跨中挠度时程曲线　　　　　　　　（b）简支空心板梁桥的桥梁跨中挠度时程曲线

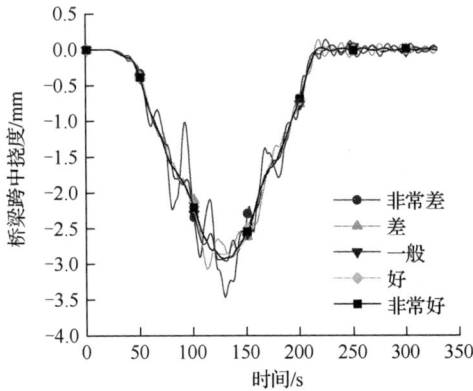

（c）简支箱梁桥的桥梁跨中挠度时程曲线

图 4.5　五轴车辆以 60 km/h 通过时的桥梁跨中挠度时程曲线

　　从图 4.4 和图 4.5 可以看出，桥面不平整度对车桥耦合振动影响较大，桥面不平整度等级越差，桥梁跨中最大挠度也越大；相同车辆作用下，简支 T 梁桥的桥梁跨中挠度最小，简支箱梁桥的桥梁跨中挠度最大；桥梁的跨中挠度也随车重的增加而增加。

（2）桥梁跨中截面的动力冲击系数

本节中动力冲击系数定义为车辆荷载作用下桥梁静态响应的增量比，IM 的表达式见式（1.1）。

桥梁静响应是令车辆以很低的速度（通常<5 km/h）通过桥梁获得的。值得注意的是，在车辆荷载作用下桥梁跨中截面响应最大。因此，试验选定主梁跨中截面底部点作为研究对象。

表 4.4 和表 4.5 分别给出了三轴车辆和五轴车辆作用下简支 T 梁桥主梁跨中截面的静挠度和静应变。从表 4.4 和表 4.5 中可以看出，简支 T 梁桥各主梁跨中截面的挠度和应变都随车辆荷载的增加而增大，其中③号主梁跨中截面的静挠度和静应变最大。因此，选择③号主梁跨中截面底部的挠度和纵向应变计算动力冲击系数。图 4.6 给出了三轴车辆作用下挠度和应变的冲击系数。图 4.7 给出了五轴车辆作用下挠度和应变的冲击系数。从图 4.6 和图 4.7 可知，桥面不平整度对冲击系数的影响很大，随着桥面不平整度变差，冲击系数增大。然而，车速的增加并不一定导致冲击系数增大。从图 4.6 和图 4.7 还可知，挠度和应变的冲击系数都随车重的增加而减小，且相同工况下挠度冲击系数和应变冲击系数差别较小。

表 4.4　三轴车辆作用下简支 T 梁桥主梁跨中截面的静挠度和静应变

测点	结构响应	
	静挠度/mm	静应变/10^{-6}
①	0.90	22.52
②	1.50	43.75
③	1.70	52.39
④	1.30	36.19
⑤	0.70	16.61

表 4.5　五轴车辆作用下简支 T 梁桥主梁跨中截面的静挠度和静应变

测点	结构响应	
	静挠度/mm	静应变/10^{-6}
①	1.40	34.66
②	2.20	57.08
③	2.40	63.65
④	1.70	44.98
⑤	0.90	22.70

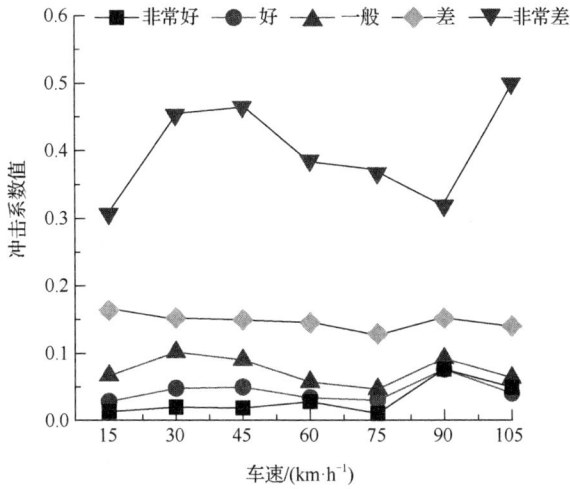

（a）挠度冲击系数

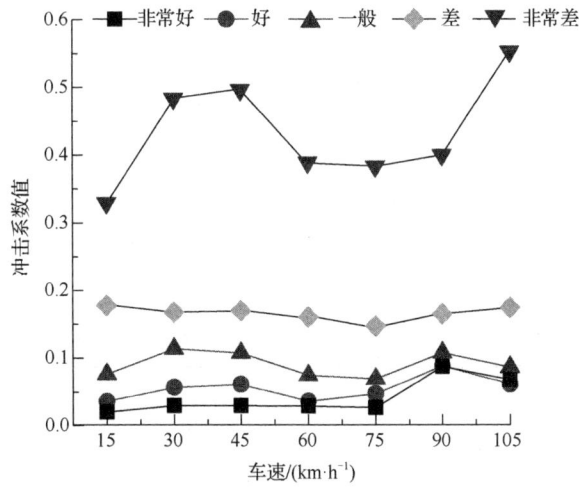

（b）纵向应变冲击系数

图 4.6　三轴车辆作用下简支 T 梁桥主梁跨中截面冲击系数

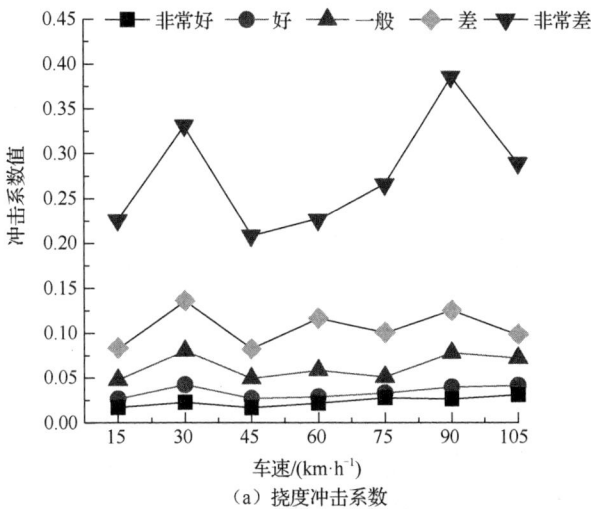

（a）挠度冲击系数

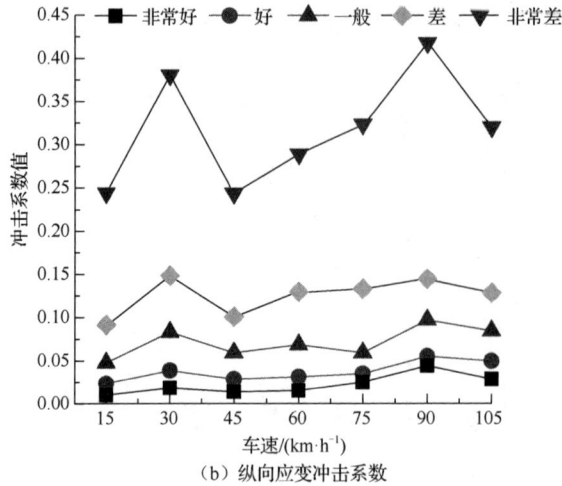

（b）纵向应变冲击系数

图 4.7　五轴车辆作用下简支 T 梁桥主梁跨中截面冲击系数

表4.6和表4.7分别给出了五轴车辆作用下简支空心板梁桥和简支箱梁桥的静挠度和静应变。同样，取静响应最大的梁计算冲击系数，即简支空心板梁桥取⑥号主梁的响应，简支箱梁桥取③号主梁的响应。图 4.8 和图 4.9 分别给出了五轴车辆作用下简支 T 梁桥、简支空心板梁桥和简支箱梁桥的挠度冲击系数和纵向应变冲击系数。从图 4.8 和图 4.9 可知，桥面不平整度对两种冲击系数的影响显著，随着桥面不平整度变差，冲击系数逐渐变大；车速对不同截面类型桥梁冲击系数的影响不相同且无明显规律。简支 T 梁桥的最大冲击系数较其他两种截面桥梁的冲击系数略大。

表 4.6　五轴车辆作用下简支空心板梁桥的静响应

空心板梁桥测点	结构响应	
	静挠度/mm	静应变/10^{-6}
①	0.002 40	0.31
②	0.002 41	0.31
③	0.002 42	0.32
④	0.002 42	0.32
⑤	0.002 43	0.32
⑥	0.002 54	0.32
⑦	0.002 52	0.32
⑧	0.002 51	0.32

表 4.7　五轴车辆作用下简支箱梁桥的静响应

箱梁桥测点	结构响应	
	静挠度/mm	静应变/10^{-6}
①	0.90	22.52
②	1.50	43.75
③	1.70	52.39
④	1.30	36.19

（a）简支T梁桥　　　　　　　　　　　（b）简支空心板梁桥

（c）简支箱梁桥

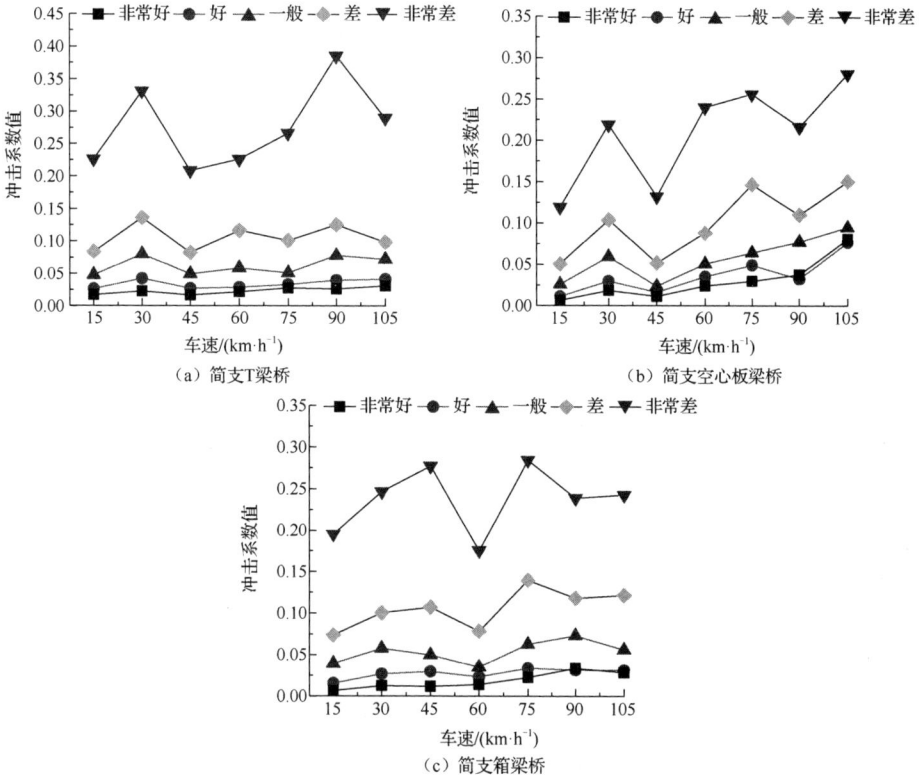

图 4.8　五轴车辆作用下各桥梁的挠度冲击系数

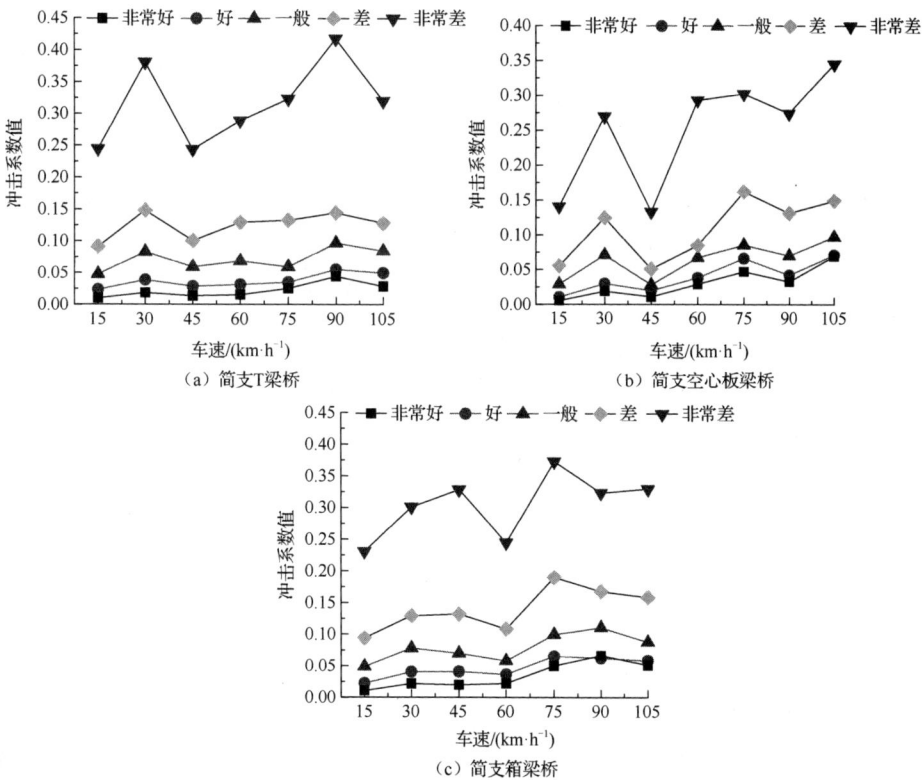

（a）简支T梁桥　　　　　　　　　　　（b）简支空心板梁桥

（c）简支箱梁桥

图 4.9　五轴车辆作用下各桥梁的应变冲击系数

第5章 中小跨径桥梁的动力冲击系数

5.1 公路桥梁动力冲击系数研究概况

移动车辆荷载引起的桥梁振动一直是桥梁界关注的重要问题之一。车辆在桥上行驶过程中会对桥梁产生动力冲击效应,增大桥梁的响应。桥梁设计中通常用动力冲击系数来表征这种冲击效应,动力冲击系数是桥梁设计和评估的重要参数。然而,由于车辆和桥梁的相互作用机理非常复杂,要准确评估动力冲击系数并非易事。很多学者进行了大量的研究工作,但在动力冲击系数取值问题上仍未达成共识。

桥梁的动力冲击系数受诸多因素的影响,桥梁基频被认为是影响动力冲击系数的重要因素之一,许多桥梁设计规范把动力冲击系数定义为桥梁基频的函数。由于桥梁固有频率通常与桥梁跨径相关,也有桥梁设计规范把冲击系数规定为桥梁跨径的函数。有研究表明桥梁基频随桥梁跨径的增大而降低(Memory et al.,1995),也有研究表明冲击系数和桥梁跨径并无明确关系(Schwarz and Laman,2001)。此外,有研究表明,当车辆和桥梁的振动频率接近时,车辆和桥梁之间会发生准共振,从而导致较大的冲击系数(Schwarz and Laman,2001),但也有学者指出振动频率对冲击系数的影响并不大,车辆频率和桥梁频率相近时冲击系数也并不一定最大,并认为车桥系统的相互作用受诸如桥面不平整度、桥梁频率、车速等多种因素的综合影响(Yang et al.,1995)。

下面主要介绍桥梁类型、桥面不平整度、车重和车速对冲击系数的影响。

1)在过去的20多年,桥梁类型对冲击系数的影响得到了广泛的研究,Huang 和 Wang 通过数值方法研究了不同类型桥梁的冲击系数,包括钢筋混凝土梁桥(Huang et al.,1992;Wang et al.,1996)、拱桥(Huang,2005)、斜拉桥(Wang et al.,1992)等。然而,关于桥梁材料对冲击系数影响的研究相对较少,有学者认为桥梁材料对冲击系数的影响很小(Paultre et al.,1995),而有学者则比较了 FRP 梁板桥和混凝土梁板桥的冲击系数,发现 FRP 桥梁的冲击系数要小得多(Zhang et al.,2006)。

2)桥面不平整度对冲击系数的影响。许多学者研究了冲击系数与桥面不平整度之间的关系。大部分研究表明,冲击系数随桥面不平整度变差而大幅增大(Wang et al.,1992;Broquet et al.,2004)。差的桥面状况是导致实际冲击系数高于冲击系数设计值的主要原因。此外,有研究发现,伸缩缝或桥头搭板引起的车辆初始振动会导致车桥耦合振动加剧,从而使桥梁构件承受很大的冲击力。

3)很多学者研究了车重对冲击系数的影响。大部分研究表明,冲击系数随车重增加而减小(Ashebo et al.,2007a),这与冲击系数随桥梁静响应的增大而减小的规律相对应。但也有研究表明,车辆对桥梁的动力荷载效应并没有随车重增加而减小(桂水荣等,2014)。

4)车速是影响冲击系数的一个重要参数。一些学者发现冲击系数随着车速的增加而增大（Calçada et al.，2005），而有些学者指出冲击系数和车速之间没有必然的联系（Green et al.，1995）。目前，关于车速对冲击系数的影响规律尚无定论，一方面在于不同的研究中采用的模型和方法不尽相同；另一方面也说明车速影响冲击系数的机理非常复杂，车速可能与其他很多因素共同影响冲击系数。

此外，还有学者研究了车辆加载位置和车辆的悬挂系统对动力冲击系数的影响。

1）加载位置通过影响桥上轮载的分布和被激发的桥梁振动模态来影响桥梁的动力响应（Li et al.，2008）。

2）Huang 等（1993）研究发现混凝土梁桥不同主梁上的冲击系数会随车辆加载位置的变化而变化，随桥梁荷载分布系数的增大而降低。但是，非对称加载时由于扭转模态被激发可能导致这个关系并不一定成立（Moghimi and Ronagh，2008a）。

3）车辆的悬挂系统也会对冲击系数产生影响。有研究表明，具有气压悬挂系统的车辆比具有钢片悬挂系统的车辆产生的冲击系数更小（Paultre et al.，1995），因为前者的阻尼更大。Kirkegaard 等（1997）发现减小悬挂系统的弹簧刚度将导致更小的冲击系数，而改变阻尼大小对冲击系数基本没有影响。但也有学者发现，悬挂系统对冲击系数的影响并不大（Yang et al.，1995）。

目前，关于动力冲击系数的研究大多是基于车辆匀速通过桥梁时的整体动力响应，很少考虑车辆加速或减速效应及桥梁局部构件的动力冲击系数。因此，本章将主要介绍桥梁的整体动力冲击系数、局部动力冲击系数及汽车制动作用下的动力冲击系数。

5.2 整体动力冲击系数

车辆荷载对桥梁的动力冲击效应通常用动力冲击系数来表征。目前许多国家的桥梁设计规范中把动力冲击系数定义为桥梁跨径或桥梁基频的函数。然而，许多试验和数值研究结果表明在桥面不平整度差的情况下规范的动力冲击系数将低估车辆对桥梁的实际冲击效应。为此，本节将介绍桥面不平整度对桥梁整体动力冲击系数影响的相关研究成果。

本节的车辆模型采用第 2 章中介绍的典型三轴重车模型（HS20-44），其示意图和相关参数详见图 2.1 和表 2.1。桥梁模型选取了 AASHTO 规范中的 5 座典型预应力混凝土简支 T 梁桥，其横截面形式如图 5.1 所示，基本参数如表 5.1 所示。关于车桥耦合振动方程的建立及求解在第 2 章～第 4 章已进行了详细的介绍，此处不再赘述。车辆对桥梁的冲击效应受车辆加载位置、车重、车速、主梁间距、桥面不平整度等多种因素的影响，本节主要研究桥梁跨径、车速和桥面不平整度对冲击系数的影响，其中桥梁跨径信息如表 5.1 所示，车速包括 30～120 km/h、间距为 15 km/h 的 7 个速度，桥面不平整度包括"非常好""好""一般""差""非常差" 5 个等级。车辆的加载位置如图 5.1 所示。值得注意的是，为了减小桥面不平整度随机性对计算结果的影响，针对每种工况，随机生成 20 个桥面不平整度样本进行冲击系数的计算，最后取 20 次计算结果的平均值作为冲击系数的分析值。本节中动力冲击系数（IM）仍定义为车辆荷载作用下桥梁静态响应的增量比，表达式见式（1.1）。

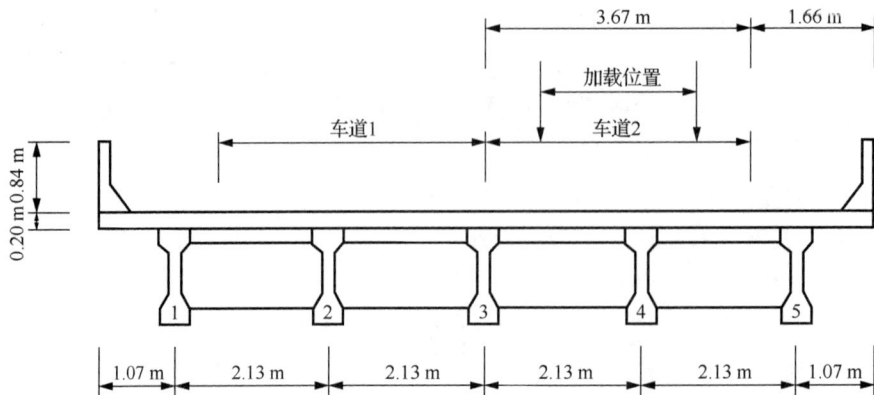

图 5.1 桥梁的横截面及车辆加载位置

表 5.1 5 座桥梁的基本参数

编号	跨径/m	基频/Hz	横截面面积/m²	截面惯性矩/（10⁻² m⁴）
1	9.14	15.51	0.24	2.12
2	16.76	6.58	0.24	2.12
3	24.38	4.60	0.36	5.22
4	32.00	3.20	0.51	10.85
5	39.62	2.66	0.75	32.86

图 5.2 显示了车辆按图 5.1 位置加载时 5 座桥梁各主梁跨中的最大静挠度。从图 5.2 中可以看出，桥梁 1 和桥梁 2 的最大静挠度发生在主梁 4 上，而其他桥梁的最大挠度发生在主梁 5 的跨中位置。因此，桥梁 1 和桥梁 2 主梁 4 的跨中挠度和其他 3 座桥梁主梁 5 的跨中挠度将用于计算动力冲击系数。

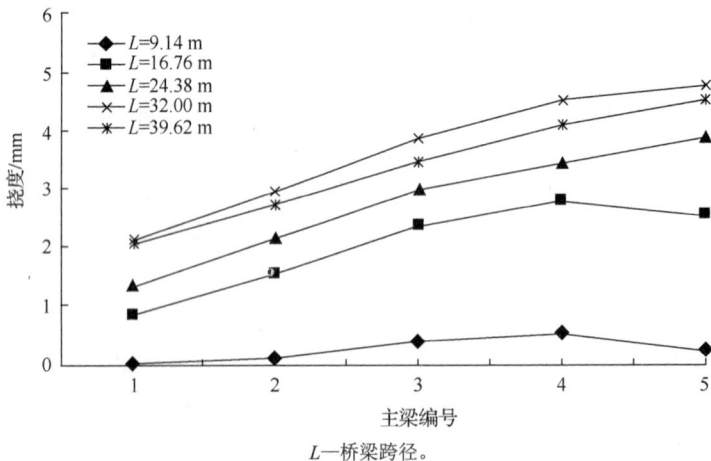

L—桥梁跨径。

图 5.2 5 座桥梁各主梁跨中的最大静挠度

　　从图 5.3 可以看出，桥面不平整度对动力冲击系数有很大的影响，当桥面不平整度非常差时动力冲击系数甚至大于 1.0，而当桥面不平整度非常好时动力冲击系数基本均小于 0.15。从图 5.3 中还可以看出，车速的增加并不一定导致动力冲击系数的增大，因为车桥耦合振动的强度并不一定随车速的增加而增强。桥梁跨径对动力冲击系数的影响规律并不明显。

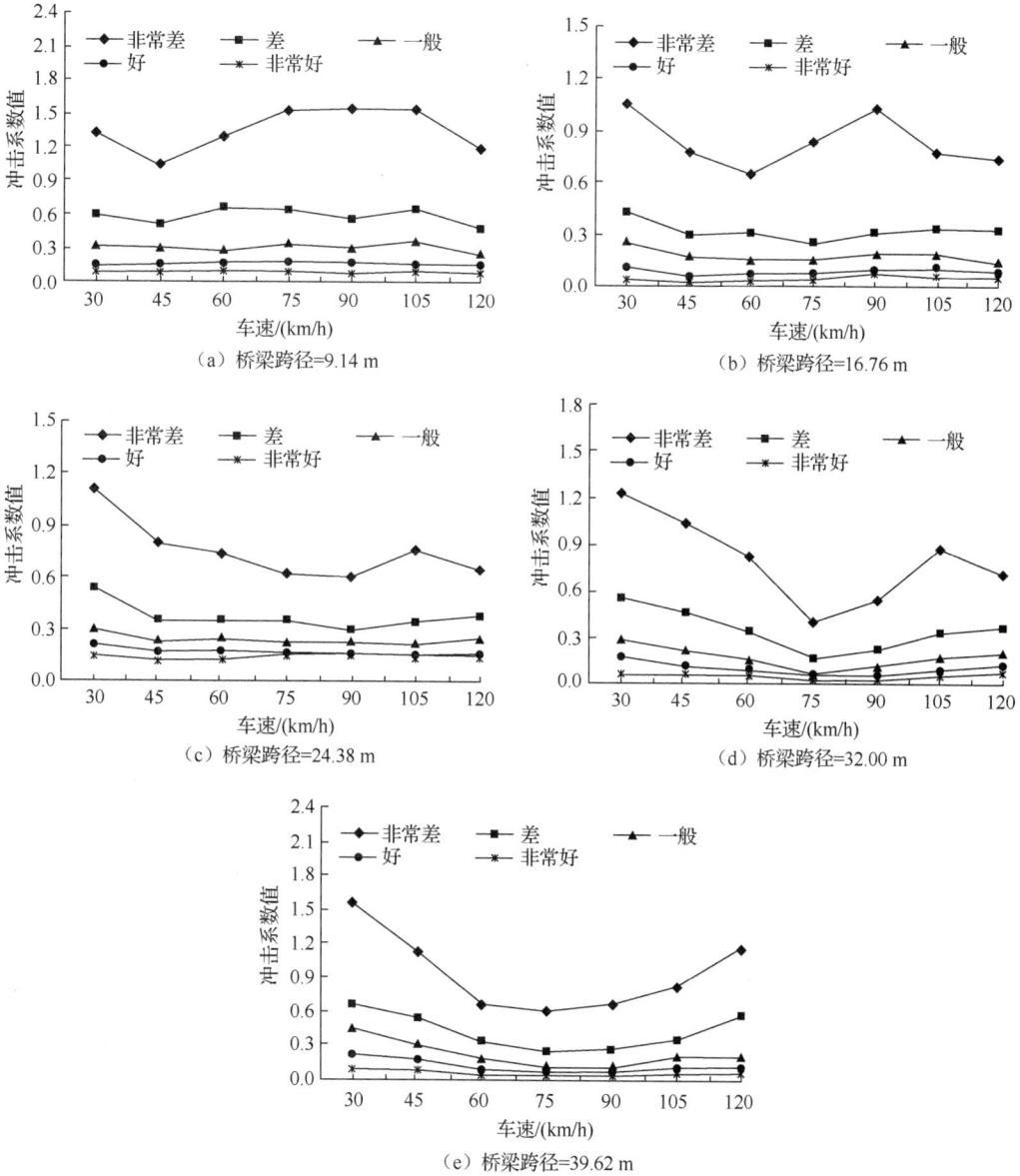

（a）桥梁跨径=9.14 m　　　　（b）桥梁跨径=16.76 m

（c）桥梁跨径=24.38 m　　　　（d）桥梁跨径=32.00 m

（e）桥梁跨径=39.62 m

图 5.3　动力冲击系数随桥面不平整度、车速和桥梁跨径的变化规律

5.3　局部动力冲击系数

目前，大多数关于桥梁动力冲击系数的研究是基于桥梁的整体动力响应（通常为桥梁的跨中应变或挠度），鲜有研究基于桥梁局部结构响应计算动力冲击系数。事实上，许多桥梁设计规范中规定的动力冲击系数也都是基于桥梁整体响应确定的，如美国 AASHTO LRFD 桥梁设计规范中的动力冲击系数是根据桥梁跨中挠度来确定的。然而，一些桥梁构件的受力和局部响应相关性更大，如桥面板的最大内力是由横向弯矩确定的。因此，基于桥梁整体动力响应计算的冲击系数能否满足局部构件设计的要求需进一步检验。本节主要介绍关于桥梁局部冲击系数的研究。

5.3.1　车辆模型和桥梁模型

本节车辆模型采用第 2 章中介绍的典型三轴重车模型（HS20-44），其示意图和相关参数如图 2.1 和表 2.1 所示。桥梁模型选取了横截面相同的 5 座典型箱梁桥，横截面如图 5.4 所示，梁端横隔板厚度为 0.4 m。5 座箱梁桥的几何尺寸和基频如表 5.2 所示。

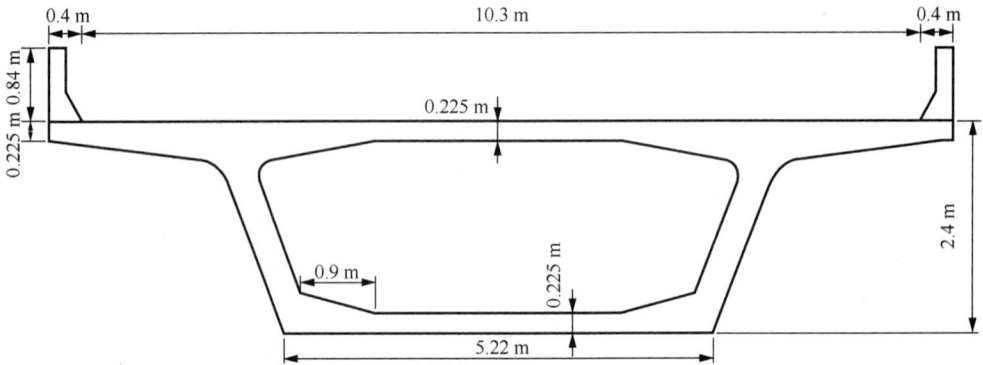

图 5.4　箱梁桥典型横截面

表 5.2　5 座箱梁桥的几何尺寸和基频

桥梁序号	桥梁跨径/m	基频/Hz	跨中横截面	
			面积/m²	惯性矩/m⁴
1	24	7.92		
2	32	4.70		
3	40	3.09	6.94	5.09
4	48	2.18		
5	56	1.61		

在每座桥梁上选取 7 个研究点。图 5.5 显示了用于计算动力冲击系数的位于桥梁跨中截面的 4 个点，其中 L_1、L_2 和 L_3 用于计算桥梁横向局部冲击系数，G_1 用于计算桥梁纵向整体冲击系数（包括挠度和应变）。另外，1/4 跨横截面上与 L_1、L_2 和 L_3 分别对应的 L_4、L_5 和 L_6 也用于计算桥梁横向局部冲击系数。图 5.5 还显示了两种加载工况下车辆的横向位置，工况 1 代表车辆常规的行驶线路，工况 2 代表桥面板最不利加载线路。

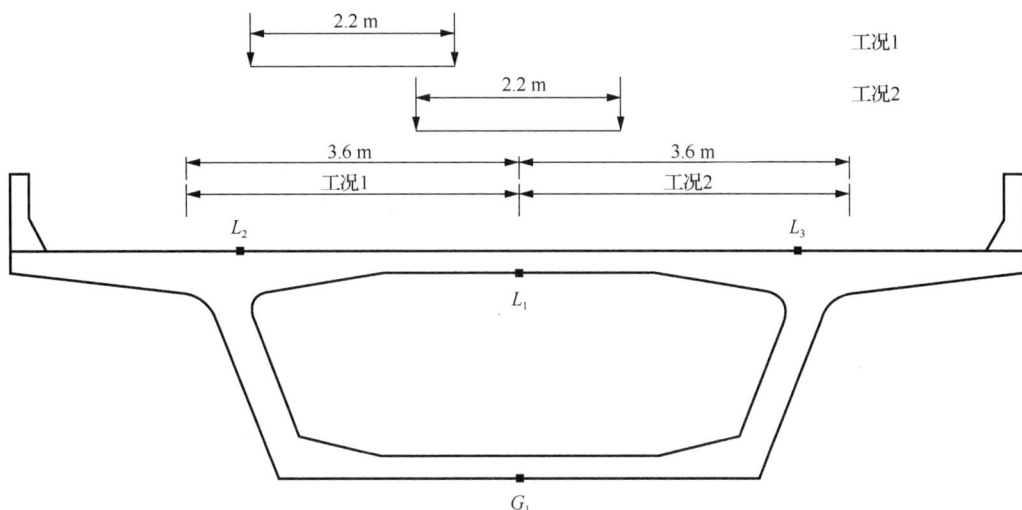

图 5.5　箱梁桥上荷载的加载位置

5.3.2　桥梁的动力响应

图 5.6 显示了车辆按工况 2 线路以 30 km/h 速度通过桥面不平整度为"一般"的桥梁 3 时测点 L_1、L_5 和 G_1 的应变时程曲线。图中 L_1、L_5 和 G_1 的静响应为车辆以低速（小于 1 m/s）通过桥梁时获取。图 5.6 还给出了 L_1、L_5 和 G_1 在频域内的响应曲线。由图 5.6（c）可知，桥梁整体动力响应主要受第一阶弯曲模态影响。尽管桥面板局部响应也受第一阶弯曲模态影响，其主要贡献还是来自桥面板的局部高阶振动。图 5.7 显示了两阶典型的局部振动模态。结合频谱分析可知桥梁的整体和局部振动分别由不同的振动模态决定。

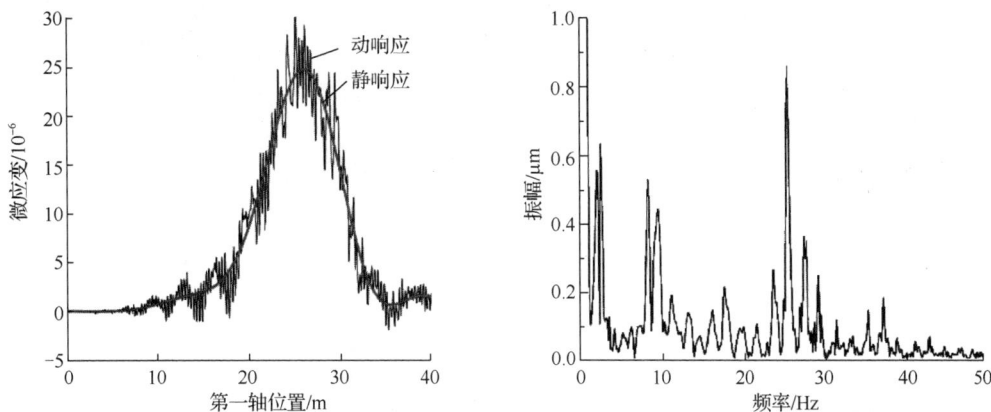

（a）点 L_1 应变时程曲线

（b）点L_5应变时程曲线

（c）点G_1应变时程曲线

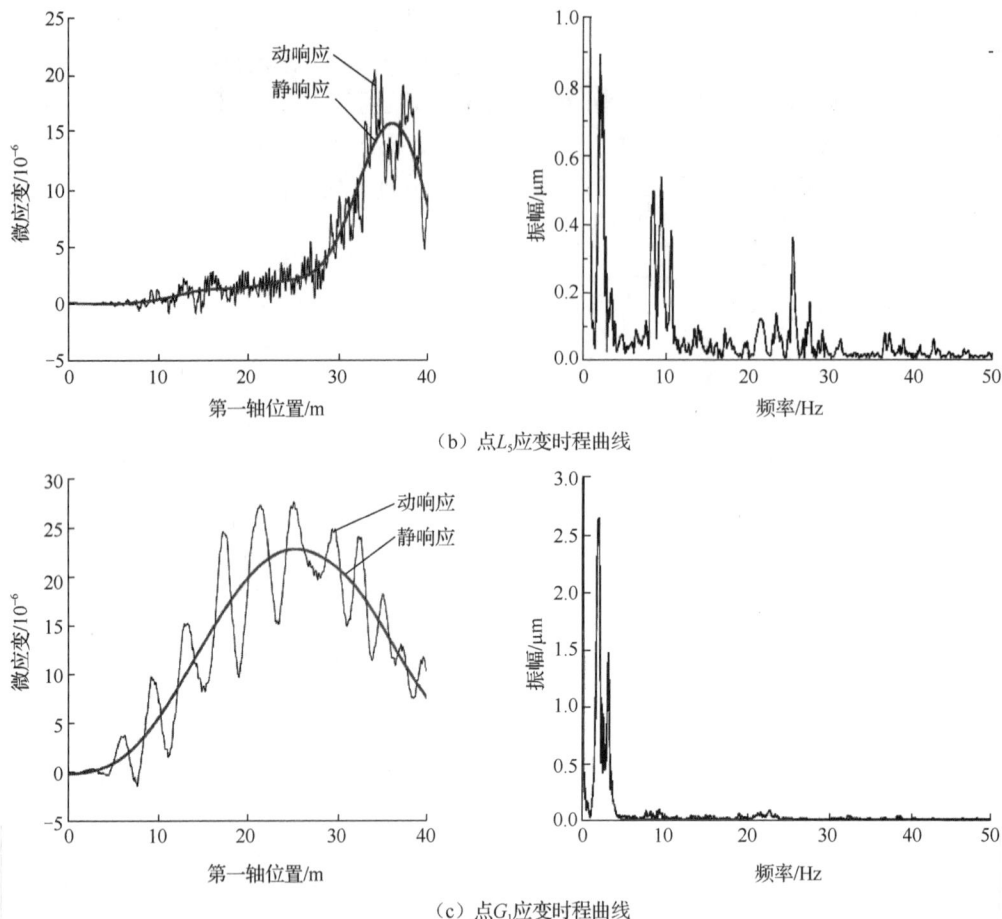

图 5.6　桥梁 3 时测点在时域和频域内的响应曲线

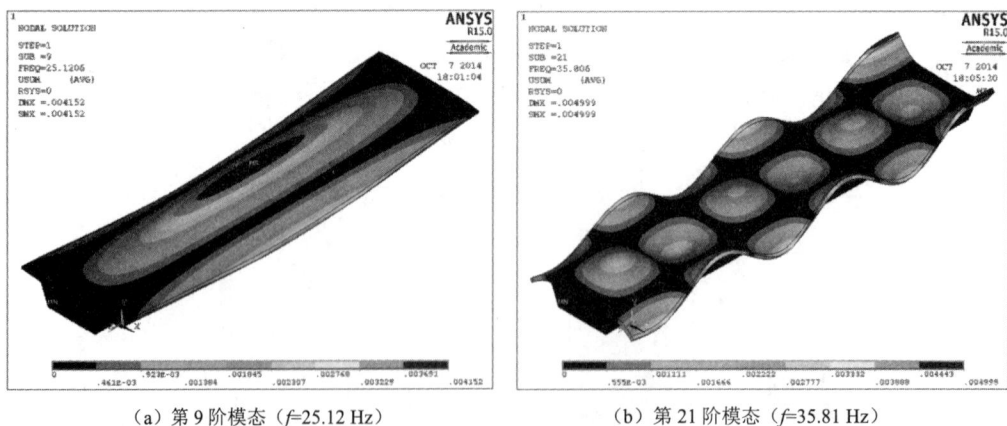

（a）第 9 阶模态（f=25.12 Hz）

（b）第 21 阶模态（f=35.81 Hz）

图 5.7　桥梁 3 两阶典型的局部振动模态

5.3.3　桥梁动力响应参数分析

　　局部动力冲击系数仍采用式（1.1）的定义，研究了桥梁跨径、车速和桥面不平整度对局部冲击系数的影响，其中，桥梁跨径包括 24 m、32 m、40 m、48 m 和 56 m，车速包括

30 km/h、45 km/h、60 km/h、75 km/h、90 km/h、105 km/h 和 120 km/h，桥面不平整度包括"非常好""好""一般""差"。同样，为了消除桥面不平整度随机性对结果的影响，取 20 次计算结果的平均值作为分析值。

图 5.8 显示了采用不同桥面不平整度在工况 1 和工况 2 条件下不同车速过桥时各研究点动力冲击系数的平均值，其中 G_1 点得到的是桥梁的整体动力冲击系数。从图 5.8 中可以看出：

1）在不同车速条件下，桥梁 2 的局部冲击系数比整体冲击系数的值都大，而其他桥梁的局部冲击系数与整体冲击系数的大小关系不明确。

2）桥面上不同截面的局部冲击系数不同，但同一横截面上各点的局部冲击系数随车速的变化趋势一致。

3）在工况 2 下，桥面对称位置的冲击系数相同，因为车辆荷载也是对称的。

从图 5.8 中还可以看出，基于应变计算的动力冲击系数比基于位移计算的动力冲击系数小。有学者得到类似的结论，也有学者得到相反的结论（Li et al.，2008；Huang，2001；Senthilvasan et al.，2002；Aluri et al.，2005）。从设计的角度来看，动力冲击系数是用于考虑结构承受的最大荷载，因此利用应变冲击系数比利用位移冲击系数进行设计更合理。

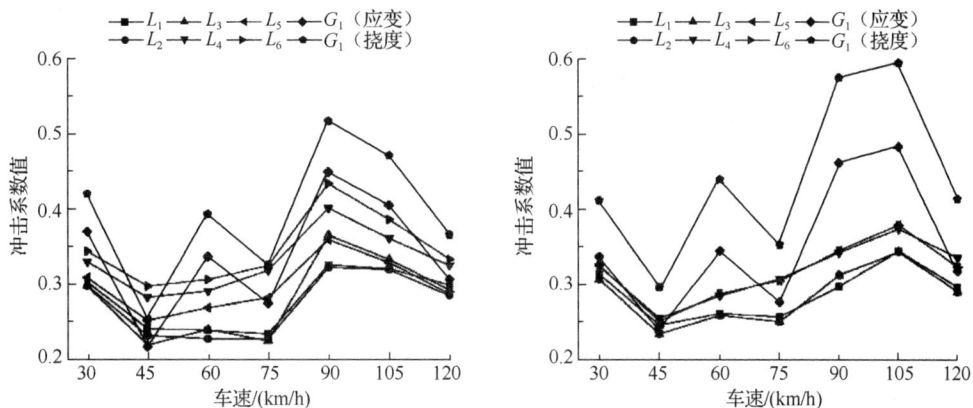

（a）桥梁1

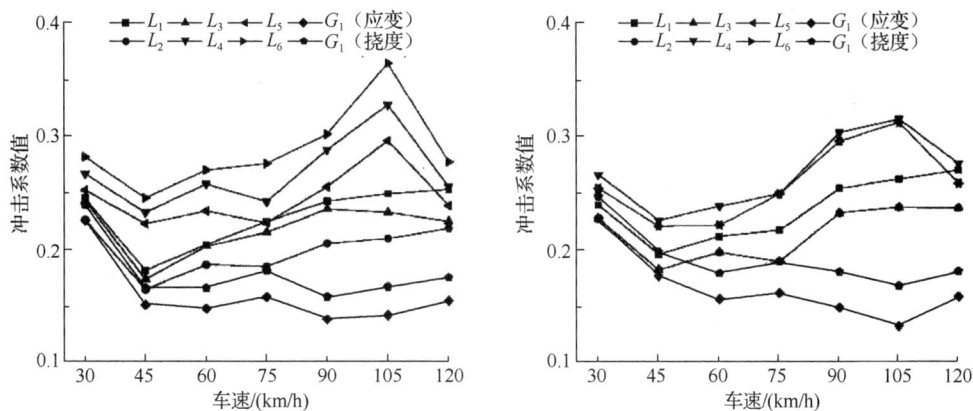

（b）桥梁2

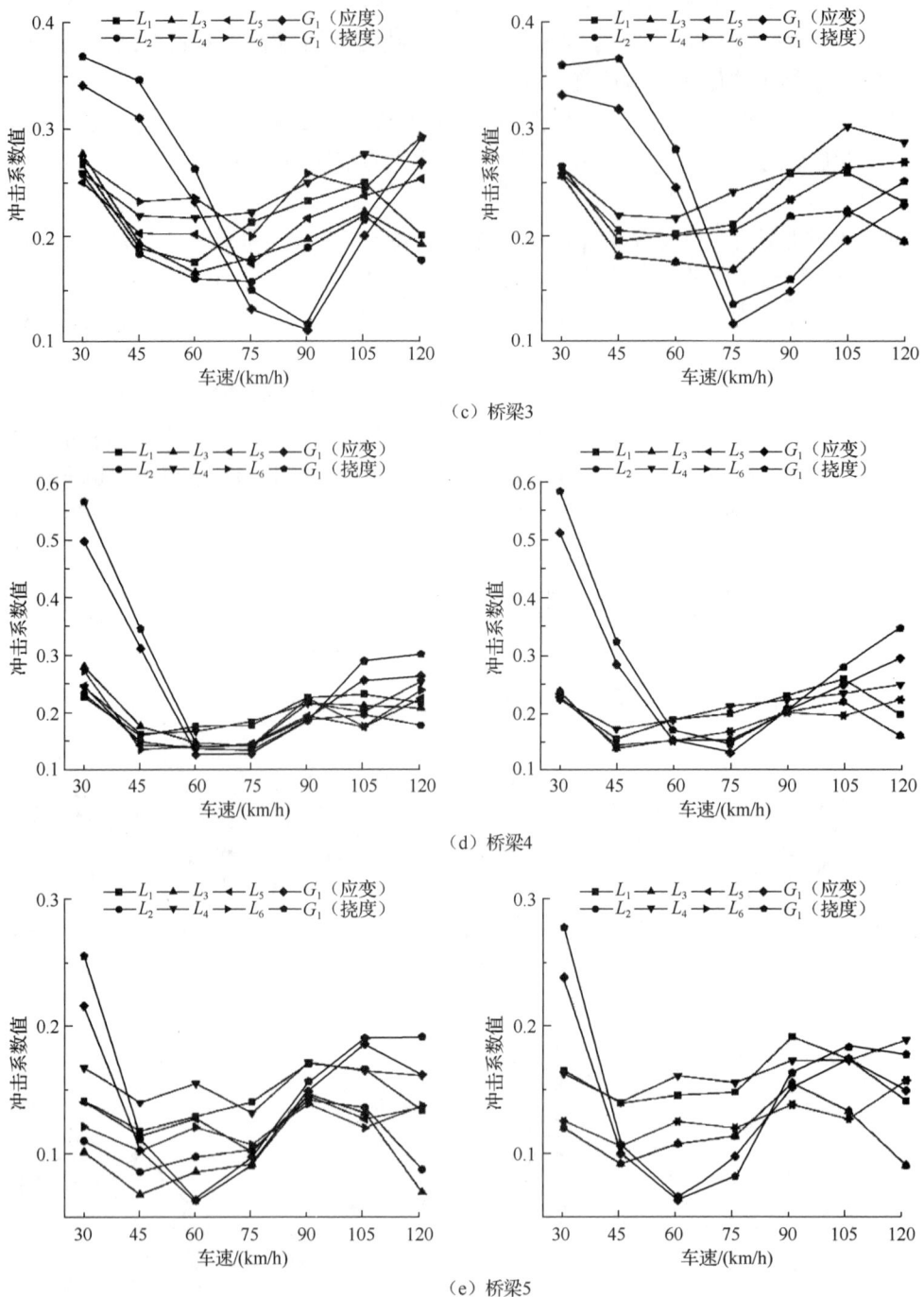

（c）桥梁3

（d）桥梁4

（e）桥梁5

图 5.8　各桥动力冲击系数随速度的变化规律

（各分图中左侧图为工况 1，右侧图为工况 2。）

图 5.9 显示了各桥面不平整度下动力冲击系数与桥梁跨径的关系。值得注意的是，图 5.9 中每个冲击系数是 7 种不同车速下动力冲击系数的平均值。从图 5.9 中可知，局部动力冲击系数随桥梁跨径的增加几乎呈线性降低，该关系意味着桥面板设计时横向弯矩可

表示为桥梁跨径的函数。然而，整体动力冲击系数随桥梁跨径有不同的变化趋势，当桥梁跨径从 24 m 增加到 32 m 时，动力冲击系数急剧降低，随后动力冲击系数随桥梁跨径增加呈先增加后降低的趋势。这种变化趋势在某种意义上与整体动力冲击系数随桥梁跨径增大而降低的认知相矛盾。

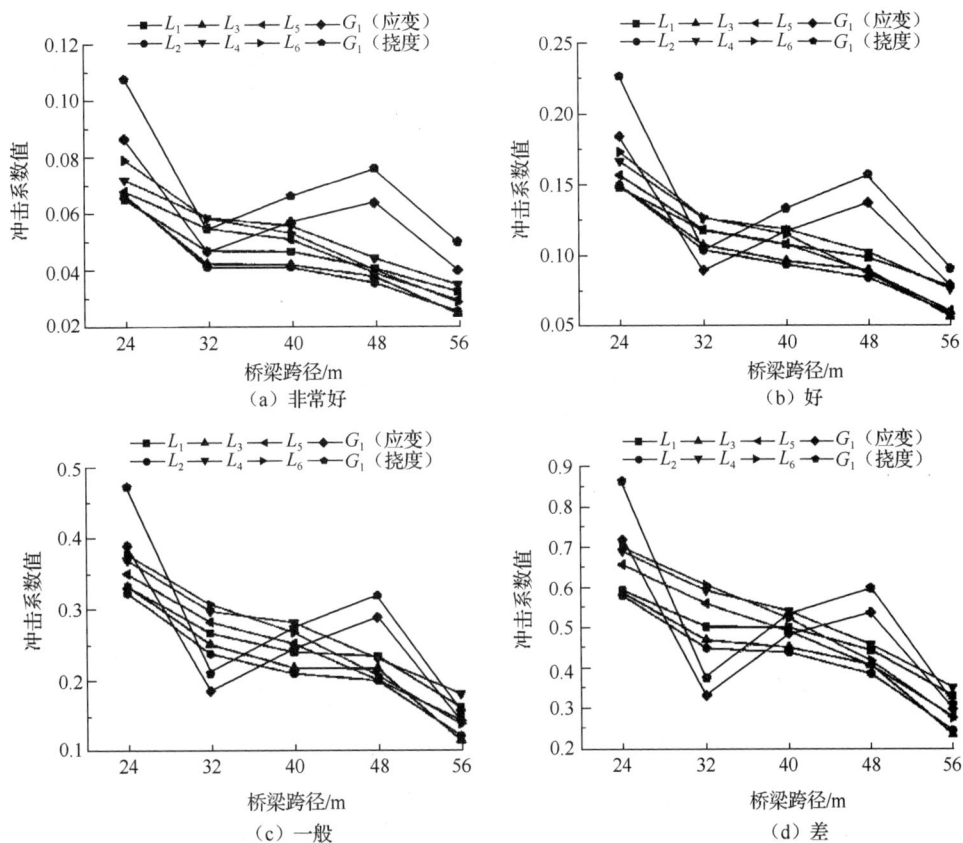

图 5.9　各桥面不平整度下冲击系数与桥梁跨径的关系

图 5.10 显示了动力冲击系数随桥面不平整度的变化关系。从图 5.10 中可以看出局部和整体冲击系数都随桥面不平整度的变差而急剧变大。表 5.3 总结了不同桥面不平整度下各桥梁研究点动力冲击系数的统计特性。由表 5.3 中可知：

1）尽管桥面不同位置的局部动力冲击系数平均值不同，但不同点动力冲击系数的区别并不大（Broquet et al.，2004）。

2）每种桥面不平整度等级下，局部动力冲击系数和整体动力冲击系数的平均值的差异不大。

3）整体动力冲击系数的标准差比局部动力冲击系数的标准差大，局部动力冲击系数的变异系数范围是 0.40～0.72，而整体动力冲击系数的变异系数范围是 0.64～0.76。

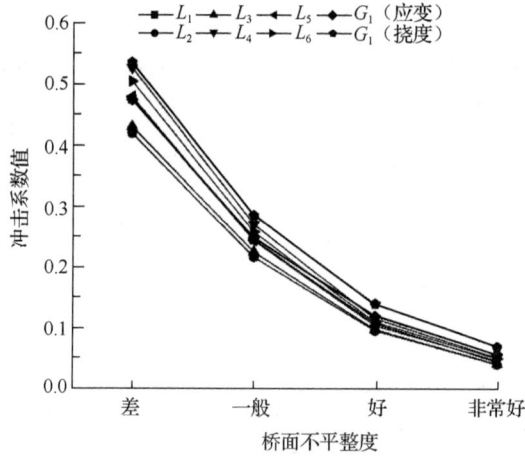

图 5.10 冲击系数随桥面不平整度的变化关系

表 5.3 不同桥面不平整度下各桥梁研究点动力冲击系数的统计特性

桥面不平整度	位置	平均值	标准差	方差/%
差	L_1	0.474 3	0.189 7	40.00
	L_2	0.419 7	0.193 4	46.08
	L_3	0.430 4	0.206 8	48.05
	L_4	0.526 6	0.222 4	42.23
	L_5	0.478 8	0.225 0	46.99
	L_6	0.504 4	0.246 4	48.85
	G_1（应变）	0.474 3	0.307 3	64.79
	G_1（挠度）	0.535 2	0.360 3	67.32
一般	L_1	0.246 3	0.111 7	45.35
	L_2	0.217 8	0.114 5	52.57
	L_3	0.226 1	0.122 9	54.36
	L_4	0.271 4	0.126 6	46.65
	L_5	0.245 0	0.124 9	50.98
	L_6	0.259 0	0.139 3	53.78
	G_1（应变）	0.249 6	0.171 5	68.71
	G_1（挠度）	0.285 8	0.198 4	69.42
好	L_1	0.108 9	0.054 5	50.05
	L_2	0.097 1	0.056 8	58.50
	L_3	0.098 9	0.060 3	60.97
	L_4	0.117 0	0.061 2	52.31
	L_5	0.105 4	0.062 0	58.82
	L_6	0.111 1	0.068 4	61.57
	G_1（应变）	0.120 4	0.087 5	72.67
	G_1（挠度）	0.141 1	0.100 2	71.01

续表

桥面不平整度	位置	平均值	标准差	方差/%
	L_1	0.046 1	0.028 3	61.39
	L_2	0.041 8	0.029 6	70.81
	L_3	0.042 4	0.030 8	72.64
非常好	L_4	0.052 9	0.031 6	59.74
	L_5	0.048 2	0.032 4	67.22
	L_6	0.051 7	0.035 7	69.05
	G_1（应变）	0.058 5	0.044 5	76.07
	G_1（挠度）	0.070 6	0.049 7	70.40

5.4　汽车制动作用下的动力冲击系数

目前关于动力冲击系数的研究一般是假设车辆匀速通过桥梁，而实际上，车辆在桥上加速或制动对桥梁产生的冲击效应远大于车辆匀速过桥所产生的冲击效应（Law and Zhu，2005；陈榕峰等，2011）。本节将介绍车辆在桥上加速或制动时对桥梁动力响应的影响。

本节车辆模型采用第 2 章中介绍的典型三轴重车模型（HS20-44），其示意图和相关参数如图 2.1 和表 2.1 所示。桥梁模型选取实际工程中应用广泛的 5 座预应力混凝土简支 T 梁桥，其横截面形式如图 5.1 所示，基本参数如表 5.1 所示。本节探讨汽车制动位置、减速度、初速度、桥面不平整度及桥梁跨径等因素对动力冲击系数的影响，并将计算的动力冲击系数分别与根据美国及我国现行桥梁规范确定的动力冲击系数进行对比。研究的参数包括制动位置 7 个：$L/8 \sim 7L/8$，即车前轮分别到达桥梁 1/8～7/8 跨度时开始制动；减速度值 3 个：$a=-2 \ \mathrm{m \cdot s^{-2}}$、$-4 \ \mathrm{m \cdot s^{-2}}$ 和 $-6 \ \mathrm{m \cdot s^{-2}}$；初速度值 5 个：$v=10 \ \mathrm{m/s}$、$15 \ \mathrm{m/s}$、$20 \ \mathrm{m/s}$、$25 \ \mathrm{m/s}$ 和 $30 \ \mathrm{m/s}$；桥面不平整度等级：好、中、差；桥梁跨径为 9.14 m、16.76 m、24.38 m、32.00 m 和 39.62 m。需要说明的是，为了考虑桥面不平整度随机性对结果的影响，每种桥面不平整度下取 20 次计算结果的平均值作为冲击系数的分析值。

5.4.1　汽车制动作用下桥梁的动力响应

本节以桥梁 3 跨中动力响应为例研究汽车制动对桥梁动力响应的影响。汽车从桥梁左端上桥，初速度 $v=20 \ \mathrm{m/s}$，减速度 $a=-2 \ \mathrm{m \cdot s^{-2}}$ 和 $-6 \ \mathrm{m \cdot s^{-2}}$，桥面不平整度等级为"好"，汽车前轮驶入桥梁入口 3 m（即 1/8 桥跨长）后开始制动。图 5.11（a）和图 5.11（b）分别为车辆制动时桥梁 3 跨中挠度和应变的响应图。为了与制动效果进行对比，车辆匀速行驶条件下桥梁的动力响应和车辆缓慢通过时桥梁静力响应的最大值也包含在图 5.11 中。从图 5.11 中可以看出，车辆在桥上制动时，桥梁跨中的挠度和应变响应均大于车辆匀速行驶情况下的响应值，且随着减速度绝对值的增大而增大。

（a）挠度曲线图

（b）应变曲线图

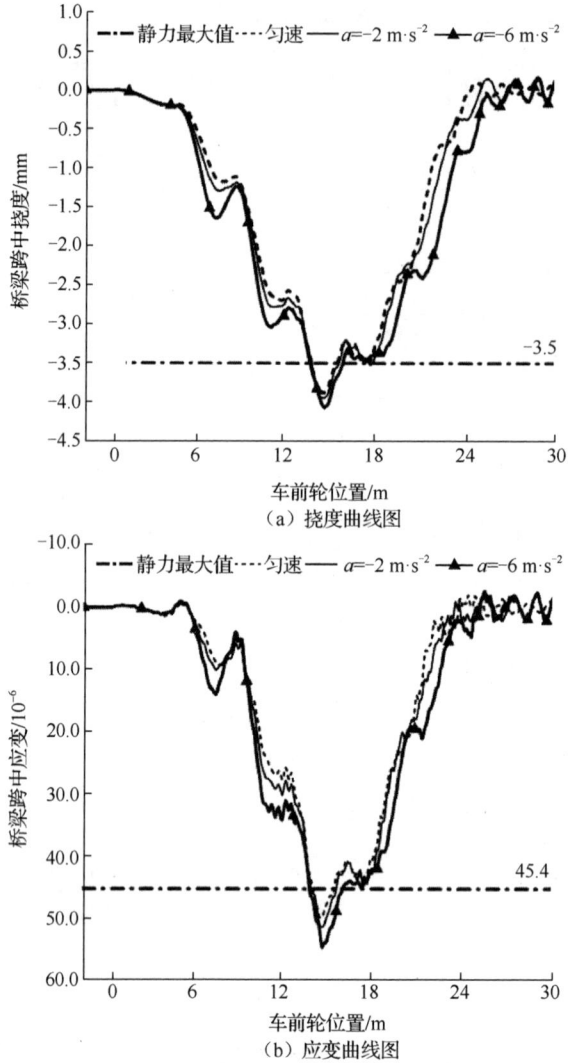

图 5.11　匀速与制动条件下桥梁跨中的响应

5.4.2　制动位置及减速度对冲击系数的影响

同样以桥 3 为例来研究不同制动位置及减速度值对冲击系数的影响。图 5.12 所示为桥面不平整度等级为"好"的情况下，车辆在 7 个不同位置以 3 种不同减速度制动时桥梁的动力冲击系数。为了避免速度差异对结果造成偏差，此处的动力冲击系数均为 5 种速度下动力冲击系数的平均值。从图 5.12 中可以看出：

1）车辆制动时桥梁的冲击系数明显大于车辆匀速行驶时桥梁的冲击系数，且动力冲击系数随减速度绝对值的增大而增大。

2）车辆在桥梁前半跨内制动产生的动力冲击系数大于在后半跨内制动产生的动力冲击系数。

3）挠度冲击系数和应变冲击系数的变化趋势基本一致，但两者的数值大小不完全相同。

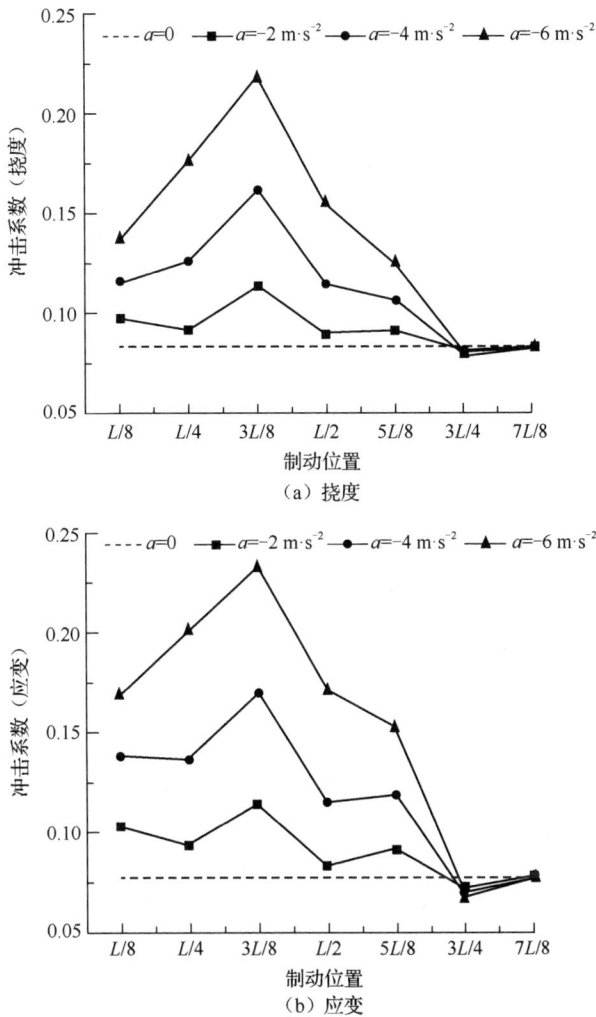

（a）挠度

（b）应变

图 5.12　不同减速度与制动位置下桥梁的动力冲击系数

5.4.3　桥梁跨径的影响及与规范值的对比

表 5.4 列出了 5 座桥梁在不同桥面不平整度等级下车辆以初速度 v=20 m/s 和加速度 a=-6 m·s^{-2} 制动时及匀速行驶时桥梁的动力冲击系数。表 5.5 为根据美国 AASHTO（2017）规范和我国桥梁规范要求计算的 5 座桥梁的冲击系数值。用相对差值（DIFF）表示车辆制动时的冲击系数相对于同条件下车辆匀速行驶时的冲击系数的增量，即

$$\text{DIFF} = \frac{\text{IM}_{制动} - \text{IM}_{匀速}}{\text{IM}_{匀速}} \tag{5.1}$$

式中，IM$_{制动}$与 IM$_{匀速}$分别为相同条件下车辆制动与匀速行驶时的动力冲击系数。

表 5.4 5 座桥梁在不同情况下动力冲击系数对比

桥梁序号	不平整度	IM（挠度）			IM（应变）		
		匀速（20 m/s）	制动（-6 m·s⁻²）	DIFF/%	匀速（20 m/s）	制动（-6 m·s⁻²）	DIFF/%
1	好	0.14	0.28	106.38	0.14	0.28	106.70
	一般	0.32	0.43	33.01	0.32	0.42	32.13
	差	0.56	0.65	17.24	0.56	0.65	17.38
2	好	0.06	0.20	268.59	0.06	0.24	282.51
	一般	0.09	0.23	170.17	0.10	0.27	171.02
	差	0.20	0.34	72.31	0.23	0.40	70.77
3	好	0.07	0.24	244.32	0.06	0.25	302.14
	一般	0.13	0.26	94.01	0.13	0.27	112.96
	差	0.33	0.36	10.65	0.33	0.39	15.05
4	好	0.05	0.13	171.18	0.04	0.11	181.55
	一般	0.11	0.15	44.20	0.10	0.15	52.48
	差	0.22	0.29	30.96	0.21	0.27	24.73
5	好	0.05	0.09	63.64	0.05	0.09	80.52
	一般	0.09	0.13	39.72	0.10	0.16	60.31
	差	0.24	0.28	15.45	0.24	0.29	21.76

表 5.5 5 座桥梁动力冲击系数值

桥梁序号	跨径/m	基频/Hz	规范 IM 值	
			我国 JTG D60—2015 规范	AASHTO（2017）
1	9.14	15.51	0.45	
2	16.76	6.58	0.32	
3	24.38	4.60	0.25	0.33
4	32.00	3.20	0.19	
5	39.62	2.66	0.18	

从表 5.4 中可以看出：

1）其他条件相同时，$IM_{制动}$ 明显大于 $IM_{匀速}$，DIFF 最大超过 300%。

2）DIFF 基本上随桥梁跨径的增大而减小，说明短跨桥梁的冲击系数对车辆制动更敏感。

3）桥面不平整度越好，DIFF 越大，此时冲击系数对制动越敏感（Law and Zhu，2005）。以桥 3 为例：当桥面不平整度等级为"好"时，DIFF 为 244.32%；而当桥面不平整度等级为"差"时，DIFF 降为 10.65%。

结合表 5.4 和表 5.5 还可以看出以下几点。

1）对于桥梁 2～桥梁 5，当桥面不平整度为"好"时，用挠度和应变计算的冲击系数 $IM_{制动}$ 与 $IM_{匀速}$ 均小于我国规范值规定的设计值，而当桥面不平整度为"一般"或"差"时，$IM_{匀速}$ 满足规范要求而 $IM_{制动}$ 可能超过规范值。例如，对于桥 2，桥面不平整度为"差"时，两种响应计算的冲击系数 $IM_{匀速}$ 均小于规范值，而相应的 $IM_{制动}$ 则都超过规范值；桥 3 桥面不平整度为"一般"时的情况也是如此。

2）对于桥 1，当桥面不平整度为"一般"和"差"时，车辆制动下的冲击系数均超过 AASHTO 桥梁规范中动力冲击系数的设计值。

第6章 动力冲击系数规范取值

桥梁设计规范中，动力冲击系数（IM）用于表征在移动车辆荷载作用下桥梁响应因荷载动力效应而产生的增量，该系数是桥梁设计与评估的重要参数。车桥耦合振动受车辆和桥梁的动力特性以及两者接触条件等诸多因素影响，内在机理复杂，因此获得准确的冲击系数非常不易。目前，国内外学者对于冲击系数的认识也还存在一定的差异，不同国家的桥梁规范中设计车辆荷载也不尽相同，导致各国规范中的动力冲击系数不仅取值大小不同，计算方式也各异。

6.1 各国或地区动力冲击系数取值及对比研究

大量研究表明，桥梁类型、桥梁跨径、桥梁基频、桥面不平整度、桥头过渡段条件、车重、车速等因素对桥梁的动力响应都会产生影响。因此，各个国家的桥梁设计规范中关于动力冲击系数的计算公式或取值一般跟其中的一个或多个因素相关。本节选取几个代表性国家或地区的桥梁设计规范，对其中动力冲击系数的相关规定进行介绍。

6.1.1 中国规范

我国 1989 年版的《公路桥涵设计通用规范》（JTJ 021—1989）规定：

1）钢桥、钢筋混凝土及预应力混凝土桥、混凝土桥和砖石拱桥等的上部构造以及钢筋混凝土支座、橡胶支座或钢筋混凝土柱式墩台，应计算汽车的冲击力。填料厚度（包括路面厚度）等于或大于 0.5 m 的拱桥、涵洞及埋入式桥台不计冲击力。

2）动力冲击系数为桥梁跨径 L 的函数。

3）钢筋混凝土及预应力混凝土、混凝土桥涵和砖石砌筑的桥涵等的动力冲击系数，如表 6.1 所示。

表 6.1 钢筋混凝土及预应力混凝土、混凝土桥涵和砖石砌筑的桥涵等的动力冲击系数

结构种类	跨径或荷载长度	IM
梁、钢构、拱上构造、柱式墩台、涵洞盖板	$L \leqslant 5\text{m}$	0.30
	$L \geqslant 45\text{m}$	0
拱桥的主拱圈或拱肋	$L \leqslant 20\text{m}$	0.20
	$L \geqslant 70\text{m}$	0

4）钢桥的动力冲击系数，如表 6.2 所示。

表 6.2　钢桥的动力冲击系数

结构种类	IM
主桁（梁、拱）、联合梁、桥面系、钢墩台等	15/（37.5+L）
吊桥的主桁、主索或主缆、塔架	50/（70+L）

注：1）对于简支的主梁、主桁、拱桥的拱圈等主要构件，L 为计算跨径长度；

2）对于悬臂梁、连续梁、钢构、桥面系构件、仅受局部荷载的构件及墩台等，L 为其相应内力影响线的荷载长度（即为各荷载区段长度之和）；

3）当 L 值在上表所列数值之间时，冲击系数可用直线内插法求得。

① 对于混凝土桥的主要结构构件，其动力冲击系数可用如下公式计算：

$$IM = \begin{cases} 0.3 & L \leqslant 5m \\ 0.3 \times (1.125 - 0.025L) & 5m < L < 45m \\ 0 & L \geqslant 45m \end{cases} \quad (6.1)$$

② 对于钢桥的主要结构构件，动力冲击系数用下式计算：

$$IM = \frac{15}{37.5+L} \quad (6.2)$$

随着对动力冲击系数研究的不断深入，人们逐渐意识到移动车辆荷载作用下的桥梁振动问题是一个受多因素综合影响的复杂动力问题。我国吉林省交通科学研究所利用动态测试系统从 6～45 m 共 7 座跨径不同的桥梁上实测收集了 6 600 多个冲击系数样本。通过对样本进行概率统计分析，发现每座桥梁的动力冲击系数均不拒绝极值 I 型分布。按照国际上通用做法，取保证率为 95% 的数值作为公路桥梁的冲击系数，再通过回归分析，得到动力冲击系数与桥梁基频之间的关系曲线，该曲线公式经修正后被我国 2004 版《公路桥涵设计通用规范》（JTG D60—2004）采用，作为动力冲击系数的计算公式。我国《公路桥涵设计通用规范》（JTG D60—2015）沿用了该公式，具体计算公式如下：

$$IM = \begin{cases} 0.05 & f < 1.5Hz \\ 0.176\,7\ln f - 0.015\,7 & 1.5Hz \leqslant f \leqslant 14Hz \\ 0.45 & f > 14Hz \end{cases} \quad (6.3)$$

式中，f 为桥梁基频，宜使用有限元方法确定，当无可靠的其他方法获得桥梁基频时，可使用规范提供的基频估算公式。

《公路钢结构桥梁设计规范》（JTG D 64—2015）还补充说明了汽车荷载局部加载及在 T 梁、箱梁悬臂板上的冲击系数取 0.30。此外，该规范还规定：进行正交异性钢桥面板承载能力极限状态设计时，为简化计算，桥面上车辆局部加载作用的动力冲击系数取 0.40。

6.1.2　日本规范

日本公路协会（Japan Road Association，JRA）颁布的日本公路桥梁设计规范（JRA Specifications for Highway Bridges-1996）中，动力冲击系数的取值采用了以桥梁跨径为自变量的函数，如表 6.3 所示。

表6.3　1996 年日本 JRA 颁布的规范中的动力冲击系数取值

桥型	加载模式	IM
钢桥	车辆荷载和车道荷载	20/（50+L）
钢筋混凝土桥	车辆荷载	20/（50+L）
	车道荷载	7/（20+L）
预应力混凝土桥	车辆荷载	20/（50+L）
	车道荷载	10/（25+L）

注：表中 L 为桥梁跨径（m）。

表 6.3 表明，对于 3 种不同类型的桥梁，在计算车辆荷载效应时所用的动力冲击系数是相同的，但在计算车道荷载效应时，不同桥梁类型所采用的动力冲击系数存在较大的差异。

6.1.3　美国规范

1911 年，美国铁路工程协会（American Railway Engineering Association，AREA）在铁路桥梁上进行了一系列试验，获得了铁路桥梁动力冲击系数的经验计算公式，并在铁路桥梁设计中规定冲击系数计算公式为

$$IM = \frac{50}{150 + L} \tag{6.4}$$

式中，IM 为桥梁动力冲击系数，不超过 0.30；L 为桥梁跨径，单位为英尺（ft，1 ft=0.3 m）。

1927 年，美国铁路工程协会和美国高速公路协会（American Association of State Highways Officials，AASHO）成立了一个联合委员会，该联合委员会建议将铁路和公路桥梁的动力冲击系数统一为

$$IM = \frac{50}{125 + L} \leqslant 0.3 \tag{6.5}$$

1931 年，式（6.5）被写入美国国家公路与运输协会（American Association of State Highway and Transportation Officials，AASHTO）编撰的公路桥梁标准规范（AASHTO Standard Specifications for Highway Bridges-1931，简称 AASHTO 标准规范）。AASHTO 标准规范从 1931～2002 年共发行了 17 版，一直沿用式（6.5）。

随着桥梁动力冲击问题研究的深入，研究者提出了许多改进意见和建议公式，美国 AASHTO 协会在一些其他的 AASHTO 发布的规范和指南中采用了部分改进建议，使用了与 AASHTO 标准规范不同的动力冲击系数计算方法。

1994 年，AASHTO 发行了第 1 版基于荷载和抗力系数设计（load and resistance factor design，LRFD）的桥梁设计规范（AASHTO LRFD Bridge Design Specifications-1994，简称 AASHTO LRFD 桥梁规范）。该规范借鉴了加拿大安大略省桥梁设计规范的表述，首次在 AASHTO 标准规范体系中用"动力荷载容许值"（dynamic load allowance，DLA）取代"动

力冲击系数"（IM）的表述，但是表达的意义并没有改变。与 AASHTO 标准规范中采用桥梁设计跨径 L 的函数不同，AASHTO LRFD 桥梁规范中的 DLA 根据极限状态和构件类型而定，具体如表 6.4 所示。该规定一直沿用到现行的 2017 年版 AASHTO LRFD 桥梁规范（AASHTO，LRFD Bridge Design Specifications-2017）。2015 年美国联邦公路管理局（The Federal Highway Administration，FHWA）发布的 LRFD 公路桥梁上部结构参考手册[FHWA Load and Resistance Factor Design（LRFD）for Highway Bridge Superstructures Reference Manual-2015]也采用了同样的做法。

表 6.4　1994 年 AASHTO LRFD 桥梁规范中的动力荷载容许值

桥梁构件	极限状态	DLA
桥面接缝	所有极限状态	0.75
所有其他构件	疲劳和断裂极限状态	0.15
	其他极限状态	0.33

2002 年版（第 17 版）的 AASHTO 桥梁设计标准规范发布以后，美国联邦公路管理局和美国各州相关部门达成共识，2007 年之后所有新桥设计均采用 AASHTO LRFD 桥梁规范，AASHTO 标准规范不再用于新桥设计，但仍可用于既有桥梁的安全评估。

除了 AASHTO 标准规范和 AASHTO LRFD 桥梁规范，美国一些与桥梁相关的其他规范中也有关于动力冲击系数的规定，如美国现役钢桥和混凝土桥强度评估规范（AASHTO Guide Specifications for Strength Evaluation of Existing Steel and Concrete Bridges-1989）规定桥梁荷载评定采用的动力冲击系数需考虑路面不平整度等级，具体如表 6.5 所示。美国 AASHTO 公路桥梁状态评估和荷载与抗力评定手册[AASHTO Guide Manual for Condition Evaluation and Load and Resistance Factor Rating（LRFR）of Highway Bridges-2003]中，规定进行桥梁强度和服役极限状态评定时，动力冲击系数统一取 0.33。

表 6.5　1989 年 AASHTO 公路桥梁状态评估和荷载与抗力评定手册中的动力冲击系数

桥面磨耗层条件	描述	IM
好	无维修需要	0.10
一般	缺陷较小，仍满足设计使用功能	0.10
差	缺陷较大，需要维修以保持使用功能	0.20
临界条件	无法满足设计使用功能需要	0.30

作为 AASHTO 标准规范的补充，AASHTO 于 1993 年发布的水平曲线公路桥梁指南（AASHTO Guide Specifications for Horizontally Curved Highway Bridges-1993）专门针对公路曲线桥梁的动力冲击系数做了规定，如表 6.6 和表 6.7 所示。

表 6.6　AASHTO 水平曲线公路桥梁指南（1993）中的动力冲击系数（多主梁桥）

响应的类型	IM
剪力和支座反力	0.30
纵梁的弯矩	0.25
纵梁的扭矩	0.40
桥面板的弯矩	0.20
纵梁的翘曲弯矩	0.25
横隔板的内力和弯矩	0.25
挠度	0.25

注：表中数据适用于跨径在 50～200 ft 范围内，主梁数量不超过 6 根，连续梁桥桥跨数量不超过两跨，车重与桥重的比值不超过 0.6。

表 6.7　AASHTO 水平曲线公路桥梁指南（1993）中的动力冲击系数（箱梁桥）

响应类型	冲击系数公式	适用条件	
		跨径 L /ft	曲率半径 R_c /ft
弯矩	$IM = 0.320$	$L \leqslant 80$	$160 \leqslant R_c \leqslant 80$
	$IM = 0.360 - L/2000$	$80 < L \leqslant 200$	
	$IM = 0.260$	$200 < L$	
	$IM = 0.285$	$L \leqslant 80$	$800 < R_c$
	$IM = 0.315 - L/2667$	$80 < L \leqslant 200$	
	$IM = 0.240$	$200 < L$	
扭矩	$I_r = 0.275$	$L \leqslant 80$	$160 \leqslant R_c \leqslant 800$
	$I_r = 0.291 - L/5000$	$80 < L$	
	$I_r = 0.260$	$L \leqslant 80$	$800 < R_c$
	$I_r = 0.308 - L/1667$	$80 < L$	
剪力	$I_s = 0.215$	$L \leqslant 80$	$160 \leqslant R_c$
	$I_s = 0.243 - L/2857$	$80 < L \leqslant 200$	
	$I_s = 0.173$	$200 < L$	
支座反力	$I_R = 0.275$	$L \leqslant 80$	$160 \leqslant R_c \leqslant 800$
	$I_R = 0.310 - L/2222$	$80 < L \leqslant 200$	
	$I_R = 0.220$	$200 < L$	
	$I_R = 0.225$	$L \leqslant 80$	$800 < R_c$
	$I_R = 0.253 - L/2857$	$80 < L \leqslant 200$	
	$I_R = 0.183$	$200 < L$	
挠度	$I_D = 0.255$	所有跨径	$160 \leqslant R_c \leqslant 800$
	$I_D = 0.255$	$L \leqslant 80$	$800 < R_c$
	$I_D = 0.271 - L/5000$	$80 < L \leqslant 200$	
	$I_D = 0.231$	$200 < L$	

注：表中 I 代表动力冲击系数，下标表示的是响应类型；R_c 代表桥梁的水平曲率半径。

美国华盛顿州交通运输部（Washington State Department of Transportation，WSDOT）于 2018 年发布的桥梁检验手册（WSDOT Washington State Bridge Inspection Manual-2018）认为，DLA 与桥头搭板类型、桥面不平整度及桥面接缝的状况有关。该部门于同年发布的桥梁设计手册（WSDOT Bridge Design Manual-2018）中对动力冲击系数的取值做了新的规定，具体如表 6.8 所示。

表 6.8　2018 年美国华盛顿州交通运输部桥梁设计手册中的动力冲击系数

适用范围		IM
HL 93 设计车辆（适用所有跨径）	库存车	0.33
	运营车	0.33
法律允许车辆和紧急车辆	跨度在 40 ft 以下	0.33
法律允许车辆和紧急车辆跨度大于 40 ft	桥头、桥面接缝和伸缩缝过渡平滑	0.10
	表面轻微凸起和凹陷	0.20
	对桥梁产生严重冲击影响	0.30

如表 6.8 所示，在对现有桥梁进行评估时，需首先找出实际的桥面上和接缝内的所有可能对结构造成不利冲击作用的缺陷。而后，对于深度小于 1 in（1 in=2.54cm）的坑洼，动力冲击系数取为 0.20，对深度大于 1 in 的坑洼，动力冲击系数取为 0.30。此外，对于多跨连续桥梁，在估计桥梁动力冲击系数时，还需要考虑桥面缺陷类型和位置的影响。

6.1.4　加拿大规范

20 世纪 70 年代前，北美地区的公路桥梁在进行动力设计时均遵循 AASHTO 标准规范或者加拿大标准协会（Canadian Standards Association，CAN/CSA）的桥梁规范，而后者相对前者仅有非常轻微的改动。由于加拿大各省市的车辆荷载标准存在较大差异，1980 年后，各省市交通运输部陆续编制了各地的地方桥梁设计规范，以满足不同地区的桥梁设计要求。1990 年后，加拿大国家桥梁设计规范（Canadian Highway Bridge Design Code-1990，简称 CHBDC 规范）开始在全国推广，随后地方规范逐渐被取代。

1. 安大略省桥梁设计规范

加拿大较具代表性的地方交通部门为安大略省交通运输部，安大略省与加拿大其他省一样，对其境内的公路相关事宜拥有完全的自主管辖权，包括制定车辆荷载标准及选择桥梁设计规范。1950 年以前，安大略省采用的是 AASHTO 标准规范，即将动力冲击系数的取值公式表示为桥梁跨径的函数。

1956～1971 年，加拿大安大略省交通运输部进行了一系列的桥梁现场试验研究。研究中选取了不同跨径不同类型的桥梁，并考虑了车辆上桥方式和桥面条件的影响。通过采集随机交通车流作用下的桥梁振动响应，获得了不同工况下的动力冲击系数样本。统计发现，试验测试获取的最大动力冲击系数主要在 0.30～0.85 范围内，其中基频在 2～5 Hz 范围内的桥梁的动力冲击系数相对更大一些，且大多超过了 AASHTO 标准规范值。

1976 年，安大略省交通运输部决定编写适用本省的公路桥梁设计规范，主要原因如下：

1）安大略省相关规范和 AASHTO 标准规范中采用的设计车辆不同，安大略省采用的设计车辆的质量远大于北美大多数其他地区采用的设计车辆的质量。

2）安大略省经过大量的现场试验研究，积累了许多最新的重要研究成果，将这些成果纳入 AASHTO 标准规范的难度较大。

3）已有研究表明采用新的极限状态设计理论可以使桥梁设计更加经济合理。

1979 年，第 1 版安大略省公路桥梁设计规范（Ontario Highway Bridge Design Code：First Edition-1979）发布，该规范根据桥梁的第一阶竖向弯曲频率来确定动力荷载容许值 DLA，具体取值公式如表 6.9 所示，该规范也是世界上第一部基于极限状态设计理论的公路桥梁设计规范。此后，安大略省不再使用 AASHTO 标准规范。

表 6.9　安大略省公路桥梁设计规范中规定的动力荷载容许值（1979 年）

一阶结构基频 f/Hz	DLA
$0 \leqslant f \leqslant 1.0$	0.20
$1.0 < f \leqslant 2.5$	$(2f+1)/15$
$2.5 < f \leqslant 4.5$	0.40
$4.5 < f \leqslant 6.0$	$0.85 - 0.1f$
$6.0 < f$	0.25

1983 年，安大略省交通运输部发布了第 2 版安大略省公路桥梁设计规范（Ontario Highway Bridge Design Code: Second Edition-1983）。该规范中 DLA 取值仍然是根据桥梁的第一阶弯曲频率来确定，但是考虑到基频在 2～4 Hz 范围内的桥梁容易与车辆产生共振，因此对基频在此范围内的桥梁采取了更大的 DLA 设计值，如表 6.10 所示。

表 6.10　安大略省公路桥梁设计规范中规定的动力荷载容许值（1983 年）

一阶结构基频 f/Hz	DLA
$0 \leqslant f \leqslant 1.0$	0.30
$1.0 < f \leqslant 2.5$	$0.2 + 0.1f$
$2.5 < f \leqslant 4.5$	0.45
$4.5 < f \leqslant 6.0$	$0.9 - 0.1f$
$6.0 < f$	0.30

1991 年初发布的第 3 版安大略省公路桥梁设计规范（Ontario Highway Bridge Design Code: Third Edition-1991）中 DLA 的取值规定没有变化。但安大略省交通部门依据规范现场运用所总结的经验，在同一年发布的规范修订版中对 DLA 的取值进行了重大调整。修订后的第 3 版安大略省公路桥梁设计规范 [Ontario Highway Bridge Design Code: Third Edition（Revised）-1991] 中规定 DLA 的取值与车轴数相关，如表 6.11 所示。

表 6.11　安大略省公路桥梁设计规范中的动力荷载容许值（1991 年）

车轴数	DLA
1	0.40
2	0.30
$\geqslant 3$	0.25

2. 加拿大桥梁设计规范

加拿大国家桥梁设计规范（CAN/CSA-S6 Canadian Highway Bridge Design Code）一共发行了 12 版，最新版发布于 2014 年。1988 年及之前的加拿大国家桥梁设计规范中关于桥梁动力冲击系数的取值规定与 AASHTO 标准规范一样，即认为动力冲击系数是桥梁跨径的函数。2000 年版的加拿大国家桥梁设计规范（CAN/CSA S6-00，Canadian Highway Bridge Design Code-2000）修改了这一项规定，认为 DLA 与设计车辆类型和荷载响应（挠度和剪力）有关，DLA 取值与桥梁计算跨径关系，如表 6.12 和表 6.13 所示。对于单轴荷载作用，DLA 值取 0.40。

表 6.12　CAN/ CSA S6-00 中的挠度动力荷载容许值取值与桥梁计算跨径关系

设计车辆类型	桥梁计算跨径		
	DLA = 0.40	DLA = 0.30	DLA = 0.25
BCFS L75	$L \leq 2$ m	2 m$<L \leq 15$ m	$L>15$ m
BCFS L150	$L \leq 2$ m	2 m$<L \leq 15$ m	$L>15$ m
BCFS L165	$L \leq 2$ m	2 m$<L \leq 14$ m	$L>14$ m

注：表中 BCFS 表示一种设计车辆类型。表 6.13 中同。

表 6.13　CAN/CSA S6-00 中的剪力动力荷载容许值取值与桥梁计算跨径关系

设计车辆类型	桥梁计算跨径		
	DLA = 0.40	DLA = 0.30	DLA = 0.25
BCFS L75	$L \leq 2$ m	2 m $<L \leq 10$ m	$L>10$ m
BCFS L150	$L \leq 2$ m	2 m $<L \leq 10$ m	$L>10$ m
BCFS L165	$L \leq 2$ m	2 m $<L \leq 9$ m	$L>9$ m

2006 年，加拿大标准协会出版了第 10 版加拿大国家桥梁设计规范（CAN/CSA S6-06，Canadian Highway Bridge Design Code-2006），该版本关于动力冲击系数的取值规定如表 6.14 所示，其中当车辆以限定速度通过桥梁时，还应考虑折减，具体的折减系数如表 6.15 所示。

表 6.14　桥梁主要构件的动力荷载容许值（不包括埋深构件）

DLA	加载情况
0.50	作用于桥面接缝处
0.40	只有 CL-W 卡车的单轴加载（除了桥面接缝）
0.30	CL-W 卡车的任意两个轴加载，或者卡车前三个轴加载
0.25	除了前三个轴以外的任意三个或三个以上的轴加载

表 6.15　不同限速情况下的折减系数

折减系数	限速情况
0.30	$V \leq 10$ km/h
0.50	10 km/h$<V \leq 25$ km/h
0.75	25 km/h$<V \leq 40$ km/h
1.00	$V>40$ km/h

由于加拿大各省市对各自管辖区内的公路相关事宜拥有完全自主的管辖权限，加拿大国家桥梁设计规范（CAN/CSA-S6 Canadian Highway Bridge Design Code）的普及过程并不顺利。主要原因是加拿大与美国接壤，两国之间的交流合作密切，北美大部分地区倾向于采用美国的 AASHTO 标准规范进行桥梁设计。实际上，相对于 AASHTO 标准规范，早期的加拿大规范也只是做了少量的修改。另外，加拿大各省市的设计车辆荷载存在较大的差异，要想在全国推行统一的国家规范客观上存在很大的难度。数十年间，加拿大桥梁设计规范经历了多次修订，直至 2006 年版加拿大国家桥梁设计规范（CAN/CSA-S6 Canadian Highway Bridge Design Code-2006）发布，新的国家规范才取代其他的地方性规范，在全国统一施行。自 2016 年 1 月 1 日起，加拿大所有新桥设计及旧桥的修复、评估均要求使用加拿大国家桥梁设计规范（CAN/CSA S6-14 Canadian Highway Bridge Design Code-2014）。而安大略省新发布的桥梁规范（CHBDC CSA S6-14 FOR ONTARIO）则作为加拿大桥梁设计规范的附件，以对特殊情况进行补充。

6.1.5 英国规范

1999 年，英国标准协会发布的钢、混凝土和组合梁桥设计规范第 2 部分——荷载规范（BS 5400-2: Steel, Concrete and Composite Bridge. Part 2: Specification for Loads-1999）中规定了"正常交通荷载"和"特殊荷载"两种车辆活荷载标准。这两种活荷载本身已经包含 0.25 的动力冲击系数，因此在桥梁设计中不需要再额外考虑车辆荷载的冲击效应。英国 2006 年版的钢、混凝土和组合梁桥设计规范第 2 部分——荷载规范（BS 5400-2: Steel, Concrete and Composite Bridge. Part 2: Specification for Loads-2006）采用了同样的做法。

6.1.6 欧洲规范

在欧洲规范 1：结构上的荷载第 2 部分——桥梁上的交通荷载（CEN Eurocode 1: Actions on Structures-Part 2: Traffic Loads on Bridges-2003）中，关于车辆荷载的动力冲击效应，采用了动力放大系数（dynamic amplification factor，DAF）的概念，其与动力冲击系数 IM 的关系为 DAF = 1 + IM。该规范中 DAF 为桥梁跨径 L 的函数，其取值与桥梁车道数、桥梁跨径及响应类型有关。

对于单车道桥梁，弯矩 DAF 的计算式为

$$DAF = \begin{cases} 1.7 & L \leqslant 5\text{m} \\ 1.85 - 0.03L & 5\text{m} < L < 15\text{m} \\ 1.4 & L \geqslant 15\text{m} \end{cases} \tag{6.6}$$

剪应力 DAF 的计算式为

$$DAF = \begin{cases} 1.4 & L \leqslant 5\text{m} \\ 21.45 - 0.01L & 5\text{m} < L < 25\text{m} \\ 1.2 & L \geqslant 25\text{m} \end{cases} \tag{6.7}$$

对于双车道桥梁，弯矩 DAF 和剪应力 DAF 的计算式相同：

$$DAF = \begin{cases} 1.3 - \dfrac{0.4}{100}L & L \leqslant 50\text{m} \\ 1.1 & L > 50\text{m} \end{cases} \tag{6.8}$$

以上各式中，L 均表示桥梁计算跨径。

对于四车道桥梁，无论是弯矩 DAF 还是剪应力 DAF，统一取 1.1。在某些不利条件下，如加载位置接近伸缩缝时，还需要乘以额外的修正系数 $\Delta\psi$：

$$\Delta\psi=1.3\left(1-\frac{D}{26}\right)\geqslant1 \tag{6.9}$$

式中，D 表示加载位置到伸缩缝的距离。

6.1.7　新西兰规范

新西兰交通部（New Zealand Transport Agency，NZTA）颁布的第 3 版新西兰桥梁手册（New Zealand Bridge Manual，3rd Edition-2014）采用了动力荷载系数（dynamic load factor，DLF）的概念，其意义与欧洲规范中的动力放大系数（DAF）完全一致，即其与动力冲击系数 IM 的关系为 DLF = 1 + IM。该规范中，对于简支梁或连续梁构件，动力荷载系数 DLF 的计算公式为桥梁跨径的函数：

$$\text{DLF}=\begin{cases}1.30 & L\leqslant12\text{m}\\1+\dfrac{15}{L+38} & L>12\text{m}\end{cases} \tag{6.10}$$

式中，L 表示桥梁跨径。对于悬臂构件和桥面系构件，动力荷载系数 DLF 取 1.30。

6.1.8　澳大利亚规范

澳大利亚桥梁设计规范第 2 部分：设计荷载（AS 5100 Bridge Design Standard-Part 2：Design Load-2004）规定动力荷载容许值与车辆荷载形式有关，具体如表 6.16 所示。

表 6.16　AS 5100 规范规定的动力荷载容许值（2004）

交通荷载形式	说明	DLA
W80 车轮荷载	单轮重 80 kN	0.40
A160 轴载	W80 双轮荷载	0.40
M1600 三轴组	车轴组和 UDLs 车道荷载的组合	0.35
M1600 移动荷载	车轴组和 UDLs 车道荷载的组合	0.30
S1600 静荷载	车轴组和 UDLs 车道荷载的组合	0
HLP 荷载	重载平台	0.10

6.1.9　各国或地区规范对比研究

基于对以上各国或地区规范中动力冲击系数相关规定的分析，可以得到以下结论：

1）各国或地区桥梁设计规范对动力冲击系数的规定各不相同，对于应该采用何种桥梁动态响应、考虑哪些影响因素来估算动力冲击系数尚无统一定论。

2）许多国家或地区规范把冲击系数定义为一些重要参数的表达式：

① 桥梁跨径，如美国的 AASHTO 标准规范、中国的《公路桥涵设计通用规范》（JTJ 021—1989）、日本桥梁设计规范（JRA Specifications for Highway Bridges，Part 1:Common Specifications-1996）、新西兰交通部颁布的第 3 版新西兰桥梁手册（New Zealand Bridge Manual，3rd Edition-2014）、欧洲规范 1：结构上的荷载第 2 部分：桥梁上的交通荷载（CEN

Eurocode 1: Actions on Structures-Part 2: Traffic Loads on Bridges-2003），其中日本规范中动力冲击系数的取值相比于其他国家更加偏于保守。

② 桥梁基频，如加拿大第 2 版安大略省公路桥梁设计规范（Ontario Highway Bridge Design Code: Second Edition-1983）、中国《公路桥涵设计通用规范》（JTG D 60—2015）。

③ 交通荷载模型，如英国钢、混凝土和组合梁桥设计规范第 2 部分——荷载规范（BS 5400-2: Steel, Concrete and Composite Bridge-Part 2: Specification for Loads-2006）、澳大利亚桥梁设计规范第 2 部分：设计荷载（AS 5100 Bridge Design Standard-Part 2: Design Load -2004）、加拿大第 3 版安大略省公路桥梁设计规范（Ontario Highway Bridge Design Code: Third Edition-1991）及第 10 版加拿大国家桥梁设计规范（CAN/CSA S6-06，Canadian Highway Bridge Design Code-2006）。

3）为了便于使用，各国或地区桥梁规范中动力冲击系数的计算一般采用较为简单的形式，往往难以做到同时考虑多个重要参数的影响。

6.2　动力冲击系数重要影响因素

车辆荷载对桥梁的动力冲击效应通常用动力冲击系数来量化。实际的动力冲击系数往往受桥梁跨径、桥梁基频、桥梁类型、桥面不平整度、桥梁材料、桥头搭板状况、车重、车辆悬挂系统类型、车辆加载位置、车辆数量和轴数、车速等众多因素的共同影响。本节将针对影响车桥耦合振动的各主要因素分别介绍相关的重要研究成果。

6.2.1　桥梁跨径

如前所述，为了使桥梁设计规范便于使用，早期多个国家的桥梁设计规范把动力冲击系数规定为桥梁跨径 L 的函数，认为动力冲击系数随桥梁跨径的增大而减小。而后，一些研究表明动力冲击系数与桥梁跨径 L 并非线性关系（Huang et al.，1993；Chang and Lee，1994）。作者研究也发现，在桥梁跨径较短时，动力冲击系数随桥梁跨径的增大呈现出明显下降的趋势，但当桥梁跨径继续增大时，动力冲击系数不再发生明显变化（Deng and cai，2010a）。而 Mohseni 和 Iman 在研究 30 m 以上跨径的桥梁时甚至发现，中长跨径桥梁的冲击系数可能会比短跨径桥梁的冲击系数更大，这与规范的建议正好相反。综上可知，既有研究均表明桥梁跨径对冲击系数存在一定的影响。关于桥梁跨径对冲击系数的作用，不同的研究发现了不尽相同的影响趋势，尽管原因可能是由于各研究之间存在研究条件和参数取值方面的差异，但也确实反映出以桥梁跨径作为变量的单变量函数来估计冲击系数的方法不够合理。

6.2.2　桥梁基频

桥梁基频被广泛认为是影响动力冲击系数的重要因素之一。许多国家的桥梁设计规范把动力冲击系数定义为桥梁基频的函数，我国在《公路桥涵设计通用规范》（JTG D60—2004）中也采取了这一方式。桥梁基频实际上与跨径密切相关，有研究表明桥梁基频随跨径的增加而降低（Memory et al.，1995）。相比于桥梁跨径，桥梁基频的计算要更复杂一些，但是桥梁固有频率更能直接反映桥梁的动力特性，当车辆荷载激励频率和桥梁振动频率接近时，二者之间还可能产生类似共振的效应从而导致动力冲击系数明显增大（Li et al.，

2008）。正是基于这种强迫振动的理解，用桥梁基频的函数来表示冲击系数的方法被多国规范所接受。这一事实还表明，动力冲击系数不仅与桥梁频率有关，同时还会受车辆自身振动频率的影响。这一点在部分国家的桥梁设计规范中有体现，如 1983 年版的加拿大国家桥梁设计规范（CAN/CSA S6-06, Canadian Highway Bridge Design Code-1983）中对于基频处于车辆常见自振频率 2.5～4.5 Hz 范围内时的桥梁建议采用更大的动力冲击系数。

当然，尽管桥梁基频对动力冲击系数存在较大的影响，但其并非唯一的决定因素。有学者研究发现，即使当车辆和桥梁的振动频率接近而引起了类似共振效应的时候，动力冲击系数也并不一定达到最大。这是因为车-桥系统的相互作用还会受到诸如车速、桥面不平整度、桥梁频率等其他因素的影响，而动力冲击系数最大值应该是多种因素共同作用的结果（Yang et al., 1995）。

6.2.3　桥梁类型

不同结构类型的桥梁由于结构形式的不同，动力冲击系数存在较大的差异。诸多学者利用现场试验和数值仿真技术对不同类型桥梁的动力冲击系数进行了广泛的研究，研究对象包括钢筋混凝土梁桥（Huang et al., 1993）、拱桥（Huang，2012）、斜拉桥（Huang et al., 1992）等桥梁类型。

对于较为普遍的简支多主梁桥，其不同主梁上的动力冲击系数不相同，一般横向荷载分布系数较大的主梁的动力冲击系数会相对较小（Huang et al., 1993；Chang and Lee., 1994），且增大主梁间距或增加主梁数量会在一定程度上减小冲击效应（Huang et al., 1993；Mohseni et al., 2018）。另外，简支转连续施工后，支座约束的加强会导致桥梁固有频率增大，桥梁动力冲击系数可能会因此变小（桂水荣等，2014）。

曲线梁桥和直线梁桥的动力冲击系数有较大区别。一般曲线梁桥的动力冲击系数比相应的直线梁桥要小，且动力冲击系数随曲率半径的减小而减小（Huang，2001）；但当曲率半径大到一定程度时，动力冲击系数对曲率半径的变化不再敏感。此外，桥梁跨径和曲率半径的比值也会影响桥梁的动力冲击系数（Samaan et al., 2007）。

关于下承式拱桥的研究表明，不同桥梁响应的动力冲击系数随矢跨比的变化趋势不同而不同，存在使主梁跨中挠度冲击系数最小的矢跨比（霍学普和蒲黔辉，2014）；吊杆的连接方式对动力冲击系数的影响很小（Huang，2012）；而吊杆自身响应的动力冲击系数与无应力索长成反比（霍学普和蒲黔辉，2014）。

相比于小跨径梁桥，大跨径桥梁在车辆荷载作用下的振动响应更为复杂，关于桥梁安全的构件和响应类型也更多。试验研究和数值模拟发现，不同构件上的动力冲击系数有很大的区别（Huang and Wang., 1992；Wang et al., 2015）。例如，当路面状况较好时，斜拉桥主要承重构件的冲击系数一般不超过 0.20（Calçada et al., 2005；Huang et al., 1992），但当路面状况变差时，动力冲击系数值会明显增大，某些构件的动力冲击系数甚至可能大于 0.60（Huang et al., 1992）。

6.2.4　桥面不平整度

桥面不平整度是引起车桥相互作用的主要激励。几乎所有的研究都表明动力冲击系数随桥面不平整度变差而增大（Deng and Cai，2010a），且差的桥面状况是导致实际动力冲击系数高于桥梁规范值的主要原因（Deng and Cai，2010a）。Park 等（2005）根据 25 座桥梁的动力试验研究了桥面不平整度和动力冲击系数的关系，发现动力冲击系数几乎与国际桥面不平整度指数呈线性关系。有些研究发现，伸缩缝或引桥过渡区不平整引起的车辆初始振动会导致车桥耦合振动加剧，从而使桥梁构件承受很大的动力冲击作用（Cai et al.，2007；Deng et al.，2016）。还有研究表明，当桥面不平整度变差时，由弯矩计算得到的动力冲击系数要比用挠度计算的值更大（Chang and Lee，1994）。此外，也有学者提出对于大部分桥面已经严重损坏的旧桥而言，通过规范计算出的动力冲击系数已经不可靠（殷新锋等，2013）。对桥面及时进行维护是减小车辆荷载对桥梁冲击效应的有效方法。

数值模拟中，桥面不平整度可由相关的功率谱密度函数通过三角级数法、傅里叶逆变换等方法生成。沈锐利等（2015）通过数值模拟研究了桥面不平整度生成方法对动力冲击系数的影响，发现使用三角级数叠加法生成的桥面不平整度计算得到的动力冲击系数样本服从正态分布，而使用离散傅里叶逆变换生成的桥面不平整度获得的动力冲击系数样本服从极值 I 型分布，并且基于后者获得的动力冲击系数通常小于前者（沈锐利等，2015）。

6.2.5　桥梁材料

关于建造材料对桥梁动力冲击系数影响的研究相对较少，尽管早期有些学者认为桥梁材料对动力冲击系数的影响很小（Paultre et al.，1995），但是不同材料的振动特性与耗能能力不同，桥梁动力冲击系数往往也会存在较大的差异，因而对于不同材料的桥梁，实践中对其冲击系数一般是区分对待的。例如，我国 1989 年版《公路桥涵设计通用规范》（JTJ 021—1989）和日本公路协会 1996 年颁布的日本公路桥梁设计规范（JRA Specifications for Highway Bridges-1996）均对钢桥和混凝土桥分别采用了不同的动力冲击系数。加拿大国家桥梁设计规范（CAN/CSA-S6-06 Canadian Highway Bridge Design Code-2006）还规定木构件的动力冲击系数 IM 应乘以折减系数 0.7。美国 2014 年版 ASSHTO LRFD 桥梁规范（AASHTO LRFD Bridge Design Specifications-2014）中考虑到木结构优良的阻尼特性建议在木桥设计中不需考虑动力冲击效应的影响。近年来 FRP、UHPC 等新型建筑结构材料因其高强、轻质和良好的韧性而被越来越多地应用于新桥的设计建造和既有桥梁的修复中。这些新型建筑材料和传统建筑材料建造的桥梁有着不一样的动力特性。一些学者比较了 FRP 梁板桥和混凝土梁板桥的动力冲击系数，发现由 FRP 材料建造的桥梁的动力冲击系数要小得多（Zhang et al.，2006）。

6.2.6　桥头搭板状况

除了桥面激励源之外，桥头搭板构造的缺陷会引起过桥车辆显著的初始振动，进而增强过桥车辆对桥梁的动力冲击作用。尤其对于跨径较短的桥梁，当桥梁和桥台之间的接缝不平整或存在明显的高低落差时，车辆过桥时引起的最大冲击效应可能就发生在桥头接缝附近，即桥头搭板的布设位置。而当桥梁跨径增大到一定程度时，桥头搭板构造的缺陷对跨中位置桥梁响应的动力冲击系数的影响程度会显著降低。

美国华盛顿州 2018 年的桥梁调查检验报告（WSDOT Washington State Bridge Inspection Manual-2018）表明，动力荷载容许值与桥头搭板、桥面平整度及桥面接缝的状况有关。2018 年版的美国华盛顿州交通运输部发布的桥梁设计手册（WSDOT Bridge Design Manual-2018）中，也首次在计算动力冲击系数时将桥头搭板状况考虑在内。

6.2.7　车重

大部分研究表明桥梁动力冲击系数随车重的增加而减小（Huang et al.，1993；Huang，2012）。然而这并不意味着重车会产生更小的动力响应，实际上，有学者发现桥梁的动、静响应都随车重的增加而增大（Broquet et al.，2004）。这是因为，虽然车重的增加往往会引起动、静荷载响应幅值的增加，但动力冲击系数表征的是最大动态响应增量与最大静态响应的比值，因此动力冲击系数并不一定会随着车重的增加而增大；相反，由于较重的车辆会产生更大的静响应，从而易导致动力冲击系数随着车重的增大而减小。需要指出的是，虽然轻车相比重车会产生更大的动力冲击系数，但这种情况下获得的动力冲击系数值并没有太大的实际意义，因为这种情况下总荷载效应仍然较小。

6.2.8　车辆悬挂系统类型

车辆悬挂系统的刚度和阻尼特性对动力冲击系数有较大的影响。一些研究表明，悬挂系统刚度大的车辆会产生更大的动力冲击系数（Szurgott et al.，2011；Wekezer et al.，2011），而降低悬挂系弹簧的刚度能有效减小动力冲击系数（Kirkegaard et al.，1997）。然而，并不能认为悬挂刚度与动力冲击系数呈完全的正相关关系（Yang et al.，1995）。事实上，悬挂系统的刚度变化会导致冲击系数变化的本质原因是刚度变化导致了车辆的振动频率发生了改变，而车辆频率除了与悬挂刚度相关，还与其质量、阻尼系数有关。归根到底，使车辆频率与桥梁频率错开以避免车桥共振才是减小桥梁动力冲击系数的有效方法。为了避免车辆的振动频率与桥梁固有频率过于接近，可以对车辆（尤其是特殊用途的重型车辆）悬挂系统设计进行针对性的特殊处理。在实际情况中，改变悬挂系统的刚度较为困难，而增加系统阻尼相对较为容易实现。因此，有些学者建议车辆设计时采用阻尼较大的悬挂系统，从而达到减小动力冲击作用的效果（Green et al.，1995）。例如，配有空气悬挂系统的车辆比纯钢悬挂系统的车辆对桥梁产生的动力冲击作用更小，因为空气悬挂系统的阻尼通常更大（Green et al.，1995）。除此之外，也有学者提出车辆采用智能减振系统来减小车辆对桥梁的动力冲击效应（Harris et al.，2007）。

6.2.9　车辆加载位置

车辆加载位置直接影响桥上轮载的分布及被激发的桥梁振动模态，从而进一步影响桥梁的动态响应。Huang（1993）发现混凝土梁桥不同主梁上的动力冲击系数随车辆加载位置的变化而变化，具体表现为随桥梁的荷载横向分布系数的增大而降低，外边梁的动力冲击系数要比内梁增加得快，桥跨两端的冲击系数比跨中部位的动力冲击系数增加得更快。但是，非对称加载时，桥梁的扭转模态被激发可能会导致出现不同的现象（Li et al.，2008）。从桥梁设计的角度而言，动力冲击系数需考虑所有可能的加载情况，并根据最不利加载位置的桥梁响应来进行设计和验算。

6.2.10　车辆数量和轴数

多车辆同时通过桥梁时，车辆作用下的桥梁整体静荷载效应较大，桥梁动力冲击系数相对较小（Ashebo et al.，2007b）。此外，车辆加载位置的组合方式也会对冲击系数的大小产生影响，如两辆车一前一后行驶产生的动力冲击系数会明显比两辆车并排行驶产生的动力冲击系数小（Ashebo et al.，2007b），而两辆同类型车对称并排行驶时产生的动力冲击系数和一辆车作用下产生的动力冲击系数会比较接近（Deng and Cai，2010a）。

在公路桥梁动力冲击系数的研究中，经常采用单辆车通行或多辆车并排行驶这两种简单的加载方式。这两种加载方式得到的动力冲击系数通常比实际交通状况下的动力冲击系数要偏大一些，偏于保守和安全。随着计算机模拟能力的迅速发展，目前一些研究中通过模拟随机车流下的桥梁响应，来确定随机车流作用下的动力冲击系数。尽管这种方法对计算机仿真性能有着较高的要求，但其结果显然更为科学合理。

轴数不同的车辆对桥梁产生动力冲击作用也不同。Laman 等（1999）通过研究发现三轴车产生的动力冲击系数最大，四轴车最小，五轴车的测试结果离散性较大，会随着车辆悬挂类型、车轮压力、车重、车速和其他参数的变化而变化。加拿大国家桥梁设计规范（CAN/CSA-S6-06 Canadian Highway Bridge Design Code-2006）也认为动力冲击系数与车轴数有关。实际上，不同轴数的车辆之间可比性不强，因为即使是轴数相同的车辆，不同的车重、轴距和悬挂系统特性也可能导致动力冲击系数有较大的差别。另外，车辆长度往往随车轴数的增加而增大，有些轴数较多的车辆的长度甚至比一些桥梁的跨径还长。此类车辆过桥时，同一时刻往往只有部分车轴作用在桥梁上，导致桥梁响应中存在多个波峰，而由于各轴轴重、悬挂系统等参数的差异，当不同的车轴搭配作用在桥上时产生的动力冲击系数也不同。因此，一些地方规范还对轴数较多或总长较长的车辆增加了额外的规定。

6.2.11　车速

车速是影响动力冲击系数的重要参数，而且在不同情况下，车速对动力冲击系数的影响规律可能存在很大的区别。一些学者发现动力冲击系数随车速的增加而增大（Mohseni et al.，2018；Chang and Lee，1994；Li et al.，2008）。Yang 等（1995）也发现移动荷载作用下简支梁桥和连续梁桥跨中的动力冲击系数和速度几乎呈线性关系。另一些学者则得到了完全相反的结论，认为动力冲击系数随着车速的增加而降低，还指出桥梁限速规定可能会使桥梁更加危险，因为车辆低速通过桥梁反而会产生更大的动力冲击效应（Gao et al.，2015）。也有些学者指出，动力冲击系数的大小和车速之间没有必然的联系（Deng and Cai，2010a；Broquet et al.，2004；Green et al.，1995；Chatterjee et al.，1994）。

一些学者尝试用无量纲参数来分析车速对车桥耦合振动的影响（Wang et al.，1992；Green et al.，1995），该无量纲参数表达式如下：

$$S = \frac{\dfrac{\pi v}{L}}{\omega_b} \tag{6.11}$$

式中，v 表示车速；L 表示桥梁跨径；ω_b 表示桥梁的基频。$\dfrac{\pi v}{L}$ 通常被称为车辆荷载激励频率，即参数 S 的物理意义是荷载频率和桥梁基频的比值。Sahlin（1989）定义移动恒定荷载作用下简支梁上的动力冲击系数为

$$IM = \frac{1}{1-S} \tag{6.12}$$

式（6.12）表明当无量纲速度参数越接近 1 时，即荷载频率与桥梁频率越接近时，动力冲击系数越大。基于相同的思想，有些学者试图预测最大动力冲击系数对应的临界车速。如果能预测出临界速度，将会对桥梁限速管理产生非常积极的作用。Shi 等（2008）提出

了如下临界车速预测公式：

$$\frac{v}{L_v}n = f \quad (n = 1, 2, 3, \cdots) \tag{6.13}$$

式中，v 表示临界车速；L_v 表示车轴间距；f 表示桥梁基频。

式（6.13）的物理依据是当轴载的激振频率和桥梁任意一阶竖向弯曲振动频率接近时车桥系统将会产生类似共振的效应（只针对简支梁桥）。利用此公式预测的临界速度和数值模拟结果吻合得很好，然而式（6.13）只适用于桥跨较短且车辆各轴距相差不大的情况。

此外，车桥振动的研究中通常假定车辆为匀速行驶，而实际交通情况下，车辆加减速的情况经常发生。一些学者指出在车辆制动时的动力冲击系数可能更大，且制动位置、加速度大小等因素也会产生一定的影响（Deng et al.，2015b；Yin et al.，2010）。

6.2.12　截面类型

桥梁截面类型可能对冲击系数存在一定的影响，然而相关的研究较少。因此，作者针对这一影响因素进行了研究（邓露等，2015）。选用《公路桥梁结构上部构造系列通用设计图》（2010 年版）中空心板、T 梁、小箱梁 3 种不同截面建立了两组共 5 座桥梁的有限元模型，桥梁基本参数如表 6.17 所示。其中第一组为相同跨径组，包含跨径为 20 m 的 3 座桥梁（1～3 号桥梁），第二组为相同基频组，包含基频均为 5.11 Hz 左右的 3 座桥梁（3～5 号桥梁），而后利用数值仿真程序分别计算了这些桥梁在不同车速和桥面状况下的 IM。

表 6.17　5 座桥梁基本参数

编号	简称	截面类型	跨径/m	基频/ Hz	IM 设计值	
					(JTJ 021—1989) 规范	(JTG D60—2015) 规范
1	HSB-1	空心板	20	4.596	0.188	0.254
2	T-1	T 梁	20	5.865	0.188	0.297
3	Box-4	小箱梁	20	5.114	0.188	0.273
4	T-2	T 梁	21.52	5.118	0.176	0.273
5	HSB-2	空心板	18.94	5.113	0.195	0.273

计算了所有工况下各组桥梁的冲击系数相对差值，即对于一个桥梁组，计算各工况下，3 座桥梁中最大的冲击系数与最小的冲击系数的相对差值。冲击系数相对差的统计结果如表 6.18 所示。从表 6.18 中可以发现，跨度相同但截面类型不同的桥梁的冲击系数存在较大的离散性，其中的最大值与最小值平均相差可达 31%。基频相同截面类型不同的桥梁冲击系数有类似的规律。两组桥梁的冲击系数相对差值的中位数均为 25%，表明不论跨径相同还是基频相同，截面类型不同的桥梁均有半数的工况中动力冲击系数相对差值达到 25%以上。

表 6.18　动力冲击系数（IM）相对差的统计结果　　　　　　　　　　单位：%

组别	平均值	最大值	中位数	标准差
相同跨径组	31	153	25	29
相同基频组	30	102	25	23

此外，作者还对波形钢腹板 PC 简支箱梁桥（冀伟等，2016）、工字钢组合梁桥（Wang et al.，2016）、I 型多主梁桥（Deng and Cai，2009；邓露等，2015）、单箱双室连续梁桥（Deng et al.，2015a）等进行了研究。不同截面类型桥梁的动力冲击系数确实具有明显的差异，表明桥梁截面类型对动力冲击系数的影响不可忽略。

6.3　我国公路桥梁规范中动力冲击系数取值存在的问题

综合国内外学者在公路桥梁动力冲击效应方面的大量研究成果，以及参考国外的公路桥梁规范，发现我国现行桥梁设计规范关于动力冲击系数的规定可能存在以下几个方面的不足。

（1）动力冲击系数定义偏保守

我国车辆荷载产生的动力冲击系数定义为

$$IM = \frac{Y_{d\,max}}{Y_{j\,max}} \tag{6.14}$$

式中，$Y_{d\,max}$ 和 $Y_{j\,max}$ 分别表示桥梁响应时程曲线上的最大动、静响应。OBrien 等认为该定义太过保守，忽略了两个效应极值同时发生的低概率性，理应考虑折减。然而实际规范中为了考虑设计方便，均采用了以上的定义，难免会造成设计上的偏保守和不经济（OBrien et al.，2010）。

（2）冲击系数规范设计值考虑的因素不够全面

目前，我国桥梁规范中动力冲击系数定义为桥梁基频的函数。然而，由上述讨论可知，除桥梁基频外，动力冲击系数还受桥梁跨径、桥面不平整度、桥头过渡段条件、桥梁类型、车重、车速等因素的影响，其中一些因素的影响甚至非常显著。而且即使基频相同的桥梁，它们的动力冲击系数也可能有很大的区别。因此，提出能综合考虑各因素综合影响的桥梁动力冲击系数具有重要的工程意义。

（3）制定动力冲击系数所依据的试验数据过于陈旧

我国《公路桥涵设计通用规范》（JTG D60—2015）中动力冲击系数的取值沿用了《公路桥涵设计通用规范》（JTG D60—2004）中的相应规定，而后者是根据 20 世纪 90 年代吉林省交通科学研究所的现场测试数据制定的。然而，我国近几十年来公路交通发展迅猛，目前的交通荷载特性及桥梁的类型和规模与 20 世纪相比已发生了较大的变化。因此，需要针对当前实际的公路桥梁和车辆荷载进行研究，合理地改进规范中冲击系数的规定，以服务于新时期的桥梁设计和评估。

（4）没有适用于桥梁评估的动力冲击系数规范

我国桥梁设计规范中有关动力冲击系数的规定主要用于指导新桥设计，然而，桥梁正常服役之后，桥面不平整度、桥头搭板状况、公路交通流量等状态均可能发生变化，甚至与设计时的相关参数差异显著。准确估计实际工作状况下的桥梁动力冲击系数对于桥梁安全状况评估和维护具有重要的意义，但我国目前的桥梁设计规范还没有涵盖这一问题。

第7章　适用于我国公路桥梁的动力冲击系数研究

近几十年来，伴随着我国经济的高速发展，公路运输需求在不断地增长。在公路货车数量和载重量不断增大的情况下，国家公路交通系统也得到迅速发展。目前，我国桥梁总数超过 80 万座，其中中小跨径桥梁占比超过 90%。中小跨径桥梁的活恒载比大，因而受车辆荷载的动力冲击效应影响较为明显。桥梁设计中用动力冲击系数（IM）来表征这种动力冲击效应。我国现行桥梁设计规范《公路桥涵设计通用规范》（JTJ D60—2015）中规定，用桥梁基频的函数来计算桥梁动力冲击系数，而事实上影响车桥耦合振动的因素众多，内在机理复杂，仅以桥梁基频计算动力冲击系数可能不够合理，同时很多研究表明现有规范设计值可能偏于保守，尤其应用在既有桥梁安全状况评估时，可能导致不必要的修缮维护。因此，研究各因素对动力冲击系数的影响规律，并提出适用于我国公路桥梁的冲击系数建议值，对桥梁的设计和安全评估具有重要意义。

7.1　车辆模型和桥梁截面形式

7.1.1　适用于我国情况的车辆模型

车辆动力分析模型是利用数值仿真方法研究车桥耦合振动问题的关键部分之一，且具有极强的区域适用性。目前，国内外相关研究中广泛采用的车辆动力学模型有 Wang 等、Harris 等和 Obrien 等提出的车辆模型（Wang et al.，1992；Harris et al.，2007；Obrien et al.，2010）。Wang 等（1992）提出的卡车动力模型是在 AASHTO 标准规范的 HS20-44 车辆静力模型的基础上建立的，能够较好地表征美国公路桥梁上的移动车辆荷载。Harris 等（2007）和 Obrien 等（2010）提出的卡车动力模型参数取值是依据欧洲交通荷载统计数据制定的，比较适用于欧洲地区的桥梁动力分析。考虑到我国实际交通荷载情况与欧美等国家或地区存在很大不同，邓露等（2018）依据我国交通荷载统计数据，在我国《公路桥涵设计通用规范》（JTG D60—2015）中规定的设计车辆荷载的基础上，提出了一个适用于我国公路桥梁动力分析的车辆动力模型。该车辆模型的参数是基于全国大规模交通荷载现状的调查和统计分析确定的，因此其车重、轴数、轴距、轮距、悬挂刚度、阻尼等静、动力参数可以较好地反映我国实际公路车辆荷载的整体情况，故本章将基于该车辆动力模型进行车桥耦合振动分析，车辆模型示意图和详细参数分别如图 2.4 和表 2.2 所示，车辆模型的模态信息如表 7.1 所示。

表 7.1　车辆模型的模态信息

模态	频率/Hz	振型
1	1.29	拖车侧倾
2	1.88	拖车弹跳
3	2.36	车头俯仰
4	3.04	拖车俯仰
5	5.33	车头侧倾
6	8.14	一轴弹跳
7	8.15	一轴侧倾
8	10.07	二、三轴反方向侧倾
9	10.08	二、三轴反方向弹跳
10	10.18	二、三轴同方向弹跳
11	10.71	二、三轴同方向侧倾
12	11.60	四、五轴反方向侧倾
13	11.60	四、五轴反方向弹跳
14	11.63	四、五轴同方向侧倾
15	11.73	四、五轴同方向弹跳

7.1.2　我国常见桥梁截面形式

在我国公路桥梁中，中小跨径混凝土桥梁占了大多数，主要原因如下：一方面，中小跨径梁桥本身具有构造简单，受力明确，便于计算、设计和施工的优点；另一方面，预应力混凝土桥梁预制技术迅猛发展和交通部专家委员会编制的《公路桥梁通用图》有力地推动了中小跨径桥梁建设的高度标准化，降低了建造和维护成本，起到了促进中小跨径混凝土桥梁应用的作用。

我国公路桥梁中较常用的桥型为混凝土结构的板式桥和梁式桥，常见的截面形式有板梁、T 梁和箱梁。为系统研究我国公路桥梁动力冲击系数，本节根据《公路桥涵设计通用规范》（JTG D60—2015）和《公路桥梁结构上部构造系列通用设计图》（2010 年版），选取了 13 座具有代表性的中小跨径混凝土简支梁桥进行分析，包括 5 座板梁桥、5 座 T 梁桥和 3 座箱梁桥。桥梁跨径范围为 6~40 m。桥梁的横截面及车辆荷载加载位置如图 7.1 所示，桥梁的基本参数如表 7.2 所示（图中字母 B 表示板梁，K 表示空心板，T 表示 T 梁，X 表示箱梁）。

利用 ANSYS 软件可以建立桥梁有限元模型，桥梁主梁、现浇层和铺装层均使用精细三维实体（Solid185）单元建模，3 种结构层用接触面处节点耦合的方式连接为整体。桥梁模型两端的约束具体如下：一端约束横向、竖向和纵向 3 个方向的自由度；另一端约束竖向和横向 2 个方向的自由度，使桥梁结构可在纵向自由伸缩，即理想的简支梁约束。已有研究表明，对桥梁结构施加预应力，桥梁动力冲击系数基本不受影响（Zhong et al.，2015），故桥梁有限元模型中未考虑预应力。建模完成后进行模态分析，可以获得桥梁的固有频率及模态振型。

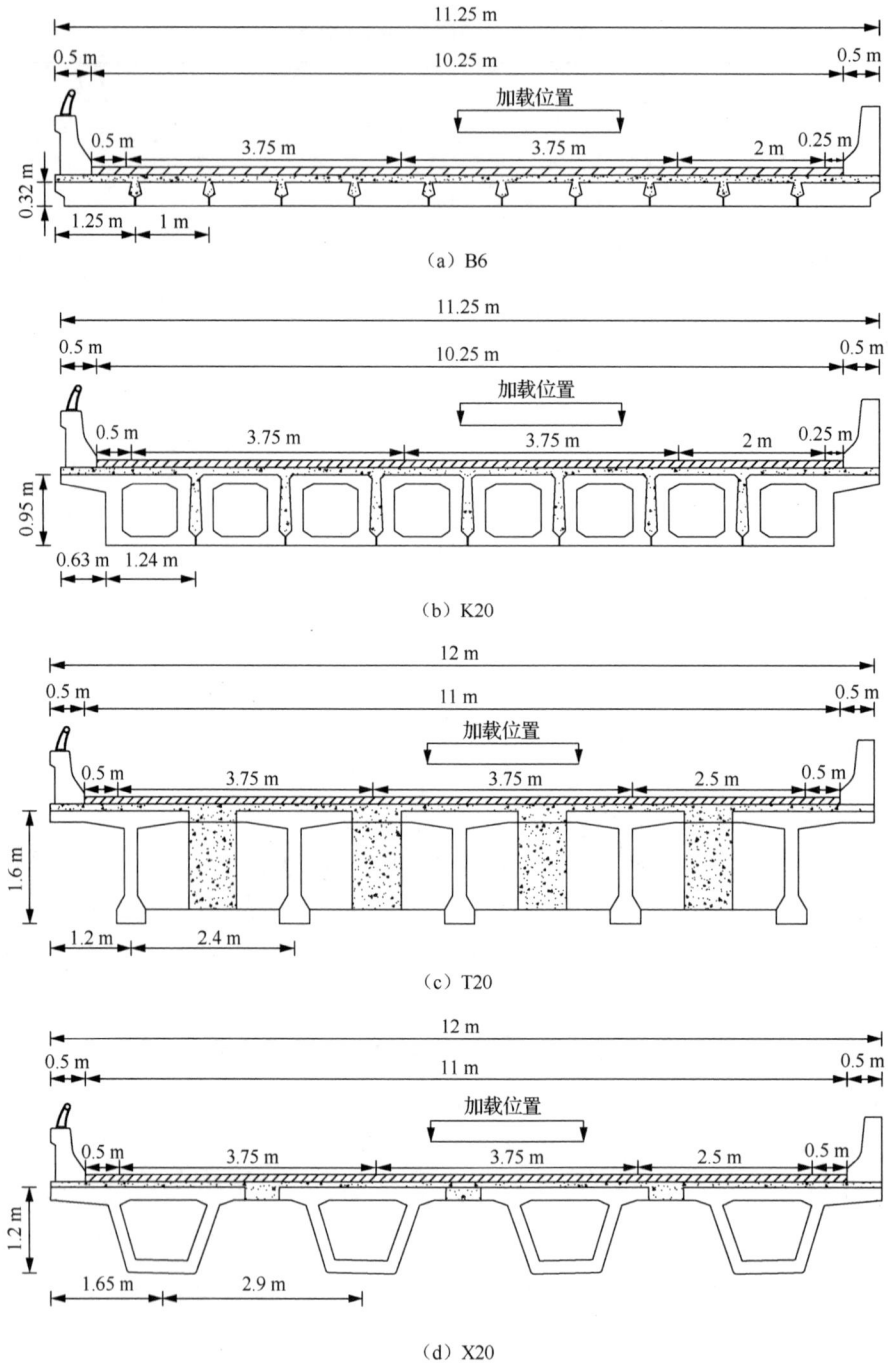

（a）B6

（b）K20

（c）T20

（d）X20

图 7.1　桥梁横截面和车辆荷载加载位置

下面以跨径为 20 m 的 T 梁桥、空心板桥和小箱梁桥为例，绘出其有限元模型和一阶模态，如图 7.2 所示。全部 13 座桥梁的基频和根据 2015 版桥梁设计规范计算得到的动力冲击系数均列于表 7.2 中。

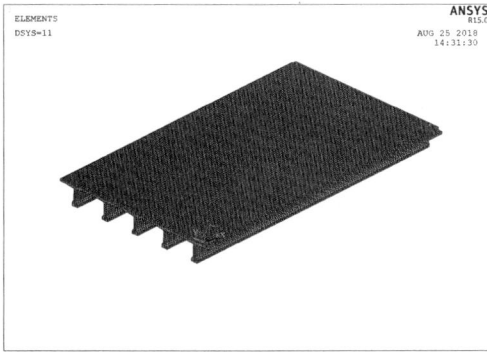

（a）T20 模型图

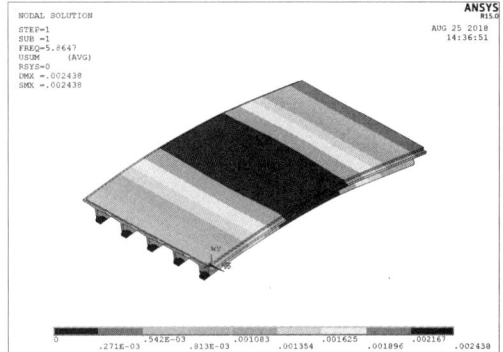

（b）T20 模态图

（c）B20 模型图

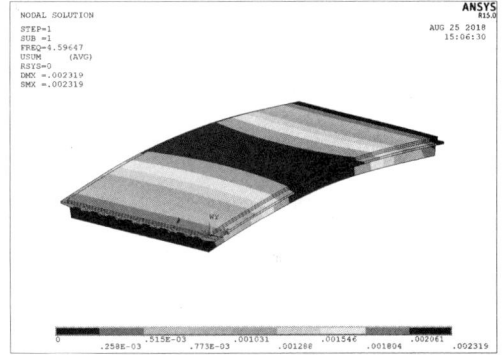

（d）B20 模态图

（e）X20 模型图

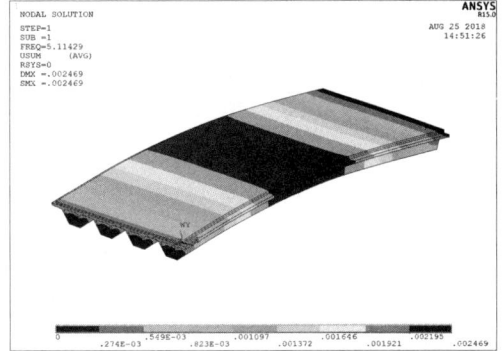

（f）X20 模态图

图 7.2　T20、B20、X20 桥梁的有限元模型及其一阶模态图

表 7.2 13 座桥梁基本参数

编号	简称	截面类型	跨径/m	基频/Hz	梁高/m	IM 设计值（JTG D60—2015）
1	B6	板梁	6	17.18	0.32	0.45
2	K10	空心板	10	11.62	0.60	0.42
3	K13	空心板	13	8.05	0.70	0.35
4	K16	空心板	16	6.10	0.80	0.30
5	K20	空心板	20	4.60	0.95	0.25
6	T20	T 梁	20	5.87	1.50	0.30
7	T20	T 梁	25	4.43	1.70	0.25
8	T30	T 梁	30	3.73	2.00	0.22
9	T35	T 梁	35	3.21	2.30	0.19
10	T40	T 梁	40	2.95	2.50	0.18
11	X20	小箱梁	20	5.11	1.20	0.27
12	X30	小箱梁	30	3.17	1.60	0.19
13	X40	小箱梁	40	2.34	2.00	0.13

7.2 动力冲击系数的影响因素分析

关于桥梁动力冲击系数，现行桥梁规范并未明确规定采用何种桥梁结构响应。目前，大多数研究一般关注桥梁挠度和桥梁应变的动力冲击效应，且研究表明这两种桥梁响应的动力冲击系数可能存在较为明显的差异。考虑到钢筋混凝土桥梁在车辆荷载作用下的安全状况主要与其受拉侧钢筋的应力水平相关，故本节主要研究能反映桥梁内力情况的应变冲击系数，则有

$$IM = \frac{\varepsilon_{dyn} - \varepsilon_{sta}}{\varepsilon_{sta}} \qquad (7.1)$$

式中，ε_{sta} 和 ε_{dyn} 分别表示移动车辆荷载作用下桥梁测点处最大动应变和最大静应变。

利用第 4 章介绍的车桥耦合振动仿真系统进行数值模拟，可以获得移动车辆通过桥梁全过程的桥梁动力响应，进而利用式（7.1）可以获得桥梁的应变动力冲击系数。仿真分析中：采用单车匀速过桥的加载方式，车辆横向加载位置如图 7.1 所示；取桥梁跨中截面底部静响应最大的点计算应变动力冲击系数；考虑国际标准化组织（International Organization for Standardization，ISO）规定的 5 种不同等级的桥面不平整度；选取 15～105 km/h 等间隔的 7 种车速。详细的数值模拟工况的参数及范围如表 7.3 所示。

表 7.3　数值模拟工况的参数及范围

参数	范围		
	板梁桥	T 梁桥	箱梁桥
标准跨径/m	6、10、13、16、20	20、25、30、35、40	20、30、40
桥面不平整度	非常好、好、一般、差、非常差		
重车车型	550 kN 典型五轴车		
车速/（km/h）	15、30、45、60、75、90、105		

在现有的公路桥梁养护管理水平下，我国公路桥梁的桥面不平整度等级一般长期稳定处于"非常好"到"一般"的状态（Han et al.，2015）。从设计的角度考虑，采用桥面不平整度为"一般"条件下获得的动力冲击系数进行设计可以有较为充裕的安全储备。因此，在研究单个因素对冲击系数的影响规律时，桥面不平整度均采用"一般"等级。另外，公路车辆行驶速度具有较大的随机性，不同车辆、不同桥梁的最不利车速也不相同。因此，在研究除车速以外的其他影响因素时，采用不同车速下的冲击系数平均值作为分析值（彭大文等，2004）。

7.2.1　桥梁基频的影响

桥梁基频与桥梁结构的质量分布、刚度和截面特性等属性相关，其在一定程度上可以综合反映这些因素对其桥梁动力特性的影响。因此，一些国家的桥梁设计规范中将动力冲击系数定义为桥梁基频的函数。利用仿真软件计算得到的冲击系数随桥梁基频的变化如图 7.3 所示。作为对比，根据《公路桥涵设计通用规范》（JTG D60—2015）计算的冲击系数也标记于图 7.3 中。

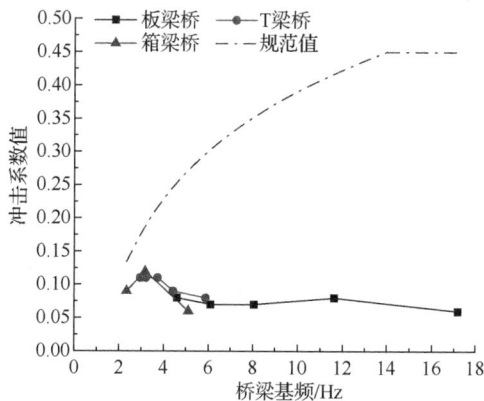

图 7.3　桥梁基频对冲击系数的影响

从图 7.3 中可以看出，冲击系数计算值与规范设计值随桥梁基频的变化趋势而不同，且规范中的冲击系数明显大于计算的冲击系数值。值得指出的是，当桥梁基频处于 3Hz 左右时，计算的冲击系数存在一个波峰，这是因为车辆的第四阶俯仰振动频率（**3.04Hz**，

表 7.1）与桥梁的基频接近，车桥耦合振动较强所致。尽管跨径为 20 m 的箱梁桥的基频（5.11 Hz，表 7.2）与车辆第五阶车头侧倾振动频率（5.33 Hz，表 7.1）较为接近，但车头侧倾振动对桥梁整体弯曲变形的影响较小，故对冲击系数影响不明显。一些研究结果表明，车辆竖向振动频率一般在 3.0～3.5 Hz 范围内。因此，当桥梁基频处于此频率附近时，其动力冲击系数将可能因车桥发生类似共振现象而大幅增加。加拿大安大略省公路桥梁设计规范（Ontario Highway Bridge Design Code: First Edition-1991）考虑了这一因素的影响，将桥梁基频处于 2.5～4.5Hz 范围内的冲击系数设计值进行了适当的放大。

7.2.2　桥面不平整度的影响

桥面不平整度是引起车桥耦合振动的主要激励之一。5 种不同桥面不平整度等级下的动力冲击系数如图 7.4 所示，图中同样给出了根据我国 2015 版桥梁设计规范计算的冲击系数值作为对比。

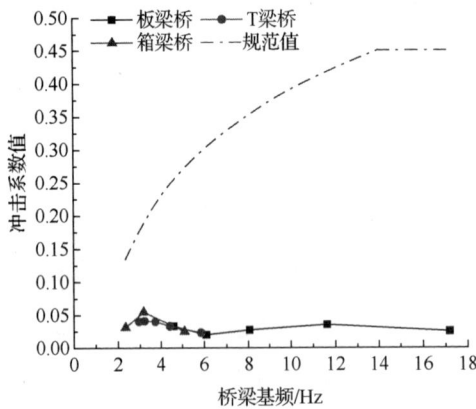

（a）桥面不平整度：非常好

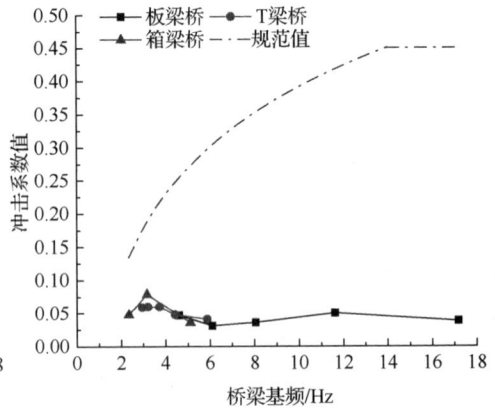

（b）桥面不平整度：好

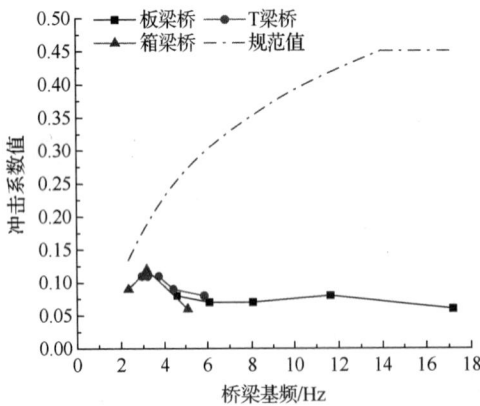

（c）桥面不平整度：一般

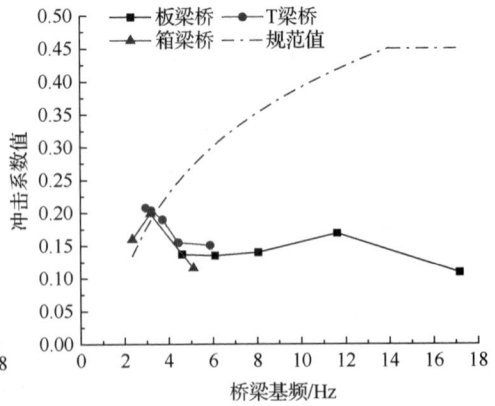

（d）桥面不平整度：差

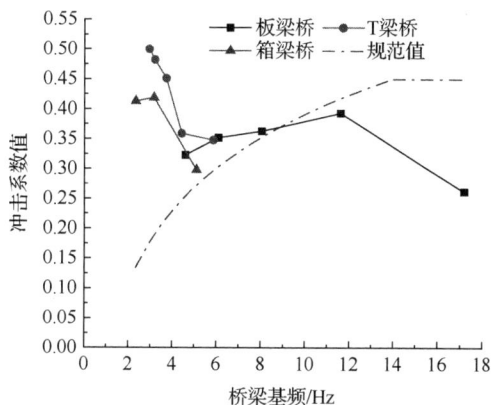

（e）桥面不平整度：非常差

图 7.4　桥面不平整度对冲击系数的影响

从图 7.4 中不难发现，桥面不平整度对冲击系数的影响很大，冲击系数随桥面状况变差而迅速增大。当桥面等级处于"非常好""好""一般"时，冲击系数均在 0.13 以下，小于规范设计值。而当桥面等级为"非常差"时，本节所研究的 13 座桥梁中有 11 座桥梁的冲击系数超过其设计值。以跨径为 40 m 的 T 梁桥为例，桥面等级为"非常差"时，其冲击系数甚至达 0.5，超过设计值 1 倍还多。这表明，桥面状况恶化可以导致冲击系数远高于规范设计值。因此，对桥面定期进行养护，避免桥面进入"差"的状态可有效减小车辆荷载对桥梁的动力冲击效应。

7.2.3　车速的影响

车辆在行驶过程中，车速具有较大的不确定性，其对冲击系数的影响也是需要关注的重要问题。图 7.5 给出了 3 种不同截面形式桥梁的冲击系数随车速变化的规律，图中每种截面形式的桥梁均选取其中 3 座进行比较。

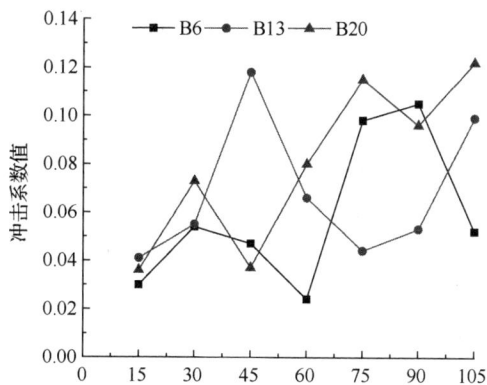

（a）板梁桥

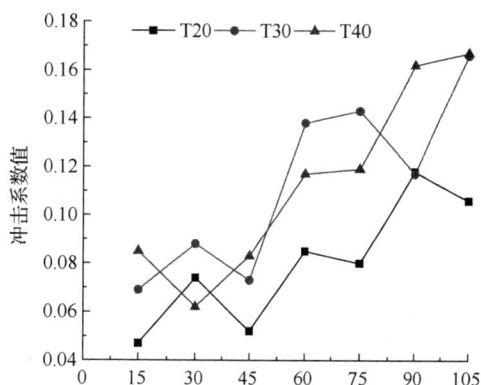

（b）T梁桥

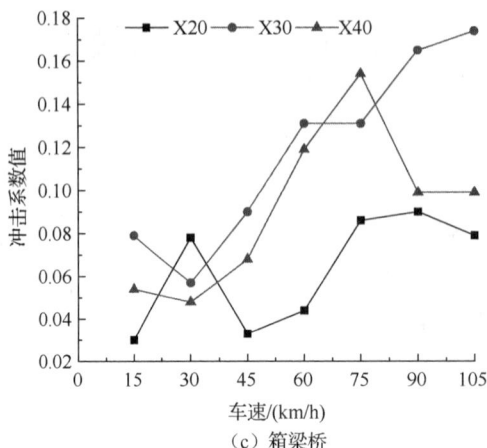

（c）箱梁桥

图 7.5　车速对冲击系数的影响

从图 7.5 可以看出，不同车速下的冲击系数存在较大的差别。以跨径为 30 m 的箱梁桥为例，车速为 105 km/h 时产生的最大冲击系数几乎是车速为 30 km/h 时产生的最小冲击系数的 3 倍。由此可知，车速对冲击系数的影响十分显著。此外，车速对冲击系数的影响并无明显规律，表现为冲击系数随车速的增大不一定呈单调递增或递减的趋势（邓露等，2015），不同桥梁的最大冲击系数对应的车速（最不利车速）也不相同。

7.2.4　车重的影响

为了研究车重对动力冲击系数的影响，在保持车辆其他参数不变的情况下，调整原始车重（550 kN）到其 2/3（367 kN）和 1/3（183 kN）得到两个新的车辆模型，并计算不同车重下的桥梁动力冲击系数。表 7.4 所列为 3 个车辆模型作用下，模拟得到的 3 座跨径均为 20 m 的板梁桥、T 梁桥和箱梁桥的动力冲击系数。

表 7.4　不同车重作用下的冲击系数值

车重/kN	IM		
	B20	T20	X20
550	0.08	0.08	0.06
367	0.11	0.14	0.10
183	0.19	0.27	0.18

从表 7.4 中不难发现，对于同一座桥梁，随着车重的增加，冲击系数呈递减趋势，以往的一些研究也得出了类似的结论（吴海军等，2013）。值得注意的是，重量较轻的车辆虽然会导致较大的冲击系数，但其作用下的桥梁静响应较小，因此桥梁实际的总响应并不大。这从另一角度论证了桥梁动力设计时所使用的冲击系数应与设计车辆荷载相关联。

7.3　动力冲击系数建议值

7.3.1　动力冲击系数建议值的提出

根据上述研究结果发现，桥梁基频、桥面不平整度、车速和车重等因素对冲击系数均有较为明显的影响，因而我国现行桥梁规范中在估计动力冲击系数时仅考虑桥梁基频这一个因素可能不尽合理，且研究还发现，现行规范的冲击系数取值可能过于保守。另外，美国、英国、澳大利亚等国家现行桥梁规范中的动力冲击系数已改为采用固定值的方式，更加便于工程应用，这一经验也值得探讨学习。因此，本节拟针对我国实际公路桥梁和车辆荷载情况，综合考虑各因素影响来进行车桥耦合振动分析，提出适用于我国公路桥梁的动力冲击系数建议值。

尽管我国公路桥梁桥面不平整度等级出现"差"和"非常差"的情况均不常见，但为了保留适度的安全余地，在统计分析中仍然考虑"差"等级桥面而仅略去"非常差"等级桥面。采用概率统计方法对所有 7 280 个冲击系数样本（13 座桥梁×7 种速度×4 种桥面等级×20 次重复独立随机试验）进行统计分析。处理流程如下：将同一桥面等级下的 20 次重复独立随机试验计算的冲击系数取平均值，得到 364 个冲击系数平均值，再对这 364 个冲击系数平均值进行不同分布的分布拟合试验和拟合优度检验。拟合结果表明冲击系数服从极值 I 型分布，冲击系数计算值与极值 I 型分布直方图的对比如图 7.6 所示，相关统计参数如表 7.5 所示。

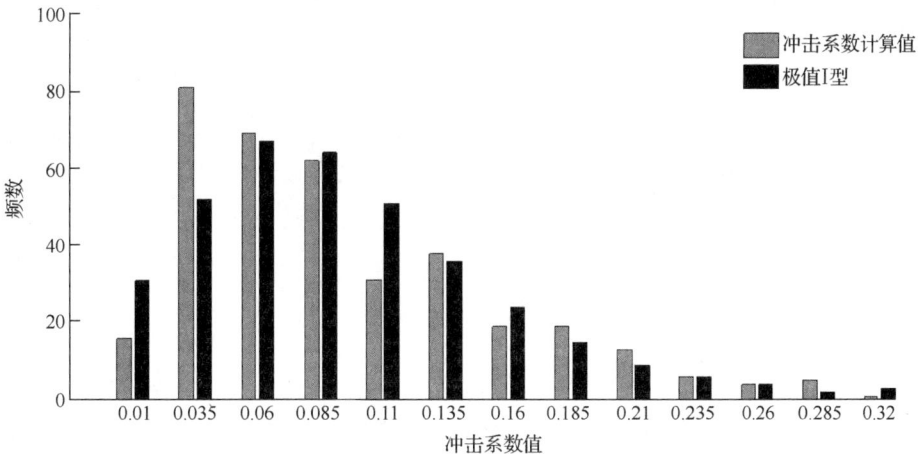

图 7.6　冲击系数计算值与极值 I 型分布直方图的对比

表 7.5　桥梁冲击系数的相关统计参数

均值 $\hat{\mu}$	标准差 $\hat{\sigma}$
0.054	0.049

获得冲击系数总体分布的近似分布后，可取 95%保证率的分位值作为冲击系数的设计值，即本书建议桥梁动力设计时冲击系数取值为 $P^{(-1)}(0.95) = 0.20$，式中，$P(x)$ 表示均值为 0.054、标准差为 0.049 的极值 I 型分布的概率分布函数。显然，该建议值已经综合考虑了桥梁基频、桥面不平整度及车速等重要因素的影响。

7.3.2　冲击系数建议值的验证

以最不利情况，即桥面等级为"差"时为例，将实际的冲击系数计算值与本书建议值进行对比，结果如图 7.7 所示。

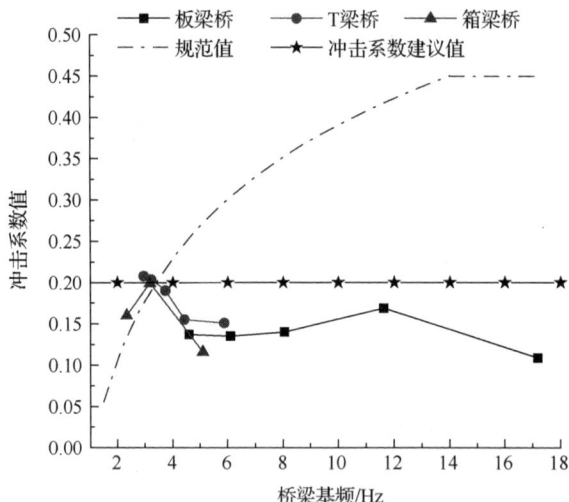

图 7.7　实际冲击系数计算值与本书建议值对比

从图 7.7 中可以看出，所提出的动力冲击系数建议值基本上可以涵盖这 13 座桥梁的冲击系数最大值，尽管有两座 T 梁桥的冲击系数最大值略微超过建议值，但对于这些基频较小的桥梁，本书建议值将比现行规范的冲击系数设计值要更偏于安全。而对于其他基频较大的桥梁，相对于我国现行桥梁设计规范中动力冲击系数设计值过于保守的情况，本书建议值更为合理，尤其对于既有桥梁的安全评估，将有可能避免许多不必要的维护。由于其他桥型桥梁活恒载比例小，其动力冲击系数一般远小于中小跨径桥梁的动力冲击系数，因此，书中提出的动力冲击系数适用于其他桥型的桥梁。

7.3.3　冲击系数建议值与美国规范取值对比

美国 1994 年版 AASHTO 标准规范中将冲击系数规定为 0.33，而后一直沿用该值至今。美国规范选用该值是基于这样的考量：现场试验获得的大部分公路桥梁的冲击系数不超过 0.25，由于车辆荷载（总重 325 kN）和车道荷载（9.3 kN/m 均布荷载）组合后产生的荷载效应不会小于车辆荷载单独作用的荷载效应的 4/3 倍，因此将动力冲击系数规定为 0.33（0.25×4/3）以简化计算，即不同于静力设计时分别计算车辆荷载效应和车道荷载效应然后叠加，动力设计时将仅取车辆荷载做动力荷载效应验算。

我国规范的设计原理与美国规范不同，美国规范认为车辆荷载与车道荷载相互独立，需要考虑二者的组合效应，而我国规范虽然也规定汽车荷载由车辆荷载和车道荷载组成，但二者的作用不可叠加，即二者并非互斥关系。这一点从我国规范中车道荷载被定义为均布荷载（10.5 kN/m）和集中荷载（270 kN≤p≤360 kN）的组合即可看出。值得注意的是，本书在探究动力冲击系数建议值时，所采用的我国规范设计车辆荷载（550 kN）要远大于美国规范的设计车辆荷载（325 kN），且无须考虑车辆荷载与车道荷载的组合效应，这是本节提出的冲击系数建议值（0.20）小于美国规范冲击系数设计值（0.33）的根本原因。

作为对比研究，本节计算了跨径为 20 m 的 T 梁桥分别在中国规范设计车辆荷载和美国规范设计车辆荷载作用下的桥梁冲击系数，计算结果如表 7.6 所示。从表 7.6 中可以看出，中国规范设计车辆荷载作用下动力冲击系数最大为 0.15，小于建议值 0.20。同样地，美国规范设计车辆荷载作用下动力冲击系数最大为 0.19，小于规范值 0.25（不考虑车道荷载组合效应）。这表明，本书建议值和美国规范设计值均可以合理地考虑车辆荷载对桥梁的动力冲击作用，且具有一定的安全储备。

表 7.6　不同车辆荷载作用下的 IM 值

桥面不平整度	IM		
	中国规范车辆模型 （550 kN，五轴车）	美国规范车辆模型 （325 kN，三轴车）	美国规范车辆模型（修改） （550 kN，三轴车）
差	0.15	0.19	0.10
一般	0.08	0.09	0.05
好	0.04	0.05	0.04
非常好	0.02	0.03	0.03

为研究车重的影响，将美国规范设计车辆动力模型中的质量参数等比放大使该车辆模型的总重变为 550 kN，然后用同样的方法计算该 T 梁桥的桥梁冲击系数，结果也列于表 7.6 中。可以看到，当车重从 325 kN 增大到 550 kN 时，桥梁最大冲击系数由 0.19 显著地下降到了 0.10。而对于重量同样为 550 kN 的中国规范设计车辆和修改后的美国规范设计车辆，由前者导致的冲击系数要大于由后者导致的冲击系数，则可能是因为前者的总轴距（12.8 m）比后者的总轴距（8.53 m）大，且轴数也比后者多，荷载分布较为分散，导致在前者作用下的桥梁静响应相对较小，从而最终导致了较大的冲击系数。这进一步论证了各国或地区在制定冲击系数时，需要充分考虑当地设计车辆荷载的特性。

事实上，英国钢、混凝土和组合梁桥设计规范第 2 部分——荷载规范（BS 5400-2: Steel, Concrete and Composite Bridge-Part 2: Specification for Loads-2006）将冲击系数定为 0.25（直接包括在设计荷载中，无须进行额外计算）；澳大利亚桥梁设计规范第 2 部分：设计荷载（AS 5100 Bridge Design Standard-Part 2 : Design Load - 2004）将冲击系数设计值定为 0.30；加拿大安大略省公路桥梁设计规范（Ontario Highway Bridge Design Code: First Edition-1991）中冲击系数设计值依据车轮轴数而定，安大略省规范则将冲击系数定为桥梁基频的函数等。显然，各国规范中冲击系数值的取值存在差异，这首先是由于各国专家学者对冲击系数的认识不尽相同，同时也与各国桥梁结构形式、车辆荷载大小不同有关。

第 8 章　基于车桥耦合振动的疲劳分析

8.1　钢结构桥梁疲劳设计存在的问题

钢结构桥梁钢主梁的疲劳寿命主要受车辆荷载产生的应力幅及其个数的影响。在美国 2017 版 AASHTO LRFD 桥梁规范中，对于活荷载引起的疲劳问题，构件需满足如下关系：

$$\beta(\Delta f) \leqslant (\Delta F)_n \tag{8.1}$$

式中，β 为疲劳荷载组合系数；Δf 为疲劳设计荷载作用下产生的活荷载应力幅，由静应力幅并考虑疲劳动力冲击系数（0.15）计算获得；$(\Delta F)_n$ 为名义抗疲劳强度。对于有限疲劳寿命的构件，$(\Delta F)_n$ 由下式确定：

$$(\Delta F)_n = \left(\frac{A}{365 \times 75 n (\mathrm{ADTT})_{\mathrm{SL}}} \right)^{\frac{1}{3}} \tag{8.2}$$

式中，A 为疲劳强度系数；n 为每辆车通过桥梁时产生的应力幅个数；$(\mathrm{ADTT})_{\mathrm{SL}}$ 为单车道卡车日通行量。

AASHTO LRFD 桥梁规范中采用的疲劳动力冲击系数 0.15 是基于 Hwang 和 Nowak（1991）的相关研究成果确定的，即针对跨径为 12~30 m、桥面不平整度等级为"一般"的 4 座 I 型钢混组合梁桥的数值模拟结果确定的。而规范中应力幅个数的取值则与桥梁跨径相关，对于简支梁桥钢主梁，单辆车通过桥梁产生的应力幅个数在桥梁跨径大于 12.19 m 时取 1，小于 12.19 m 时取 2。值得注意的是，该应力幅个数的取值是 Schilling（1984）根据车辆缓慢通过桥梁的试验结果确定的，忽略了车辆的动力效应。然而，已有研究表明，当桥面状况较差时规范中规定的疲劳冲击系数明显低估了车辆对桥梁的实际动力效应；而且，车辆荷载动力效应将导致桥梁钢主梁承受更多的应力幅个数（Zhang and Cai，2012）。因此，AASHTO LRFD 桥梁规范中规定的动力冲击系数和应力幅个数不能准确考虑桥面劣化过程中车辆动荷载作用下桥梁钢主梁实际承受的应力幅大小及其个数。

目前，我国《公路钢结构桥梁设计规范》（JTG D64—2015）规定对构件进行疲劳验算时，要求构件承受的等效应力幅不大于构件承受 200 万次荷载循环对应的疲劳强度。在疲劳荷载计算模型 I~III 中考虑了车辆在桥面状态良好时产生的动力效应（计入冲击系数）。伸缩缝附件的构件在疲劳荷载作用下承受的应力幅应乘以额外的放大系数 $\Delta \varphi$，其取值方法如下：当 $D \leqslant 6$ 时，$\Delta \varphi = 0.3(1-D/6)$；当 $D > 6$ 时，$\Delta \varphi = 0$。其中，D 为验算截面到伸缩缝的距离。在我国，采用基于良好桥面状态获得的动力冲击系数很可能低估了实际桥面情况下车辆的冲击效应。

　　事实上，车辆荷载对桥梁的动力效应受桥面不平整度的影响很大。Zhang 和 Cai（2012）研究了车速和桥面不平整度对钢主梁疲劳寿命的影响，根据疲劳损伤等效原则提出了一种把单车过桥引起的应力幅及其个数融合成一个参数的疲劳设计方法。他们发现，桥面不平整度的劣化速度对桥梁构件疲劳可靠度的影响很大。然而，他们的研究没有考虑桥面不平整度不断劣化过程中每辆车通过时对桥梁构件疲劳损伤累积的影响。

　　为了考虑桥面不平整度劣化过程中车辆荷载动力效应对桥梁构件疲劳寿命的影响，本章首先研究了钢桥桥面不平整度在假定的车辆和环境条件下的劣化过程，得到桥面不平整度从一个等级劣化到另一个等级过程中通过的车辆数量。然后，基于三维车桥耦合振动模型，通过数值计算研究了根据 AASHTO 标准规范设计的 5 座不同跨径的 I-型简支钢梁桥的主梁在不同桥面不平整度情况下每辆车通过时承受的应力幅冲击系数和等效应力幅个数。接着，通过考虑桥面不平整度劣化过程中每辆车通过时对桥梁构件疲劳累积损伤的影响，优化了 AASHTO 标准规范中疲劳动力冲击系数和应力幅个数这两个直接影响桥梁疲劳寿命的参数。由于国内外钢桥桥型区别不大，并且中国目前尚无三维疲劳车模型的详细设计参数，因此采用了美国规范中的桥梁和疲劳车模型作为参考。本章最后对如何将提出的优化方法应用到国内钢结构桥梁构件的疲劳设计中进行了探讨。此外，关于车桥耦合振动系统方程的建立和求解在第 4 章已经详细介绍，此处不再赘述。

8.2　车辆模型和桥梁模型

8.2.1　疲劳车辆模型

　　本章采用美国 AASHTO 规范中规定的 HS20-44 卡车模型作为疲劳荷载模型，如图 8.1 所示，其具体参数（几何尺寸、质量分布、悬挂系统等）如表 8.1 所示（Shi et al.，2008）。

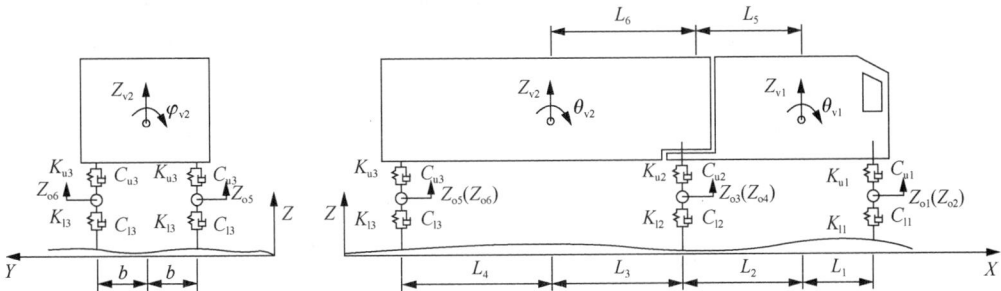

图 8.1　疲劳荷载卡车模型

表 8.1　疲劳荷载卡车模型参数

参数	取值
车体 1 的质量/ kg	2 612
车体 1 的俯仰惯性矩/（kg·m²）	2 022
车体 1 的转动惯性矩/（kg·m²）	8 544
车体 2 的质量/kg	26 113
车体 2 的俯仰惯性矩/（kg·m²）	33 153
车体 2 的转动惯性矩/（kg·m²）	181 216
前轴轴重/kg	490
前轴上方弹簧刚度/（N/m）	242 604
前轴上方阻尼/（N·s·m⁻¹）	2 190
前轴下方弹簧刚度/（N/m）	875 082
前轴下方阻尼/（N·s·m⁻¹）	2 000
中轴轴重/ kg	808
中轴上方弹簧刚度/（N/m）	1 903 172
中轴上方阻尼/（N·s·m⁻¹）	7 882
中轴下方弹簧刚度/（N/m）	3 503 307
中轴下方阻尼/（N·s·m⁻¹）	2 000
后轴轴重/ kg	653
后轴上方弹簧刚度/（N/m）	1 969 034
后轴上方阻尼/（N·s·m⁻¹）	7 182
后轴下方弹簧刚度/（N/m）	3 507 429
后轴下方阻尼/（N·s·m⁻¹）	2 000
L_1/m	1.698
L_2/m	2.569
L_3/m	4.452
L_4/m	4.692
L_5/m	2.215
L_6/m	4.806
b/m	1.1

8.2.2　钢结构桥梁模型

　　Ⅰ-型简支钢梁桥占美国钢桥的比例很大。本章根据美国 AASHTO 标准规范选取了 5 座不同跨径的Ⅰ-型简支钢梁桥作为研究对象，其横断面如图 8.2 所示。采用商业有限元软件 ANSYS 对桥梁进行建模，桥面板和钢纵梁采用 Solid 45 单元模拟，横隔板采用 Shell 63 单元模拟。假定桥面板和钢纵梁没有相对运动，因此，桥面板与钢纵梁上翼缘采用共单元节点的方式实现刚性连接。桥梁两端的支座约束情况为：在其一端约束了竖向、横向和纵向 3 个方向的位移，另一端约束了竖向和横向 2 个方向的位移。5 座桥梁的具体参数及基频如表 8.2 所示。桥梁 2 的 ANSYS 有限元模型如图 8.3 所示。

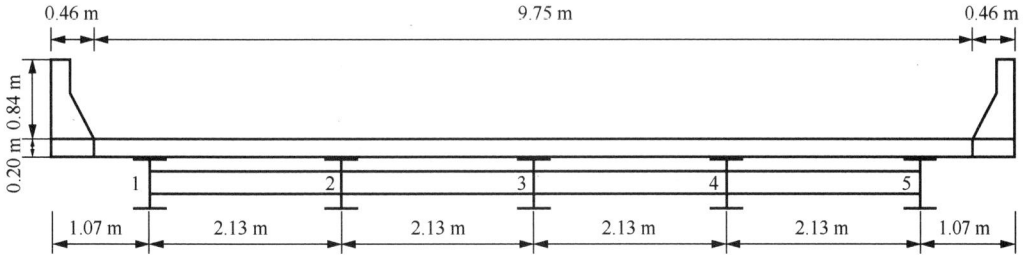

图 8.2 I-型简支钢梁横断面

表 8.2 5 座桥梁的具体参数及基频

| 桥梁序号 | 跨径/m | 基频/Hz | 纵梁 | | 横隔板/个 |
			横截面面积/m²	截面惯性矩/（10⁻²m⁴）	
1	10.67	12.4	0.018	0.04	3
2	16.76	8.62	0.02	0.109	4
3	22.86	6.1	0.023	0.219	4
4	30.48	4.39	0.026	0.421	5
5	36.58	3.49	0.028	0.641	6

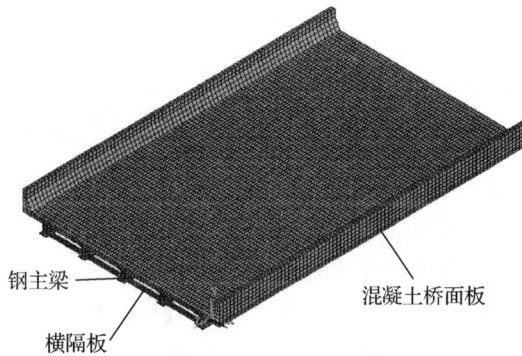

图 8.3 桥梁 2 的 ANSYS 有限元模型

8.3 桥面不平整度劣化过程研究

8.3.1 桥面不平整度模型

桥面不平整度对车桥相互作用的影响很大。桥面不平整度的生成过程通常被考虑为均值为零的静态高斯随机过程，其表达式可根据功率谱密度函数通过傅里叶逆变换得到（Dodds and Robson，1973）：

$$r(X) = \sum_{k=1}^{N} \sqrt{2\varphi(n_k)\Delta n} \cos(2\pi n_k X + \theta_k) \tag{8.3}$$

式中，θ_k 表示从 0 到 2π 均匀分布的随机相位角；$\varphi(n_k)$ 表示桥面不平整度功率谱函数；n_k 表示波的个数；Δn 为空间频率的采样间隔。

桥面不平整度功率谱函数采用如下表达式（Huang and Wang，1992）：

$$\varphi(n) = \varphi(n_0)\left(\frac{n}{n_0}\right)^{-2} \quad (n_1 < n < n_2) \tag{8.4}$$

式中，n 表示空间频率；n_0 表示 $1/(2\pi)$ 的间断频率；$\varphi(n_0)$ 表示桥面不平整系数，与桥面状况有关；n_1 和 n_2 分别表示截止频率的上下限。

8.3.2 桥面不平整度评定指标

桥面不平整度的评定指标有现有路况功能评定（present serviceability rating，PSR）、桥面不平整度系数（road-roughness coefficient，RRC）和国际平整度指数（international roughness index，IRI）（Paterson，1986；Shiyab，2007）。国际标准组织采用桥面不平整度系数评定桥面不平整度等级，不同桥面不平整度等级对应的桥面不平整度系数的范围如表 2.3 所示。不少学者研究了桥面不平整度评定指标之间的关系，本节采用 Shiyab（2007）提出了桥面不平整度系数和国际平整度指数的关系。

$$\varphi(n_0) = 6.197\,2 \times 10^{-9} \times e^{IRI/0.428\,08} + 2 \times 10^{-6} \tag{8.5}$$

8.3.3 桥面不平整度劣化过程分析

在车辆荷载和环境的共同作用下，桥面不平整度不断恶化。根据 Paterson（1986）的研究，桥梁投入运营后 IRI 在任意时刻的值可表示为

$$IRI_t = 1.04e^{\eta t} \cdot IRI_0 + 263(1+SNC)^{-5}(CESAL)_t \tag{8.6}$$

式中，IRI_t 表示 t 时刻 IRI 的值；IRI_0 表示桥面的初始不平整度系数；t 表示桥梁运营年数；η 表示环境系数，根据环境条件好坏在区间 0.01～0.7 取值；SNC 为表征桥面强度和厚度的参数；$(CESAL)_t$ 表示等效轴重为 80 kN 的轴重数，单位为百万。

将式（8.6）代入式（8.5）得到桥梁运营后任意时刻 t 的桥面不平整度系数值为

$$\varphi(n_0)_t = 6.197\,2 \times 10^{-9} \times \exp\{[1.04e^{\eta t} \cdot IRI_0$$
$$+263(1+SNC)^{-5}(CESAL)_t]/0.428\,08\} + 2 \times 10^{-6} \tag{8.7}$$

根据式（8.7）可以得到桥面不平整度从一个等级退化到另一个等级过程中通过的卡车数量。根据 Shiyab（2007）的研究，式中参数 SNC 取 6.19，η 在一般环境中取 0.1。根据 AASHTO 规定，本章中卡车日通行量和单车道分流系数分别取为 2000 和 0.85，不考虑交通量增加，计算得到单车道的 $(CESAL)_t$ 值为

$$(CESAL)_t = \left[\left(\frac{8}{18}\right)^4 + \left(\frac{32}{18}\right)^4 + \left(\frac{32}{18}\right)^4\right] \times 2\,000 \times 0.85 \times 365 \approx 12\,420\,213.9 \tag{8.8}$$

根据式（8.8），$(CESAL)_t$ 可近似取 12.42（单位：百万）。将各参数代入式（8.7）算得桥面不平整度从一个等级退化到另一个等级通过的卡车数量和经历的时间如表 8.3 所示。表中 N_i 和 t_i 分别表示桥面不平整度从一个等级劣化到另一个等级需要通过的卡车数量和经历的时间；T 表示桥梁自运营到每个桥面不平整度等级结束所需的总时间；$r_i = n_i/\sum N_i$（$i = 1$，

2，3，4，5），表示每个桥面不平整度等级退化过程中通过卡车的数量占总卡车数的比例。

表 8.3　桥面不平整度从一个等级退化到另外一个等级通过的卡车数和经历的时间

参数	桥面不平整度				
	非常好	好	一般	差	非常差
$N_i / 10^6$	4.11	1.16	0.94	0.84	0.77
$r_i / \%$	52.63	14.8	12.01	10.74	9.82
t_i / a	6.63	1.86	1.52	1.35	1.24
T / a	6.63	8.49	10.01	11.36	12.6

8.4　疲劳设计参数

本章考虑了桥梁跨径、车速和桥面不平整度这 3 个因素对车桥相互作用的影响。其中 5 座跨径不同的桥梁的具体参数如表 8.1 所示，7 个不同的速度从 30 km/h 增至 120 km/h，间距为 15 km/h，5 个不同的桥面不平整度为 "非常好" "好" "一般" "差" "非常差"。图 8.4 显示了荷载的加载位置。假定左右车轮下桥面不平整度情况相同，也就是说没有考虑桥面不平整度的横向差异性。为了减少桥面不平整度的随机性对结果的影响，对每座桥在给定的车速和桥面不平整度情况下，车桥耦合程序都运行了 20 次，取 20 次结果的平均值作为疲劳动力冲击系数和应力幅个数的分析值（Liu et al.，2002）。

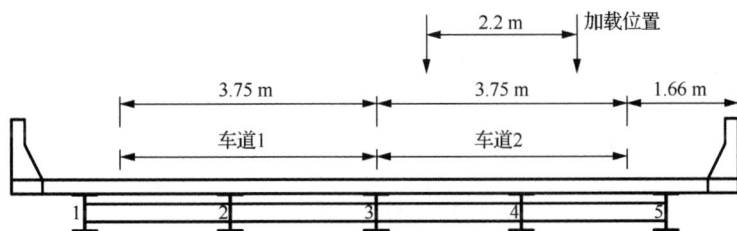

图 8.4　车道加载位置

桥梁构件的疲劳寿命主要受其承受的应力幅大小和应力幅个数影响。图 8.5 显示了车辆沿图 8.4 所示位置通过桥梁 2 时 4 号主梁跨中截面的动、静应力时程曲线，其中静应力时程曲线是在疲劳车辆缓慢通过桥梁的条件下获得的，而动应力时程曲线是在车辆以 45 km/h 的车速通过桥梁的条件下获得的。图 8.5 应力时程曲线中最大应力和最小应力之差为应力幅大小。图 8.6 显示了车辆荷载作用下各桥梁每个主梁跨中截面承受的最大静应力幅。由图可知，所有桥梁的 4 号主梁跨中截面承受的静应力幅最大，因此，选取各桥梁的 4 号主梁作为研究对象。下面将分别从应力幅冲击系数和等效应力幅个数两方面来优化美国现行疲劳设计方法。

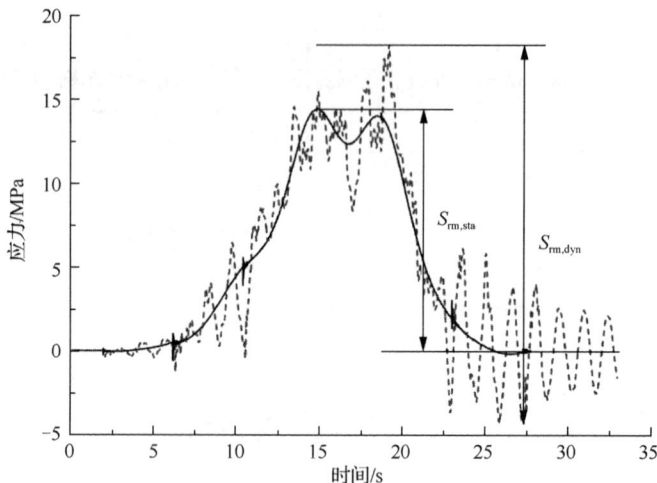

图 8.5　桥梁 2 的 4 号梁的动静时程曲线

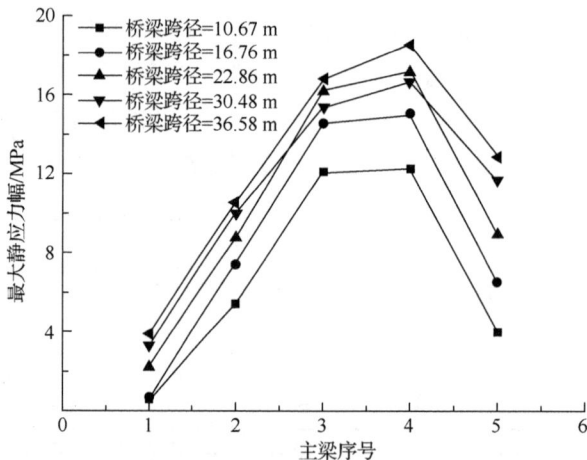

图 8.6　车辆荷载作用下桥梁跨中截面最大静应力幅

8.4.1　应力幅冲击系数

本章中应力幅冲击系数 IM_SR 定义为

$$\mathrm{IM}_{\_\mathrm{SR}} = \frac{S_{\mathrm{rm,dyn}} - S_{\mathrm{rm,sta}}}{S_{\mathrm{rm,sta}}} \tag{8.9}$$

式中，$S_{\mathrm{rm,dyn}}$ 和 $S_{\mathrm{rm,sta}}$ 分别表示构件承受的最大动应力幅和最大静应力幅，如图 8.5 所示。根据数值计算结果由式（8.9）得到不同桥梁 IM_SR 随车速和桥面不平整度的变化，如图 8.7 所示。

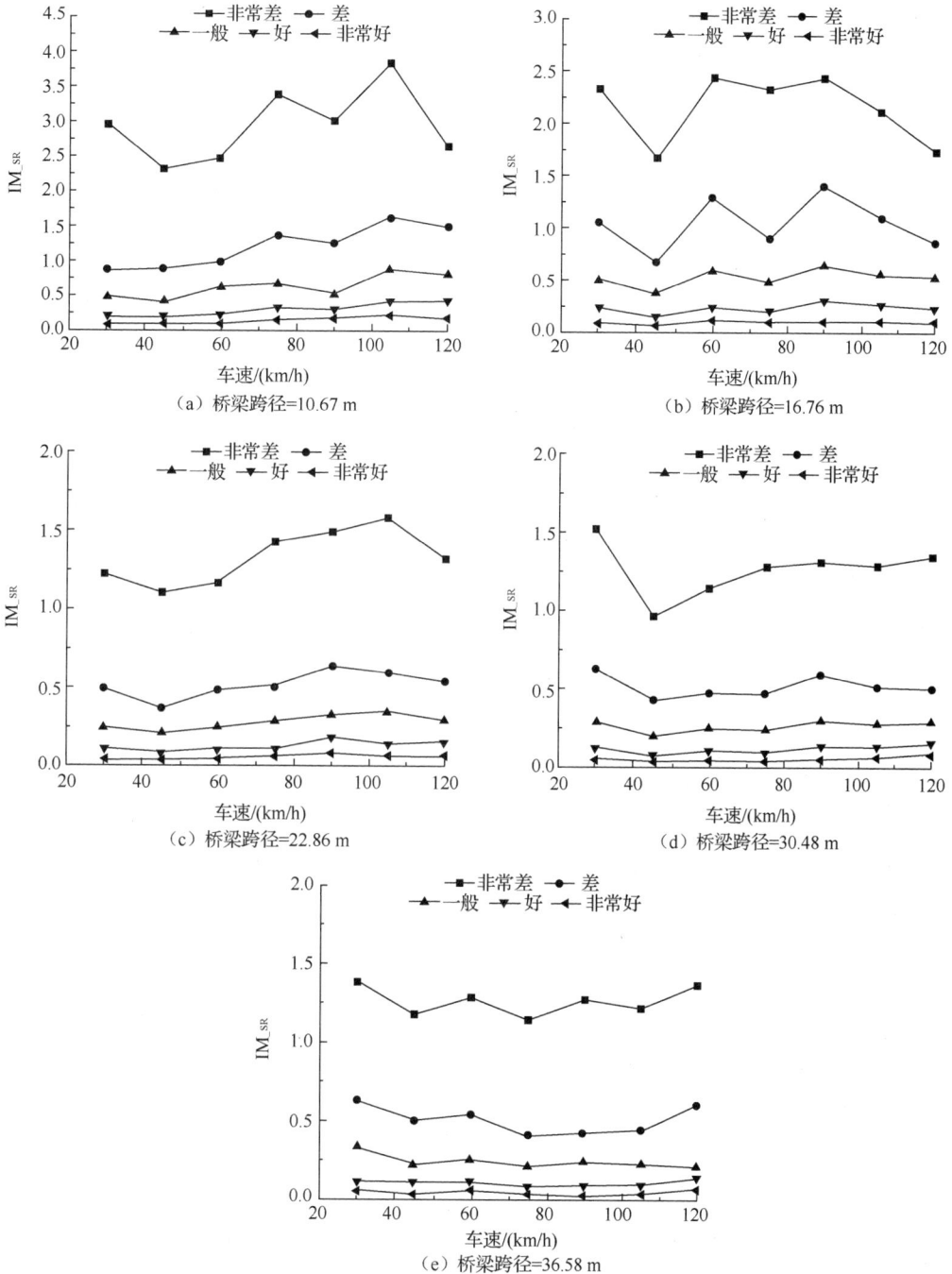

图 8.7　不同桥梁 IM_SR 随车速和桥面不平整度的变化

从图 8.7 可知，桥面不平整度对应力幅冲击系数的影响很大，当桥面不平整度等级为"非常好"时，应力幅冲击系数有时甚至小于 0.1；而当桥面不平整度等级为"非常差"时，其值有时甚至大于 3。从图 8.7 还可知，车速的增加不一定导致疲劳冲击系数的增加，因为车速的增加并不一定导致车桥相互作用的增强，其他学者也得出过类似的结论（Liu et al.,

2002；Brady et al.，2006a）。

　　图 8.8 显示了每个参数对 IM_SR 的影响。从图 8.8 可知，除了桥面不平整度为"非常好"的情况外，其他情况下的 IM_SR 都大于美国 AASHTO 规范里规定的疲劳冲击系数 0.15。这是因为 AASHTO 规范中规定的疲劳冲击系数是在桥面不平整度为"一般"的条件下获得的（Hwang and Nowak，1991）。

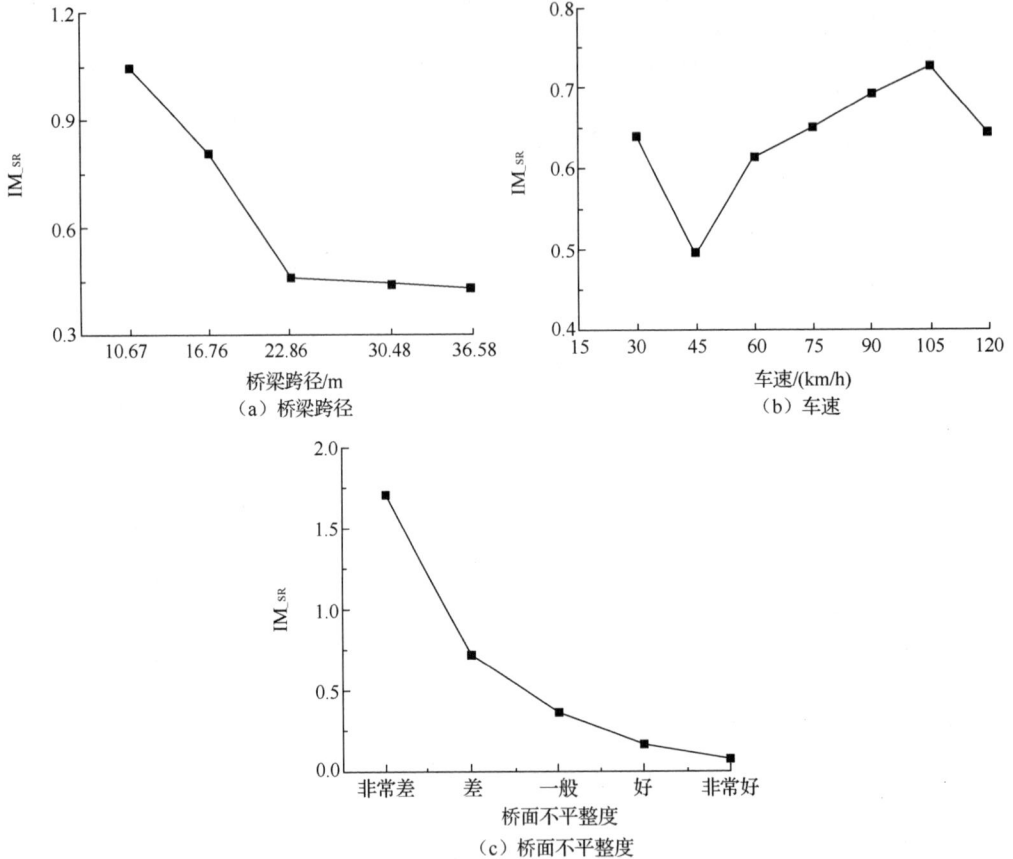

（a）桥梁跨径

（b）车速

（c）桥面不平整度

图 8.8　IM_SR 随各参数的变化

　　图 8.8 表明 IM_SR 受桥面不平整度和桥梁跨径影响很大，根据回归分析得到 IM_SR 与两者的关系为

$$\text{IM}_{\_SRi} = \text{RSI}_{\_SRi} \times \begin{cases} 0.46 + 0.057 \times (23 - L) & L < 23 \text{ m} \\ 0.46 & L \geqslant 23 \text{ m} \end{cases} \quad (8.10)$$

式中，$\text{RSI}_{\_SRi}$ 表示应力幅冲击系数的桥面不平整度指标，在桥面不平整度为"非常好""好""一般""差""非常差"时分别取 0.12、0.27、0.62、1.21 和 2.71；L 表示桥梁跨径。

　　拟合验证结果表明：通过式（8.10）得到的 $\text{IM}_{\_SRi}$ 拟合值和实际值具有很好的相关性，在桥面不平整度为"非常好""好""一般""差""非常差" 5 种情况下的拟合相关系数分别达到了 0.990 1、0.989 9、0.981 6、0.974 7 和 0.999 2。根据式（8.10）得到 5 座桥梁在不同桥面不平整度情况下的应力幅冲击系数如表 8.4 所示。

表 8.4　不同桥面不平整度情况下 5 座桥梁的应力幅冲击系数

桥梁序号	不同桥面不平整度下的应力幅冲击系数				
	非常差	差	一般	好	非常好
1	3.13	1.4	0.72	0.31	0.14
2	2.18	0.98	0.5	0.22	0.1
3～5	1.25	0.56	0.29	0.13	0.06

为了考虑不同桥面不平整度状况下每辆车通过时对桥梁构件疲劳累积损伤的影响，疲劳设计中构件承受的疲劳冲击系数的设计值（IM_FD）可由式（8.11）计算：

$$IM_{-FD} = \sum r_i \times IM_{-SRi}$$
$$= \sum r_i \times RSI_{-SRi} \times \begin{cases} 0.46 + 0.057 \times (23 - L) & L < 23 \text{ m} \\ 0.46 & L \geqslant 23 \text{ m} \end{cases} \quad (8.11)$$

式中，r_i（i=1，2，3，4 和 5）表示桥面全寿命过程中不同桥面不平整度等级下通过车辆数量的比例，可从表 8.3 中获得。

根据式（8.11）得到不同跨径的Ⅰ-型简支钢桥的疲劳冲击系数设计值如表 8.5 所示。表 8.5 考虑了两种不同的情况，即情况"a"和"b"。两者的不同点是情况"a"在计算 IM_FD 时考虑了 5 种桥面不平整度情况，而情况"b"没有考虑桥面不平整度"非常差"的情况。情况"b"可能更接近实际情况，因为桥面一般在进入"非常差"的情况前已进行维护。

表 8.5　不同跨径的Ⅰ-型简支钢桥的疲劳冲击系数设计值

桥梁序号	桥梁跨径/m	IM_FD
1	10.67	0.66[*] | 0.36[**]
2	16.76	0.46[*] | 0.25[**]
3	22.86	0.26[*] | 0.14[**]
4	30.48	0.26[*] | 0.14[**]
5	36.58	0.26[*] | 0.14[**]

＊ 情况"a"，考虑了 5 种桥面不平整度情况；＊＊ 情况"b"，考虑了除桥面不平整度"非常差"以外的其他 4 种桥面不平整度情况。

表 8.5 表明桥面不平整度对疲劳冲击系数的影响很大，说明及时对桥面进行维护能有效减小桥梁构件的疲劳累积损伤。从表 8.5 可知，在情况"b"条件下当桥梁跨径不小于 22.86 m 时，疲劳冲击系数的建议值为 0.14，略小于 AASHTO 规范里规定的 0.15。这表明 AASHTO 规范里规定的疲劳冲击系数 0.15 仍适用于中大跨径桥梁，而对短跨桥梁而言，需要采用更大的疲劳冲击系数。

8.4.2　等效应力幅个数

根据 Schilling（1984）的研究，每辆车通过桥梁时构件承受的复杂应力所产生的累积疲劳可用最大应力幅产生的疲劳等效，对应的最大应力幅等效个数用下式计算：

$$\text{ENSC} = \text{num} + \left(\frac{S_{r1}}{S_{rm}}\right)^m + \left(\frac{S_{r2}}{S_{rm}}\right)^m + \cdots + \left(\frac{S_{ri}}{S_{rm}}\right)^m + \cdots + \left(\frac{S_{rcut}}{S_{rm}}\right)^m \qquad （8.12）$$

式中，ENSC 表示等效应力幅个数；num 表示每辆车通过时产生的最大应力幅（S_{rm}）个数；m 表示 S-N 曲线的斜率，通常取 3；S_{ri}（$i=1$，$\cdots$，cut）表示高阶应力幅；S_{rcut} 表示截断应力幅。

由式（8.12）可知，ENSC 受截断应力幅的影响很大，因此在计算 ENSC 时需确定合理的截断应力幅。研究表明，小于 3.45 MPa 的应力幅对钢桥疲劳寿命的影响可以忽略不计（Kwon and Frangopol，2010）。因此，这里截断应力幅取 3.45 MPa。

图 8.9 显示了车辆通过不同桥面状况的桥梁 3 时其 4 号主梁跨中截面的应力时程曲线。根据式（8.12）和图 8.9 可知，桥面不平整度通过同时影响最大应力幅、高阶应力幅及其个数而影响 ENSC。

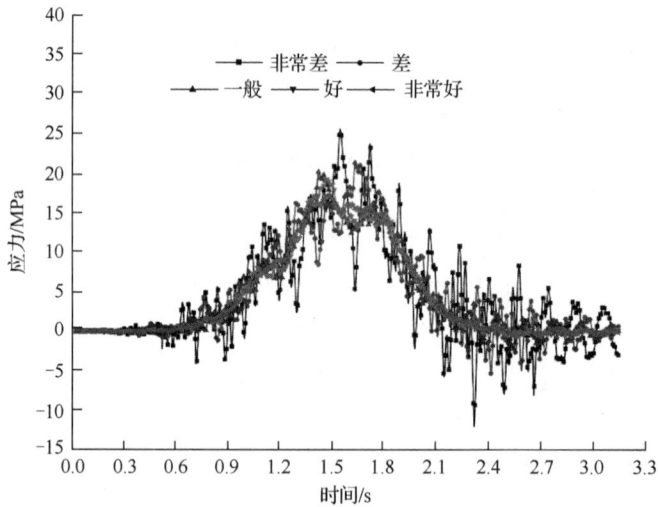

图 8.9　不同桥面不平整度条件下疲劳车辆通过桥梁 3 时其 4 号主梁跨中的应力时程曲线

（桥梁跨径=22.86m；车速=45 km/h。）

根据数值计算结果由式（8.12）得到各桥梁在不同桥面不平整度和车速条件下的等效应力幅个数如图 8.10 所示。从图 8.10 可知，桥面不平整度对 ENSC 的影响也很大：当桥面不平整度等级为"非常好"时，ENSC 有时甚至小于 1；而当桥面不平整度等级为"非常差"时，其值有时甚至大于 3。

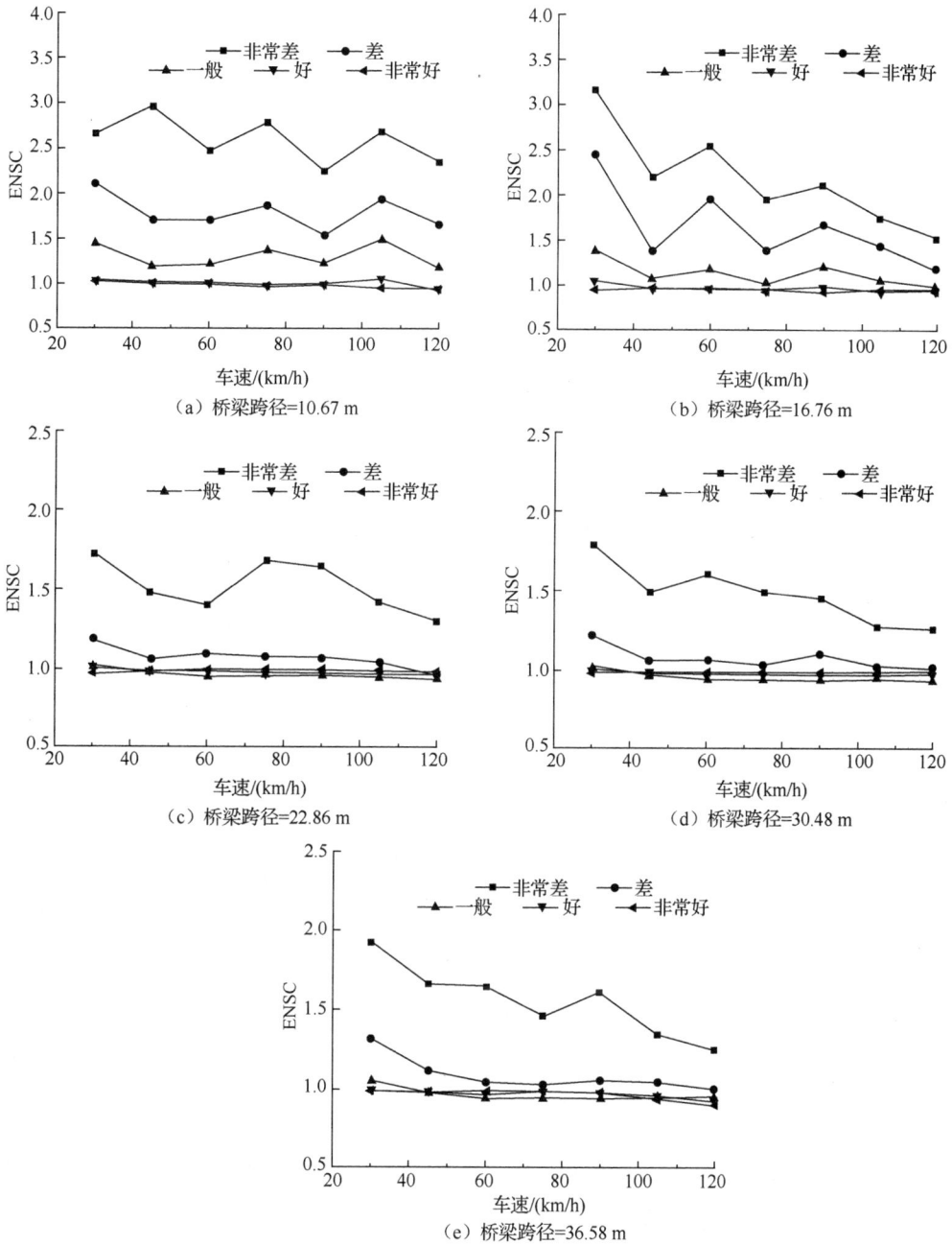

图 8.10　5 种跨径桥梁的等效应力幅个数与车速和桥面不平整度的关系

图 8.11 显示了每个参数对 ENSC 的影响。由图可知，ENSC 受桥面不平整度和桥梁跨径的影响也很大。当桥面不平整度从"非常好"变到"非常差"时，ENSC 从 1.0 增加到 1.9。而当桥梁跨径从 10.67 m 增加到 22.86 m 时，ENSC 从 1.55 减小到 1.1，而后随桥梁跨径继续增大而基本保持不变。

（a）桥梁跨径

（b）车速

（c）桥面不平整度

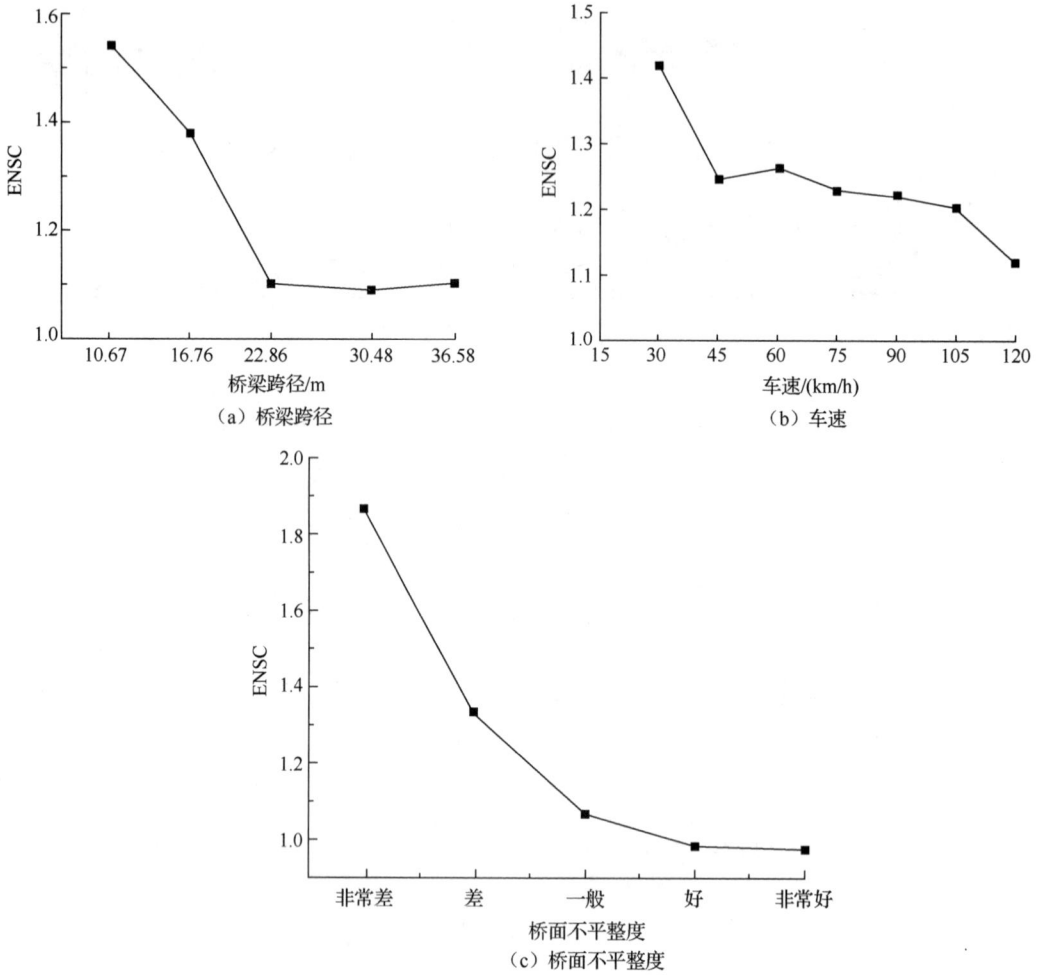

图 8.11　ENSC 随各参数的变化

根据回归分析得到 ENSC 与桥面不平整度和桥梁跨径的关系为

$$\mathrm{ENSC}_i = \mathrm{RSI}_{\_\mathrm{NSC}i} \times \begin{cases} 1.117 + 0.037 \times (23 - L) & L < 23 \text{ m} \\ 1.117 & L \geqslant 23 \text{ m} \end{cases} \tag{8.13}$$

式中，$\mathrm{RSI}_{\_\mathrm{NSC}i}$ 表示应力幅个数的桥面不平整度指标，在桥面不平整度为"非常好""好""一般""差""非常差"时分别取值为 0.87、0.87、0.87、1.23 和 1.65；L 表示桥梁跨径。

拟合验证结果表明：通过式（8.13）得到的 ENSC_i 拟合值和实际值具有很好的相关性。在桥面不平整度为"非常好""好""一般""差""非常差"5 种情况下，拟合相关系数分别达到了 0.931 5、0.953 5、0.999 9、0.966 9 和 0.992 7。根据式（8.13）得到 5 座桥梁在不同桥面不平整度情况下的 ENSC，如表 8.6 所示。

表 8.6 不同桥面不平整度情况下 5 座桥梁的 ENSC

桥梁序号	不同桥面不平整度下的 ENSC				
	非常好	好	一般	差	非常差
1	1.37	1.37	1.37	1.93	2.59
2	1.17	1.17	1.17	1.65	2.22
3～5	0.97	0.97	0.97	1.37	1.84

为了考虑不同桥面不平整度状况下每辆车通过对桥梁构件疲劳累积损伤的影响，疲劳设计中构件承受的应力幅个数的设计值（NSC_FD）可由式（8.14）确定：

$$\begin{aligned} \text{NSC}_{\text{\_FD}} &= \sum r_i \times \text{ENSC}_i \\ &= \sum r_i \times \text{RSI}_{\text{\_NSC}i} \times \begin{cases} 1.117 + 0.037 \times (23 - L) & L < 23 \text{ m} \\ 1.117 & L \geqslant 23 \text{ m} \end{cases} \end{aligned} \quad (8.14)$$

式中，r_i（i=1，2，3，4，5）表示桥面全寿命过程中不同桥面不平整度等级下通过车辆数量的比例，可从表 8.3 中获得。

根据式（8.11）和式（8.14）可分别得到不同跨径的 I-型简支钢桥的疲劳冲击系数和应力幅个数的设计值，如表 8.7 所示。表 8.7 同样考虑了两种不同的情况，即情况"a"和"b"。

表 8.7 5 座桥梁应力幅个数的设计值

桥梁序号	桥梁跨径/m	NSC_FD
1	10.67	1.54[*] | 1.29[**]
2	16.76	1.32[*] | 1.10[**]
3	22.86	1.10[*] | 0.92[**]
4	30.48	1.10[*] | 0.92[**]
5	36.58	1.10[*] | 0.92[**]

[*] 情况"a"，考虑了 5 种桥面不平整情况；[**] 情况"b"，考虑了除桥面不平整度"非常差"以外的其他 4 种桥面不平整度情况。

表 8.7 同样表明桥面不平整度对应力幅个数的影响很大，及时对桥面进行维护也能有效减小桥梁构件的疲劳累积损伤。根据式（8.14），在情况"b"条件下当桥梁跨径等于 22.17 m 时应力幅个数为 1。而在 AASHTO 规范中当桥梁跨径大于 12.19 m 时应力幅个数取 1，小于 12.19 m 时取 2。这意味着桥梁跨径处于 12.19～22.17 m 这个区间内，AASHTO 规范可能低估了构件承受的应力幅个数。根据本章的研究，当桥梁跨径大于 23 m 时，应力幅个数设计值可取 1，小于 23 m 时可根据式（8.14）计算确定。

目前，我国《公路钢结构桥梁设计规范》（JTG D64—2015）规定承受拉拉循环应力或拉压循环应力的桥梁构件需进行可变荷载作用下的疲劳设计验算，具体包括 3 种疲劳荷载模型的验算。荷载模型 1 条件下的整体构件疲劳验算要求构件在规定的等效车道荷载最不利排列作用下考虑多车道折减时的最大应力和最小应力差不大于常幅疲劳极限。荷载模型 2 作用下疲劳验算要求构件承受的等效正应力幅 $\Delta\sigma_{\text{F}}$ 和剪应力幅 $\Delta\tau_{\text{F}}$ 满足如下关系：

$$\left(\frac{\gamma_{Ff} \Delta \sigma_F}{\frac{\Delta \sigma_c}{\gamma_{Mf}}} \right)^3 + \left(\frac{\gamma_{Ff} \Delta \tau_F}{\frac{\Delta \tau_c}{\gamma_{Mf}}} \right)^5 \leqslant 1.0 \tag{8.15}$$

式中，γ_{Ff} 为疲劳荷载效应分项系数；γ_{Mf} 为结构重要性系数；$\Delta\sigma_c$ 和 $\Delta\tau_c$ 分别为正应力和剪应力疲劳抗力。

荷载模型 3 是根据实桥交通情况制定的疲劳荷载，要求构件在该荷载作用下疲劳验算要求满足下面条件：

$$\sum \frac{n_i}{N_i} = \frac{n_1}{N_1} + \frac{n_2}{N_2} + \frac{n_3}{N_3} + \cdots \leqslant \frac{1}{\gamma_{Ff}\gamma_{Mf}} \tag{8.16}$$

式中，n_i 为疲劳应力谱中应力幅 $\Delta\sigma_i$ 的加载次数；N_i 表示疲劳曲线中与应力幅 $\Delta\sigma_i$ 对应的疲劳寿命。

值得注意的是，我国现行钢结构桥梁构件的疲劳设计都没有考虑车辆荷载动力效应的影响。而实际上在进行荷载模型 3 作用下的疲劳验算时，可以利用上述介绍的方法来考虑车辆荷载动力效应对桥梁构件疲劳累积损伤的影响。具体过程如下：

1）根据制定的疲劳荷载模型研究桥梁的桥面不平整度在一定的模型车辆日通行量和环境条件下的劣化过程，得到桥面不平整度处于各个等级时通过的模型车辆数量。

2）建立模型车辆和桥梁的三维车桥耦合模型，求得各桥面不平整度等级条件下模型车辆通过时桥梁构件承受的等效应力幅大小及应力幅个数。

3）根据步骤 1）和 2）的结果利用式（8.16）进行疲劳验算。

第9章 基于车辆动力响应的桥梁模态识别

随着我国公路桥梁数量的迅速增加和服役时间的持续增长，桥梁损伤会不断出现。为了防止桥梁突然失效，检测在役桥梁的工作状态和及时发现桥梁损伤变得日益重要。早期桥梁结构损伤检测主要依靠肉眼观察和静态试验，为了提高检测效率并尽可能消除人为主观影响，基于桥梁振动的检测方法被提出并得到了广泛应用。这种方法的依据是桥梁结构的振动信息，如模态参数包含了丰富的桥梁结构信息，通过对桥梁模态进行分析可以获知结构的损伤状况。

桥梁模态参数的准确识别很大程度上决定了基于振动信息识别桥梁损伤的准确性。为了获取桥梁结构的模态参数，传统方法是直接在桥上安装有限数量的传感器，通过激振器激振或环境激励采集桥梁自身的动力响应进行模态识别。这种方法虽然被广泛应用，但也存在诸多缺点。例如，传感器数量多且安装困难，需要专用的激励方式，布点有限因而测试数据不完备，测量的结构振型精度低，等等。近年来研究人员提出了通过测量车辆在桥上行驶时的动力响应以间接获取桥梁振动模态的方法。这个方法只需在车辆上安装一个或非常少量的传感器（车辆的移动相当于在桥上安装了很多组传感器），比传统方法更经济且更便于实际应用，具有很好的工程应用前景。为此，本章主要介绍基于车辆动力响应的桥梁模态识别方法。

9.1　基　本　原　理

在车桥耦合振动系统中，车辆动力响应不仅包含桥梁和车辆的振动信息，还包括桥面不平整度和车辆驱动频率等信息（Yang et al.，2013），因此要从车辆响应中提取桥梁的模态参数非常困难。为了消除这些因素的影响，作者提出了采用一辆特殊设计的"拖车-双挂车"测试车辆进行桥梁模态识别的方法。在"拖车-双挂车"模型中，前面的拖车主要用于激励桥梁的振动并牵引后面的两辆挂车在桥上移动，而后面的两辆挂车主要用于获取响应，具有移动传感器的功能。通过特定的参数设计可以减小挂车自身振动的影响。同时，由于两辆挂车经过桥上同一位置的动力响应具有一定的相关性，可以用来消除桥面不平整度的影响，使挂车的动力响应主要由桥梁振动引起，从而可以更准确地提取桥梁的模态信息。

9.1.1　车辆模型和车辆响应差

本节通过一个简化的车桥耦合振动系统（图9.1）来阐述上述提出的桥梁模态识别方法。图9.1中的桥梁为欧拉-伯努利简支梁，车辆为"拖车-双挂车"测试车辆。前面的拖车类似普通车辆，主要用于激励桥梁的振动和牵引后面的挂车，而后面牵引的两辆挂车主要用于获取响应。为了减小挂车自身的振动，假设每辆挂车具有很小的质量和很大的刚度，且两辆挂车的参数完全相同。同时，拖车和挂车均采用单自由度（SDOF）车辆模型进行模拟。由于挂车的质量很小，因此可以忽略其对桥梁的激振作用，只计算两辆挂车在桥梁振动和桥面不平整度作用下的动力响应。为了推导和讨论方便，忽略车辆的结构阻尼和惯性力。这些简化只是为了更好地进行阐述，并不影响公式推导的正确性。而且，在后面的有限元建模和数值分析中都会将这些因素加以考虑。

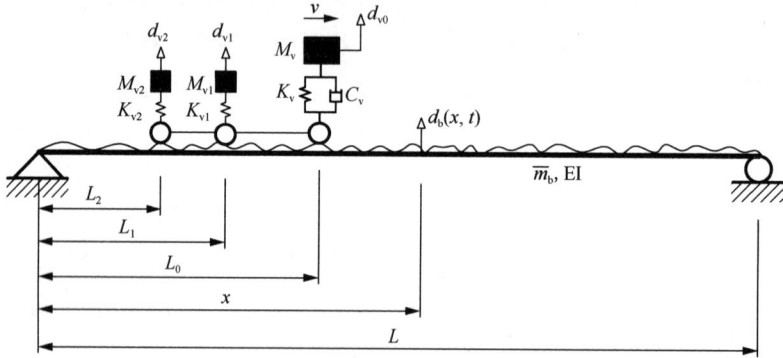

图 9.1　简化的车桥耦合振动系统

拖车–双挂车和桥梁的动力方程可以表示为

$$M_v\ddot{d}_{v0} + C_v\dot{d}_{v0} + K_v[d_{v0} - d_b(x=L_0,t) - r(x=L_0)] = 0 \tag{9.1a}$$

$$M_{v1}\ddot{d}_{v1} + C_{v1}\dot{d}_{v1} + K_{v1}[d_{v1} - d_b(x=L_1,t) - r(x=L_1)] = 0 \tag{9.1b}$$

$$M_{v2}\ddot{d}_{v2} + C_{v2}\dot{d}_{v2} + K_{v2}[d_{v2} - d_b(x=L_2,t) - r(x=L_2)] = 0 \tag{9.1c}$$

$$\bar{m}_b\ddot{d}_b + C_b\dot{d}_b + EId_b'''' = K_v[d_{v0} - d_b(x=L_0,t) - r(x=L_0)]\delta(x-L_0) - F_G\delta(x-L_0) \tag{9.1d}$$

式中，M_v、C_v、K_v 分别为拖车的质量、阻尼、弹簧刚度，且 $F_G=M_vg$；下标 v1 和 v2 分别代表前后两辆挂车；$\bar{m}_b$、EI、C_b 分别为桥梁的单位质量、抗弯刚度、结构阻尼；d_{v0}、d_{v1}、d_{v2} 分别为拖车 v0、挂车 v1 和 v2 的位移；d_b 为桥梁位移，$\dot{d}_b$ 和 $\ddot{d}_b$ 分别为位移对时间 t 的一阶和二阶导数，d_b'''' 为位移对位置坐标 x 的四阶导数；r 为桥面不平整度；$L_0=vt$ 为 t 时刻拖车距桥梁左端入口的距离，并假设车辆以速度 v 匀速行驶；L_1 和 L_2 分别为双挂车距桥梁左端的距离；$\delta(x)$ 为狄拉克函数。为简化推导过程，车辆和桥梁的阻尼均忽略不计。

将式（9.1a）代入式（9.1d）可得

$$\bar{m}_b\ddot{d}_b + EId_b'''' = (-M_v\ddot{d}_{v0} - F_G)\delta(x-L_0) \tag{9.2}$$

将位移变量 d_b 在时间域和空间域进行分离，并结合模态叠加技术，式（9.2）的解可以假设为

$$d_b(x,t) = \sum_{j=1}^{\infty}\varphi_j(x)y_j(t) \tag{9.3}$$

对于简支梁，其振型可假定为正弦形式，即 $\varphi_j(x)=\sin\dfrac{j\pi x}{L}$，角频率为 $\omega_j=\left(\dfrac{j\pi}{L}\right)^2\sqrt{\dfrac{EI}{\bar{m}_b}}$。大多数情况下，车重远远小于桥重，因此可假定 $M_v/(\bar{m}_bL)\ll1$，且车辆的惯性力可以忽略不计。将式（9.3）代入式（9.2），并在等式两边乘以 $\varphi_j(x)$，再对 x 进行积分，最后利用正弦函数的正交条件可以将积分后的方程进行解耦。解耦后的方程为

$$\ddot{y}_j + \omega_j^2 y_j = \int_0^L \frac{2\varphi_j(x)}{\bar{m}_b L}[-F_G \delta(x-L_0)]\mathrm{d}x$$

$$= \frac{-2M_v g}{\bar{m}_b L} \sin \frac{j\pi vt}{L} \tag{9.4}$$

在零初始条件下，式（9.4）的解为

$$y_j(t) = \frac{\Delta_j}{1-S_j^2}\left(\sin \frac{j\pi vt}{L} - S_j \sin \omega_j t\right) \tag{9.5}$$

式中，　$\Delta_j = \dfrac{-2M_v g L^3}{j^4 \pi^4 EI}$，$S_j = \dfrac{j\pi v}{L\omega_j}$。

将式（9.5）代入式（9.3）可以得到桥梁的位移响应：

$$d_b(x,t) = \sum_{j=1}^{\infty} \frac{\Delta_j}{1-S_j^2} \sin \frac{j\pi x}{L}\left(\sin \frac{j\pi vt}{L} - S_j \sin \omega_j t\right) \tag{9.6}$$

同时，忽略了阻尼项的式（9.1b）和（9.1c）可改写为

$$\ddot{d}_{v1} + \omega_{v1}^2 d_{v1} = \omega_{v1}^2[d_b(x=L_1,t) + r(x=L_1)] \tag{9.7a}$$

$$\ddot{d}_{v2} + \omega_{v2}^2 d_{v2} = \omega_{v2}^2[d_b(x=L_2,t) + r(x=L_2)] \tag{9.7b}$$

式中，　$\omega_{v1}^2 = \sqrt{\dfrac{K_{v1}}{M_{v1}}}$ 和 $\omega_{v2}^2 = \sqrt{\dfrac{K_{v2}}{M_{v2}}}$ 分别为两辆挂车的振动频率。

将式（9.6）代入式（9.7a）和式（9.7b），并利用杜哈梅积分可以得到第一辆挂车的位移响应为

$$d_{v1}(t) = \sum_{j=1}^{\infty}\left[A_1 \cos \frac{(j-1)\pi L_1}{L} - A_2 \cos \frac{(j-1)\pi L_1}{L} + A_3 \cos \omega_{v1} t \right.$$

$$\left. - A_4 \cos\left(\omega_j t - \frac{j\pi L_1}{L}\right) + A_5 \cos\left(\omega_j t + \frac{j\pi L_1}{L}\right) + \frac{r'(L_1)}{\omega_{v1}} + r(L_1) \right] \tag{9.8}$$

其中，

$$A_1 = \frac{\Delta_j}{2(1-S_j^2)(1-\mu_{j-1}^2 S_{j-1}^2)}$$

$$A_2 = \frac{\Delta_j}{2(1-S_j^2)(1-\mu_{j+1}^2 S_{j+1}^2)}$$

$$A_3 = \frac{2\Delta_j \mu_j^2 S_j^2}{(1-S_j^2)}\left[\frac{1}{(1-\mu_{j-1}^2 S_{j-1}^2)(1-\mu_{j+1}^2 S_{j+1}^2)} - \frac{1}{\left[1-\mu_j^2(1-S_j)^2\right]\left[1-\mu_j^2(1+S_j)^2\right]} \right]$$

$$A_4 = \frac{\Delta_j S_j}{2(1-S_j^2)\left[1-\mu_j^2(1-S_j)^2\right]}$$

$$A_5 = \frac{\Delta_j S_j}{2(1-S_j^2)\left[1-\mu_j^2(1+S_j)^2\right]}$$

$$\mu_j = \frac{\omega_j}{\omega_{v1}}$$

用 d_{v2} 代替式（9.8）中的 d_{v1}，可以得到第二辆挂车的位移响应。从式（9.8）中可以看出，桥面不平整度的影响项是一个常数，即桥面不平整度对挂车动力响应的影响不随时间变化，只与车辆位置有关。因此，两辆挂车的响应差值可以很好地消除桥面不平整度的影响。同时，由于两辆挂车经过桥面同一位置存在时间差，所以在第二辆挂车中引入一个时间偏移量，得到在时域内两辆挂车的响应差值为

$$\Delta d_{12}(t) = d_{v1}(t) - d_{v2}\left(t + \frac{L_1 - L_2}{v}\right) \tag{9.9}$$

式中，$\dfrac{L_1 - L_2}{v}$ 为时间偏移量。

通过对式（9.9）进行两次求导，可以得到两辆挂车加速度响应的差值。

9.1.2　桥梁模态振型的提取

由于车桥耦合振动系统是一个时变系统，车辆的动力响应是随时间和空间变化的，即车辆响应是时间和车辆位置的函数，而且车辆响应中包含的频率成分也是随时间变化的。短时傅里叶变换（short-time Fourier transform，STFT）是一种时频分析方法，通过 STFT 可以得到任意时刻信号的频率分量（Zemmour，2006）。因此，通过对式（9.9）中的响应差进行 STFT，可以得到车辆在 t_0 时刻（在桥上位置为 $x_0 = vt_0$）的动力响应频谱为

$$S(x_0, \omega) = \int_{-\infty}^{\infty} \Delta \ddot{d}_{12}(t) w(t - t_0) e^{-i\omega t} dt \tag{9.10}$$

式中，$w(t - t_0)$ 为窗函数。

从式（9.6）可以看到，桥梁位移表达式包含了模态振型的相关项 $\sin\dfrac{j\pi x}{L} \sin\dfrac{j\pi vt}{L}$。当 $x = vt$ 时，该项变成 $\left(\sin\dfrac{j\pi x}{L}\right)^2$，即为模态振型的平方（mode shape squares，MSS）。因此，式（9.10）的频谱幅值 $|S(x_0, \omega)|$ 是模态振型平方 $|\varphi^2(x_0)|$ 的函数。通过在不同时刻（即车辆在桥上的不同位置）从频谱中提取某一特定桥梁频率下的幅值，可以得到桥梁的模态振型平方，如图 9.2 所示。

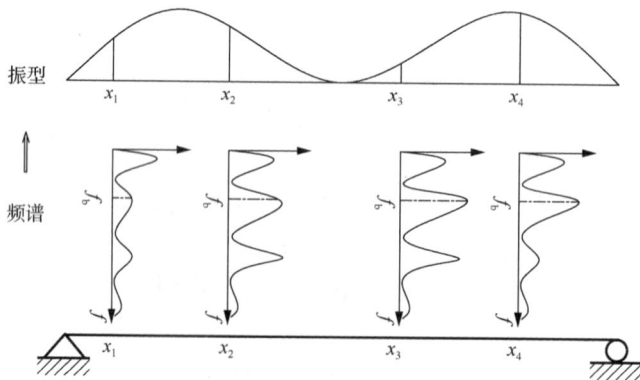

图 9.2　利用 STFT 方法得到的桥梁模态振型平方

9.2　数值分析验证

通过上述理论分析可知，从两辆挂车的动力响应差值中提取桥梁的振动频率和模态振型是可行的。下面通过一个数值算例来验证该方法的可行性。计算模型如图 9.3 所示。简支梁的物理属性为：弹性模量 $E=32$ GPa，密度 $D=2.5\times10^3$ kg/m³，长度 $L=30$ m，矩形截面宽 1.2 m、高 2 m。桥梁离散为 120 个单元，前四阶竖向频率分别为 3.58 Hz、14.01 Hz、30.53 Hz 和 50.80 Hz。测试车辆中的拖车为两个自由度车辆模型，其参数为：簧上质量 $M_{vU}=4\times10^3$ kg，悬挂阻尼 $C_{vU}=1\times10^3$ N·s·m⁻¹，悬挂刚度 $K_{vU}=6\times10^5$ N/m，簧下质量 $M_{vL}=267$ kg，悬挂阻尼 $C_{vL}=1\times10^3$ N·s·m⁻¹，轮胎刚度 $K_{vL}=6\times10^5$ N/m。两辆挂车的参数是一样的，即 $m_v=120$ kg、$c_v=1\times10^3$ N·s·m⁻¹、$k_v=6\times10^4$ N/m。拖车的前两阶频率为 1.37 Hz 和 10.77 Hz，挂车频率为 3.56 Hz。拖车与第一辆挂车的间距为 $\Delta d_1=0.5$ m，两辆挂车间距为 $\Delta d_2=0.5$ m，并假设车辆在桥上匀速行驶，$v=10$ m/s。桥面不平整度采用表 2.3 中的"好"状况。

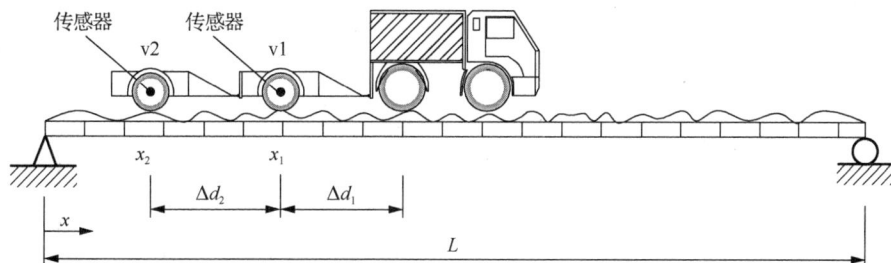

图 9.3　数值算例中车辆和桥梁模型

在无交通车流的情况，即桥上只有测试车辆在行驶，通过第 4 章建立的车桥耦合振动数值仿真系统可以计算得到拖车和挂车通过整座桥梁的加速度时程响应，并变换得到图 9.4 所示的频谱曲线。在图中，从拖车的频谱曲线中只能识别出拖车自身的两个频率，即 1.34 Hz 和 10.62 Hz，而从挂车的频谱曲线中难以识别出任何频率。

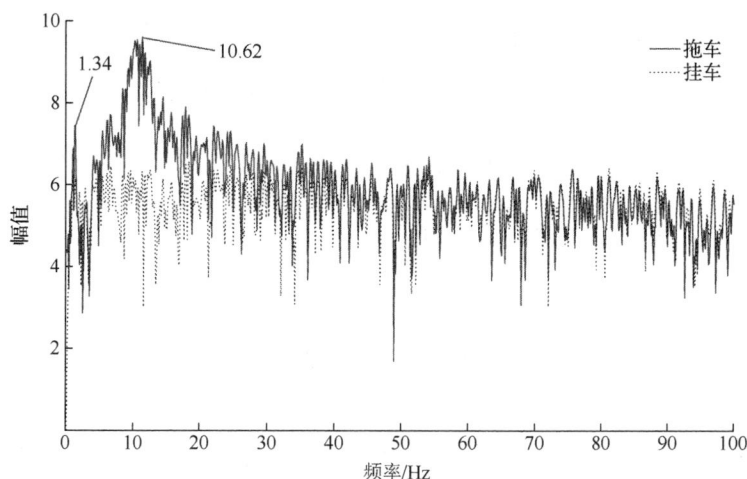

图 9.4　拖车和挂车的加速度频谱图

在上述理论分析中提到，为了消除桥面不平整度的影响，采用在时域内将两辆挂车的响应相减取其差值的方法。在得到两辆挂车的响应差值后，再进行快速傅里叶变换（fast Fourier transform，FFT）得到其频谱曲线，即图9.5中"FFT(ac1-ac2)"代表的曲线。在这个算例中，两辆挂车的时间差为 $\Delta t = 0.5/10 = 0.05$ s。为了对比，将两辆挂车的响应先进行 FFT 得到频谱，再相减得到两频谱的差值，即图9.5中"FFT(ac1)-FFT(ac2)"代表的曲线。从"FFT(ac1)-FFT(ac2)"曲线中前 4 个峰值只能粗略地识别出来。相比而言，从"FFT (ac1-ac2)"曲线可以清晰地识别出 4 个频率峰值。从图中可以看出，后面 3 个峰值每个峰实际上都由两个峰值组成，分别为 13.67 Hz 和 14.40 Hz、30.03 Hz 和 31.01 Hz、51.27 Hz 和 52.73 Hz，这是由车辆移动引起的偏移效应所致。从车辆响应中提取到的桥梁频率其实是包含这个偏移效应的，即为 $\omega_b + \pi v / L$ 和 $\omega_b - \pi v / L$（Yang et al.，2004）。通过对每两个频率进行平均，可以得到桥梁的前四阶频率为 3.66 Hz、14.40 Hz、31.01 Hz、52.73 Hz，与桥梁的频率真实值（3.58 Hz、14.01 Hz、30.53 Hz、50.80 Hz）比较接近。由此表明，利用拖车-双挂车模型可以较准确地提取出桥梁的低阶频率。

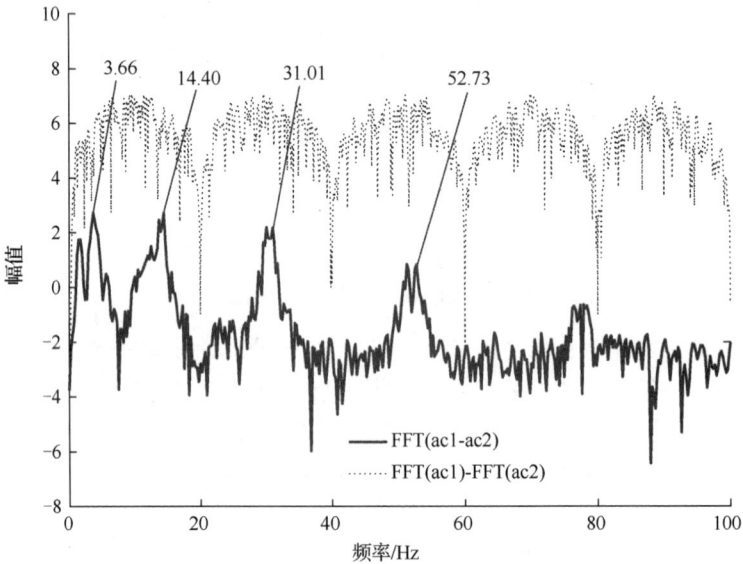

图 9.5　两辆挂车响应差的频谱曲线

为了进一步提取桥梁的模态振型，采用 STFT 方法对车辆响应进行处理。STFT 方法是通过一个固定尺寸的移动窗口对时间序列进行频率变换，最常用的有 Hann 和 Hamming 窗口。以 Hamming 窗口为例，长度为 $L = N+1$ 的计算式为（Rabiner and Schafer，1978；Oppenheim and Schafer，1989）

$$w(n,\tau) = 0.54 - 0.46 \cos\left(2\pi \frac{n}{N}\right) \quad 0 \leqslant n \leqslant N \tag{9.11}$$

选用 Hamming 窗口对两辆挂车的响应差进行 STFT，得到图9.6所示的时频图。此图显示了车辆在桥上行驶过程中任意时刻的频率分布情况。从图中可以看到，频率成分主要分布在两辆挂车在桥上行驶的时段内，即 0.05~3.0 s，而且主要集中在之前提取的桥梁前四阶频率所对应的位置，即图中虚线所示位置。

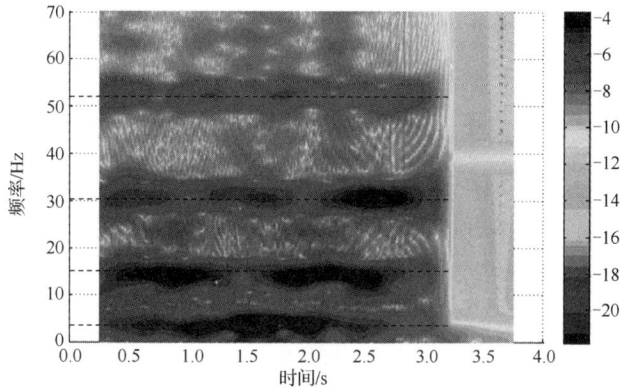

图 9.6　挂车响应差的时频图

　　图 9.6 的横坐标虽为时间，但是对应着车辆在桥梁上的空间位置（时间尺度乘以车速等同于空间尺度），所以这个时频图其实显示的是车辆在桥上每个位置的频率分布。结合图 9.2 的方法，可以从图 9.6 中提取出在特定桥梁频率下沿桥向所有点的振幅，得到桥梁模态振型，如图 9.7 所示。在图 9.7 中，"v1-v2"代表从两辆挂车响应差的时频图中提取的桥梁前三阶模态振型的平方（mode shape squares，MSS）："模态 1""模态 2""模态 3"分别为桥梁的第一、二、三阶 MSS。此外，图中还包括由第一辆挂车的原始响应进行 STFT后提取的 MSS（图中"v1"）以及从桥梁有限元模型得到的真实 MSS（图中"真实值"）。从图中可以看出，由两辆挂车响应差得到的第二阶 MSS 比较接近真实值，并且比由挂车v1 得到的结果要好。第一阶和第三阶 MSS 结果不是很理想，特别是第三阶的左侧部分，这可能是由对桥梁的激振不足所致。

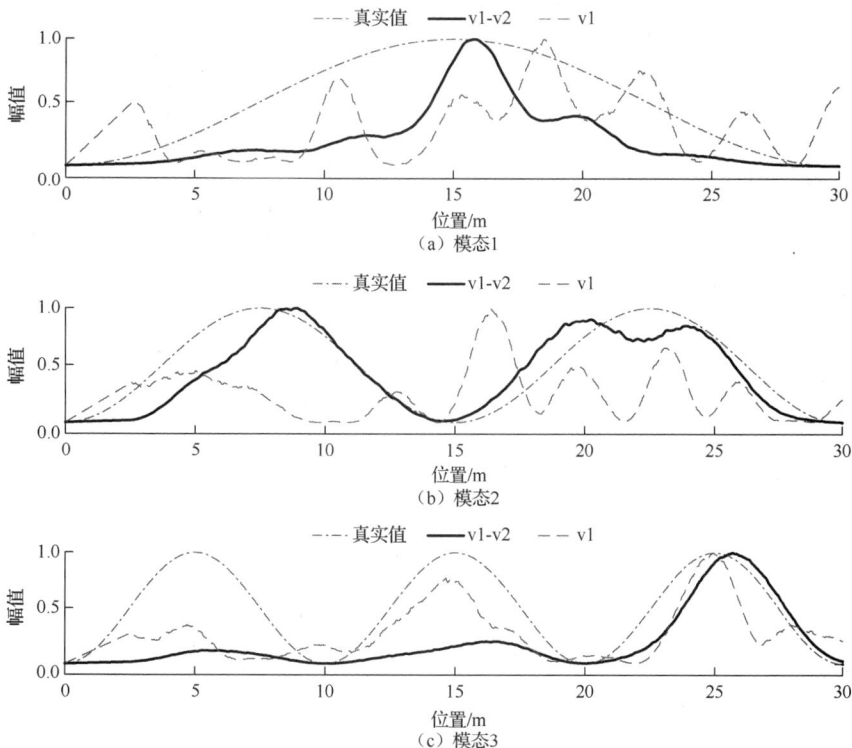

图 9.7　桥梁前三阶模态振型平方

为了得到更理想的模态振型，采用增大拖车簧上质量的方式增加对桥梁的激振作用。这里考虑了两种情况，将拖车簧上质量分别提高为原来质量的 10 倍和 100 倍，即 $M_{vU} = 4×10^4$ kg 和 $M_{vU}=4×10^5$ kg，结果如图 9.8 所示。从图中可以看到，随着拖车质量的增加，提取的 MSS 与真实值的接近度显著提高。特别是在 $M_{vU}=4×10^5$ kg 的情况下，第一阶 MSS 与真实值几乎重合，第三阶 MSS 左侧两部分也更加接近真实值。这说明增大桥梁的振动可以提高此方法的准确性和应用效果。

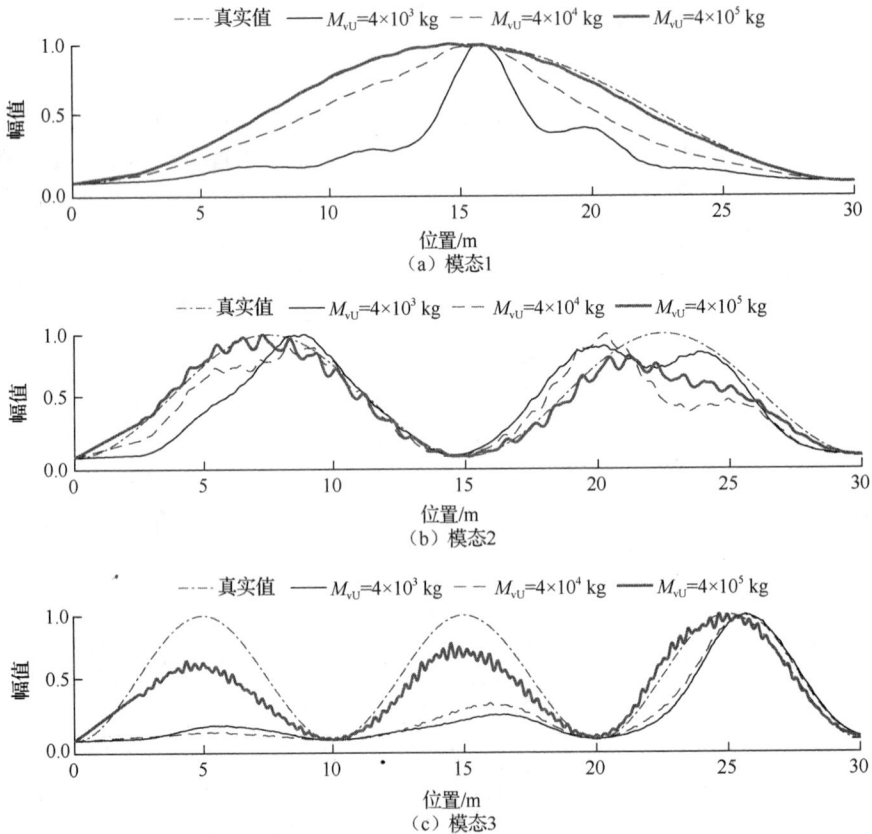

（a）模态1

（b）模态2

（c）模态3

图 9.8　不同拖车质量下提取的桥梁前三阶 MSS

上述情况是只有测试车辆对桥梁进行激振的情况，且图 9.8 的结果也表明桥梁振动的强度会影响此方法的应用效果。因此，有必要考虑有正常交通车流的情况。在下面的计算中，除测试车辆外，增加 10 辆车型、初始位置和行驶速度都各不相同的车辆在桥上行驶。采用同样的方法可以计算得到两辆挂车响应差的频谱图，如图 9.9 所示。图中结果也再次证明本方法比频域差值法效果更好，而且与无交通车流的情况（图 9.5）相比，分辨度更高。经过 STFT 得到的时频结果如图 9.10 所示。由图可以看到，频率成分比图 9.6 更集中，区分更明显。

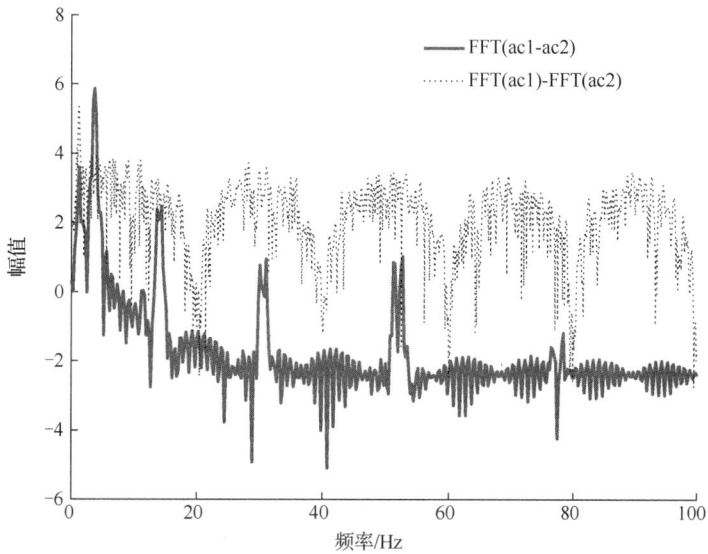

图 9.9　有交通车流情况下的频谱图

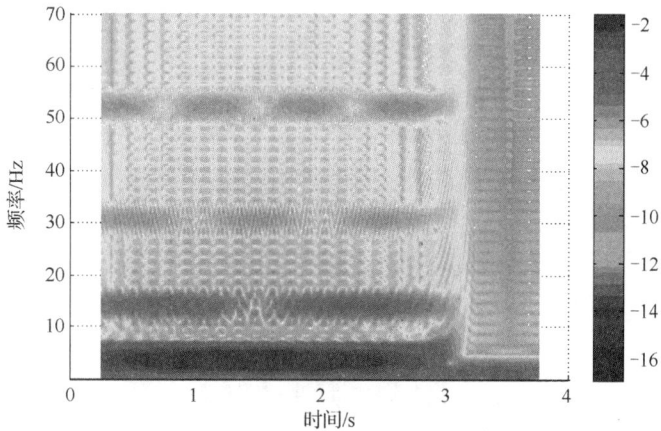

图 9.10　有交通车流情况下的时频图

　　图 9.11 所示为有交通车流情况下提取的桥梁前三阶 MSS。从图中可以看出，第一阶 MSS 与真实值非常接近，第二阶和第三阶 MSS 虽然与真实值有一些差异，但轮廓比较接近。这些差异可能是由于随机交通车流没有充分激发这两阶桥梁模态，而且车流的随机性也会影响挂车的动力响应。将图 9.11 和图 9.8 进行对比可以看到，图 9.11 中的第一阶 MSS 与图 9.8 中拖车质量为 $4×10^5$ kg（等于原质量的 100 倍）的结果很接近。在有交通车流的情况下，10 辆车的总质量大约是拖车质量的 10 倍。由此说明，随机车流的激励效果远大于单纯增加拖车质量的效果。此外，将图 9.11 与图 9.7 进行对比发现，在有交通车流的情况下提取的桥梁 MSS 要比无交通车流情况好很多。在图 9.7 中，第一阶 MSS 的两侧振幅几乎为零，这是因为在测试车辆进入桥梁和离开桥梁阶段，桥梁没有得到足够的激振。而对于有交通车流的情况，在测试车辆经过桥梁的整个过程中，桥梁都被其他车辆激振。由

此说明，桥上正常通行的车流可以增强桥梁的振动，从而增加测试车辆的动力响应，并提高测试效果。因此，该方法在实际工程应用中具有很好的适用性。

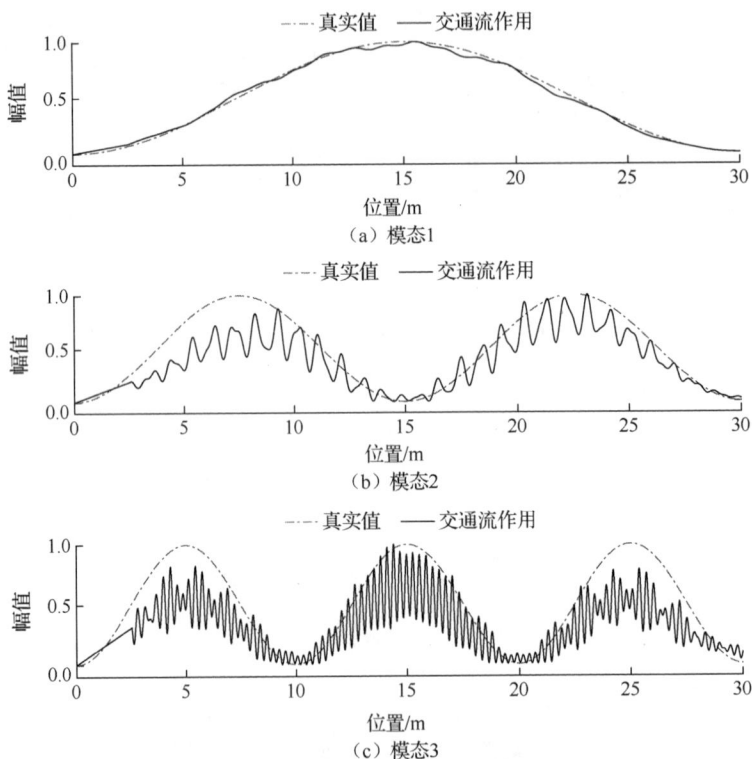

（a）模态1

（b）模态2

（c）模态3

图 9.11　有交通车流情况下的桥梁前三阶 MSS

9.3　影响因素分析

桥面状况是影响车辆振动的重要因素，也是影响车辆响应测量精度的主要因素。因此，有必要研究桥面不平整度对本方法的影响，在此考虑了表 2.3 所示的 5 种不同级别的桥面不平整度状况。图 9.12 显示了 5 种状况下两辆挂车响应差值的频谱图。从图中可以看出，5 种桥面不平整度条件下的频谱图比较接近，即使是在"非常差"的不平整度情况下，前三阶频率也可以较容易地识别出来。为了比较提取的振型与真实值的差别，采取模态置信准则（modal assurance criterion，MAC）进行评估。不同桥面不平整度情况下提取的桥梁前三阶频率和振型 MAC 列于表 9.1 中。从表中可以看出，桥面不平整度对频率提取几乎没有影响，对第一阶桥梁振型影响较小，对第二阶和第三阶桥梁振型有一定的影响。由此说明，本方法能有效地消除桥面不平整度的影响，对不同桥面等级下桥梁频率和低阶模态振型的提取具有很好的鲁棒性。

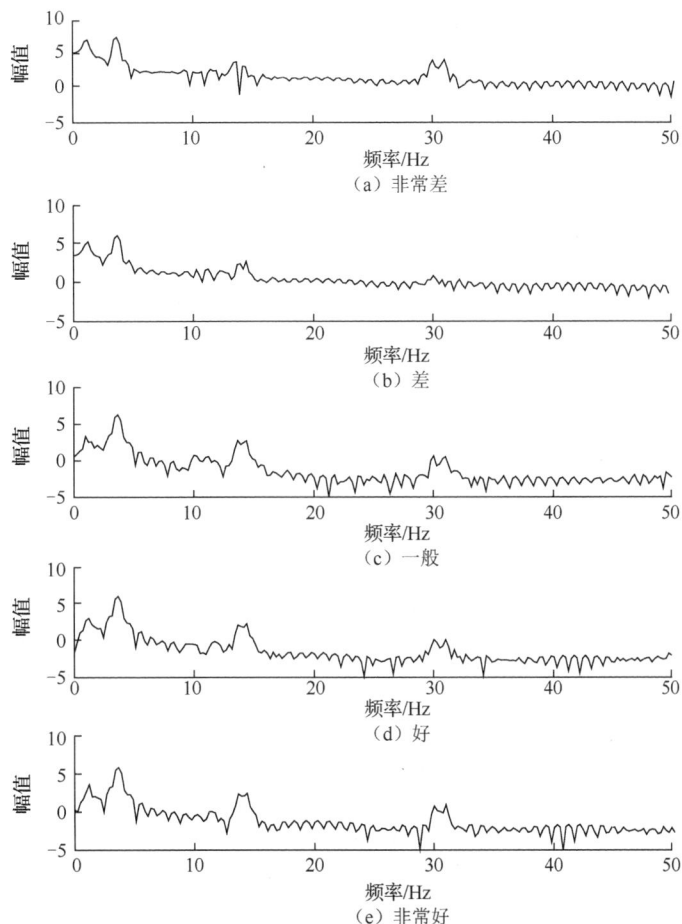

图 9.12　不同桥面不平整度下挂车响应差的频谱图

表 9.1　不同桥面不平整度下的桥梁频率和振型 MAC 值

不平整度	频率/Hz			振型 MAC 值		
	第一阶	第二阶	第三阶	第一阶	第二阶	第三阶
非常差	3.66	14.40	31.01	0.98	0.80	0.81
差	3.66	14.40	30.03	0.99	0.89	0.54
一般	3.66	14.40	31.01	1.00	0.93	0.70
好	3.66	14.40	31.01	1.00	0.90	0.58
非常好	3.66	14.40	31.01	1.00	0.94	0.89

两辆挂车的动力响应不仅受桥面不平整度的影响，还受挂车本身的重量、刚度、行驶速度、挂车间距等参数的影响。这些参数的影响要根据具体的实例进行分析。

9.4　应用实例分析

为了验证上述方法的有效性，将其用于一座实桥的模态参数提取。桥梁为三跨简支梁桥，每跨长度为 16.76 m。主梁为 7 根 AASHTO II 型预应力混凝土梁，各主梁中心间隔 2.13 m，如图 9.13 所示。

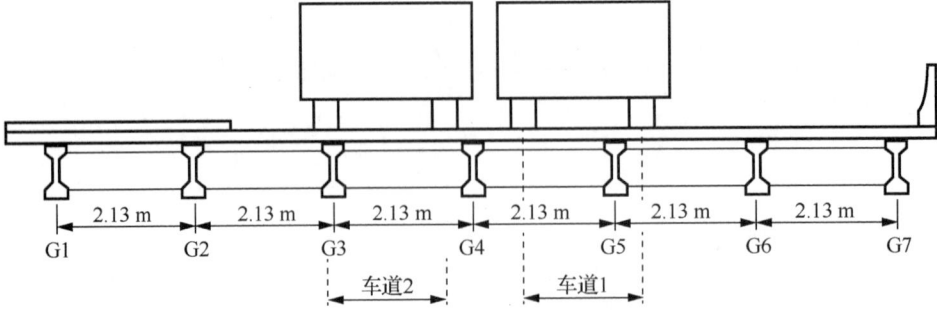

图9.13 桥梁横断面及车道位置

在现场试验中，只在第三跨的每根主梁上布置了测试点，安装了应变计和加速度计。桥梁模型通过有限元分析软件 ANSYS 建立并利用现场测量的桥梁频率和应变进行修正。经过修正后的有限元模型的频率分别为 8.19 Hz、10.79 Hz 和 16.23 Hz，与现场测量的桥梁前三阶频率（8.19 Hz、11.11 Hz 和 15.79 Hz）较为吻合。桥面不平整度采用了激光测试仪进行测量，如图 9.14 所示为右边车道的不平整度。为了增加车辆的动力效应，在第三跨的入口处沿横桥向分别设置了两个不同高度的长木条：木条 1（宽 0.18 m，高 0.025 m）和木条 2（宽 0.18 m，高 0.038 m）。图 9.14 中的竖线代表木条 1。现场试验所用的测试车辆为三轴货车，前面一个轴，后面两个轴，轴重分别为 80.0 kN、95.6 kN 和 95.6 kN。前轴与两后轴中心的距离为 6.25 m，两后轴之间的距离为 1.2 m。现场试验没有对车辆的响应进行测量，其动力响应通过车桥耦合振动仿真系统获取。

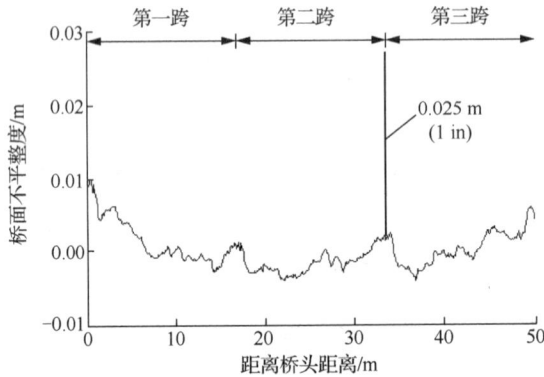

图9.14 右车道的桥面不平整度

为了充分利用现场试验使用的测试车辆，此处的拖车-双挂车模型采用了图 9.15 所示的车辆模型。其中，拖车模型是基于现场试验的三轴货车（后两轴合并为一个轴），后面连接的两辆挂车则仍采用单自由度（SDOF）的车辆模型。两辆挂车连接在拖车的右边车轮上，且采用铰接的形式以保证后面两辆挂车振动的独立性。拖车参数由三轴货车的实测参数确定。两辆挂车的物理参数均为 $m_v = 725.4 \text{ kg}$、$k_v = 8.0 \times 10^4 \text{ N/m}$、$c_v = 2189.6 \text{ kg/s}$，与拖车质量相比，挂车的质量非常小。挂车的自振频率为 1.67 Hz。

通过对由测试车辆模型、修正后的桥梁有限元模型和实测桥面不平整度组成的车桥耦合振动系统进行计算分析，可以得到测试车辆在桥上行驶时的动力响应。根据前面的方法，计算两辆挂车的加速度响应差值，并分别进行 FFT 和 STFT 得到频谱图和时频图。图 9.16 为 3 种不同桥面状况下的频谱图，图中"挂车 v1"表示对第一辆挂车的原始响应进行处理得到的结果，"响应差"表示对两辆挂车响应差值进行处理得到的结果。在图中，从"挂车 v1"的频谱曲线只能识别出挂车自身的频率，而从"响应差"的频谱曲线可以识别出挂车频率和桥梁的前三阶频率。在没有放置木条的情况下，车辆自身频率的可识别度高于桥梁频率。在有木条 1 的情况下，车辆频率的可识别度有所降低；而在有木条 2 的情况下，桥梁频率的可识别度明显增加，可以很容易地识别出桥梁的前三阶频率。值得说明的是，木条的作用并不是增加桥面的不平整度，而是增加移动车辆对桥梁的激振作用，使桥梁的振动信息能更好地传递到车辆上。通过对比发现，随着激励的增加（从无木条到木条 1 再到木条 2），桥梁频率的幅值（图中 B_1、B_2 和 B_3 处）逐渐增大，从车辆响应中提取桥梁频率的容易程度和准确度也逐渐增加。

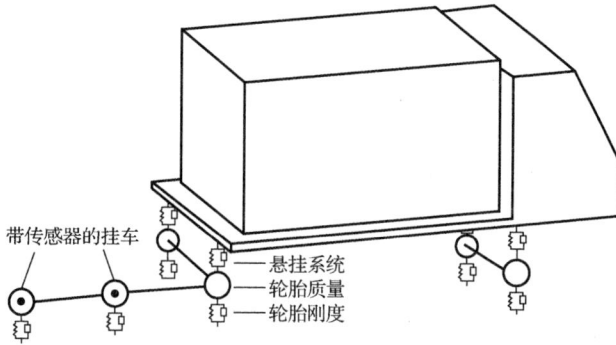

图 9.15 实例分析采用的测试车辆模型

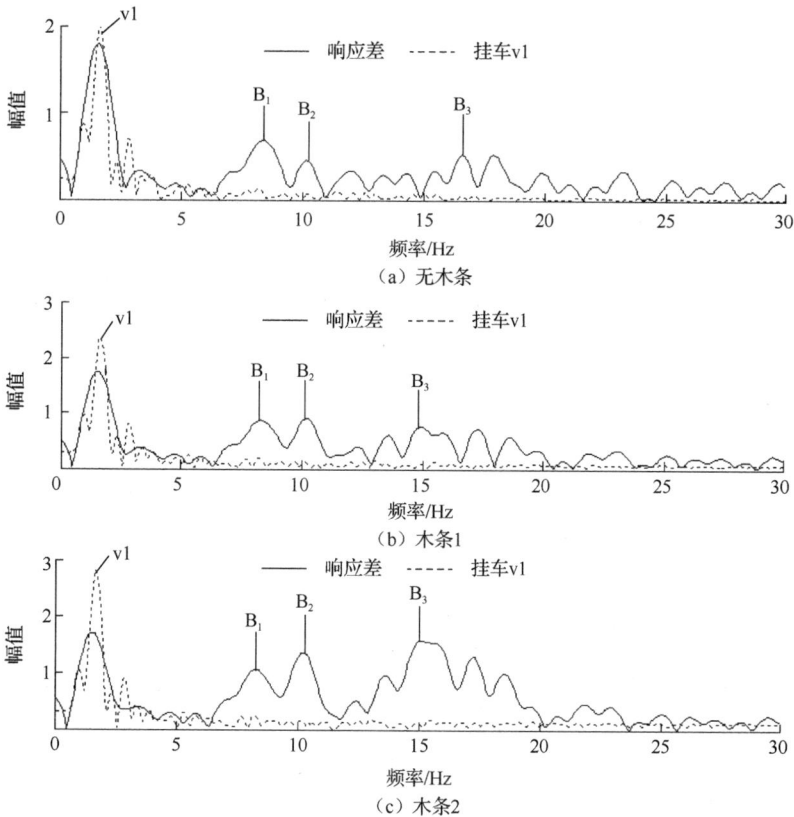

图 9.16 测试车辆的加速度响应频谱图

　　为了进一步增大桥梁的振动，除测试的拖车-双挂车外，在桥上增加由 7 辆初始位置和行驶速度各不相同的车辆组成的交通车流，计算结果如图 9.17 所示。从图中可看到，桥梁第一阶频率的幅值比车辆频率的幅值大，桥梁前三阶频率的识别度与图 9.16 相比大大提高。无木条的情况下识别出的桥梁前三阶频率分别为 8.1 Hz、11.3 Hz 和 16.8 Hz，与真实值（8.19 Hz、10.79 Hz 和 16.23 Hz）吻合较好。由此说明，这里提出的方法能够有效地从车辆响应中提取桥梁的低阶频率，而且在有交通车流的情况下识别结果更好，具有很好的应用前景。

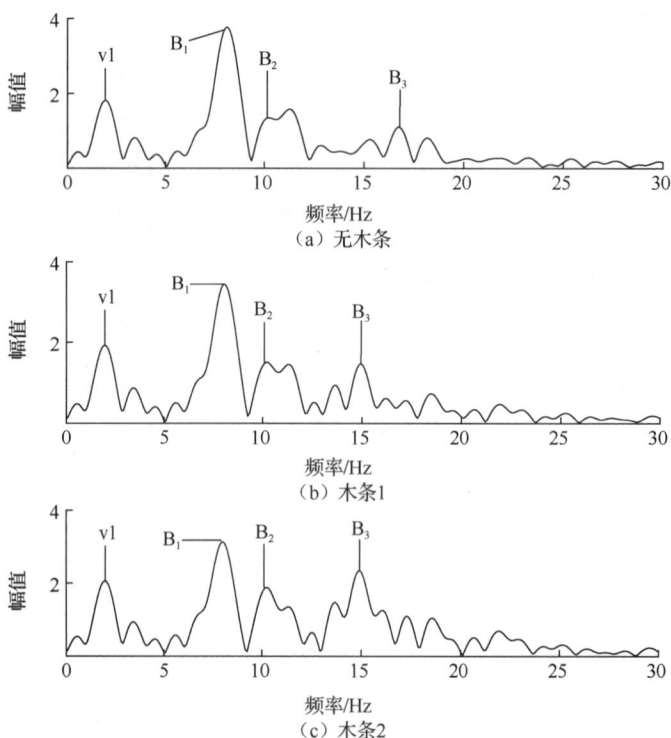

图 9.17　有交通流情况下车辆加速度响应的频谱图

　　在实际测试中，测量结果往往受到不同程度噪声的干扰，在数值模拟中通常是通过在原始响应中加入测量噪声来研究其影响。在下面的计算中，将高斯噪声加入测量结果中，即考虑信噪比（signal noise ratio，SNR）为 40 dB、26 dB 和 10 dB 的 3 个噪声等级，分别对应 1%、5% 和 10% 的振幅噪声程度。桥面在无木条且有交通车流作用下，不同噪声程度下车辆加速度响应的频谱曲线如图 9.18 所示。对比图 9.17 可以看出，当噪声为 1% 时，车辆加速度响应频谱与没有噪声的情况下几乎一样；当噪声为 5% 时，仍可以清晰识别前三阶桥梁频率；而当噪声为 10% 时，只有第一阶桥梁频率是明显的。表 9.2 列出了所有情况下提取的桥梁频率。结果表明，在噪声约为 5% 的情况下，本方法的结果仍是可以接受的。

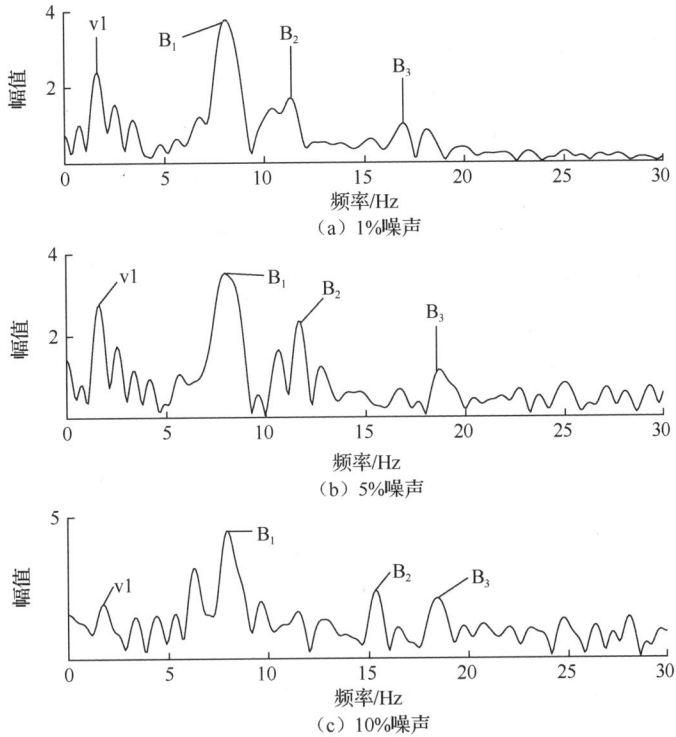

图 9.18 不同测试噪声下的车辆加速度响应频谱图

表 9.2 不同测试噪声下提取的桥梁频率

噪声	桥梁频率/Hz		
	B_1	B_2	B_3
无	8.10	11.30	16.80
1%	8.11	11.33	16.89
5%	8.01	11.72	18.75
10%	8.01	15.33	18.46

通过对两辆挂车响应差进行 STFT 可得到时频图,如图 9.19 所示。从图中看出,频率成分主要分布在 5~10 Hz 范围内,且主要集中在车辆上桥后的 0.2~0.75 s 时间内。桥梁的前两阶频率(8.19 Hz 和 10.79 Hz)都在这个频率范围之内或附近,这说明桥梁的振动主要受前两阶桥梁模态的影响。

从时频图中可以提取出桥梁的前三阶模态振型,如图 9.20 所示。图中"真实值"为根据桥梁有限元模型得到的真实结果:一阶振型主要是桥面非对称截面引起的竖向运动,基本没有弯曲变形;二阶振型主要是在横截面的弯曲运动;三阶振型主要是沿纵向的弯曲运动。需要说明的是,有限元模型得到的振型均为三维振型,而从测试车辆动力响应中提取的振型均为二维振型。为了更好地进行对比,仅从有限元模型中提取沿车辆轨迹的桥梁节点处的模态位移形成振型的真实值,且只提取竖向模态位移。从图中看到,桥梁的前三阶真实振型非常相似,没有出现一维简支梁的正弦模态形状,这是由桥梁的结构和实际支撑条件决定的。同时可以看出,由车辆响应提取的第一阶和第二阶振型与真实值比较接近,第三阶相差较大。事实上,从图 9.19 可以看到,5~10 Hz 以外的频率成分非常弱,即第三阶模态对桥梁振动的贡献较小,这是第三阶模态(16 Hz 左右)提取不准确的主要原因。

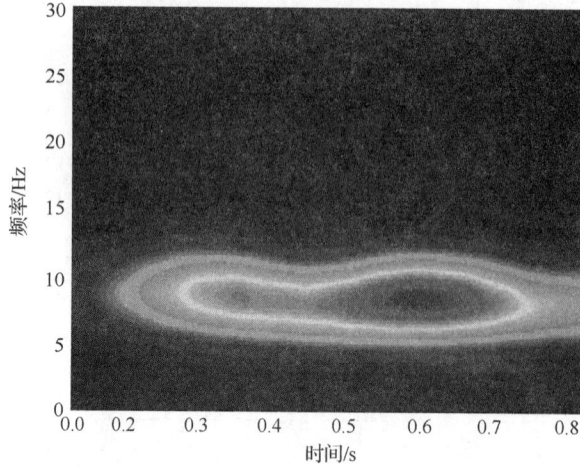

图 9.19 车辆加速度响应的时频图

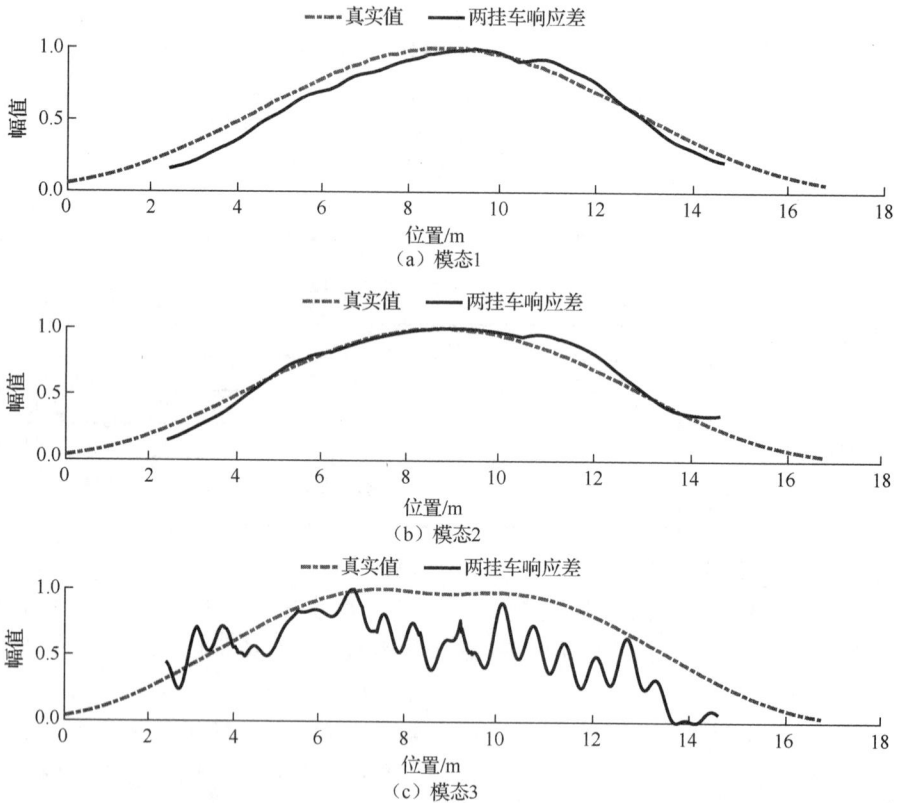

（a）模态1

（b）模态2

（c）模态3

图 9.20 桥梁前三阶模态振型

通过理论分析、数值验证和实例应用可以得出，本章提出的方法可以有效地消除桥面不平整度和车辆自身振动等因素的影响，成功地从移动车辆的动力响应中提取出桥梁的低阶频率和模态振型，而且在有交通车流的情况下准确性更高，具有较好的工程应用前景。本章介绍的基于车辆响应的桥梁模态识别方法只是在梁桥上验证了其有效性，对跨径更大、结构形式更加复杂的桥梁，如斜拉桥和悬索桥，其适用性还有待进一步研究，这也是我们正在进行的工作。

第 10 章　基于车桥耦合振动的桥梁损伤识别

随着桥梁服役时间增加，结构损伤会不断累积，这将导致桥梁使用性能和功能不断下降，最终难以满足交通运输的安全要求。目前我国公路桥梁总数已经超过 80 万座，而其中技术等级为三、四类的带病桥梁已达到总数的 30%。如何在早期准确检测出桥梁损伤，为桥梁维护和加固提供技术支持，是当前我国公路桥梁领域亟须解决的难题。基于结构振动的桥梁损伤识别方法由于具有不需要中断交通、操作简单等优点而得到广泛研究和应用。近年来，研究人员也提出了基于车桥耦合振动识别桥梁损伤的方法。此类方法利用车辆荷载作为激励，大大降低了检测难度，具有操作简便、成本低、可考虑损伤时变性等优点，因而越来越受到关注。本章主要介绍在车桥耦合振动系统中基于车桥系统传递特性的桥梁损伤识别方法。

10.1　车桥系统传递特性的理论分析

在车桥耦合振动系统中，车辆在桥上行驶会引起桥梁的振动，同时桥梁的振动也反过来影响车辆的振动，车辆和桥梁互为激励，因此很难对系统的激励信息进行准确的分离和测量。然而，基于振动的结构损伤识别方法通常需要已知的激励信息，如基于频率响应函数的结构损伤识别方法需要同时测量激励和由该激励引起的结构响应，而这在车桥耦合系统中难以实现。为此，引入系统传递率（transmissibility）的概念。利用系统传递率进行结构损伤识别的方法只需要测量系统的输出信息，不需任何输入激励信息。传递率相比模态参数更能表征结构的局部变化，因而对结构动力特性的变化更敏感（Maia et al.，2011）。

为了阐述车桥耦合系统中的频率响应函数和传递率等概念并推导其表达式，以一个简化的车桥耦合振动系统为例。如图 10.1 所示，车辆模型为单自由度（SDOF）模型，包括弹簧、阻尼器以及集中质量，桥梁模型为欧拉-伯努利简支梁。为了简化推导过程，忽略结构阻尼的影响。

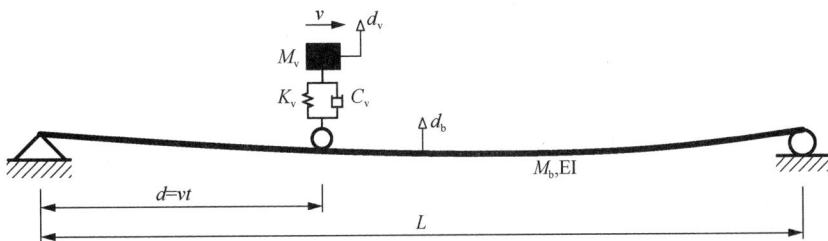

图 10.1　简化的车桥耦合振动系统

在不考虑阻尼的情况下，车桥耦合振动系统的动力学方程可表示为

$$M_v \ddot{d}_v + K_v [d_v - d_b(x=d,t) - r(x=d)] + F_G = 0 \tag{10.1}$$

$$m_b \ddot{d}_b + d_b'''' = K_v [d_v - d_b(x=d,t) - r(x=d)]\delta(x-d) \tag{10.2}$$

式中：M_v 和 K_v 分别为车辆的质量与弹簧刚度；$F_G = M_v g$；m_b 和 EI 分别为桥梁单位质量和刚度；d_v 和 d_b 分别为车辆与桥梁的位移，$\ddot{d}_b$ 为位移对时间 t 的二阶导数，d_b'''' 为位移对位置坐标 x 的四阶导数；r 为桥面不平整度；$d = vt$ 为 t 时刻车辆距桥梁左端入口的距离，并假设车速恒定为 v。对式（10.1）进行傅里叶变换之后结果如下：

$$(-\omega^2 M_v + K_v)D_v(\omega) = \frac{1}{\sqrt{2\pi}}\int_{-\infty}^{\infty}(K_v d_b(x = d, t) + K_v r(x = d) - F_G)\mathrm{e}^{-\mathrm{i}\omega t}\mathrm{d}t$$

$$= K_v D_b(x = d, \omega) + K_v R(\omega) - F_G\sqrt{2\pi}\delta(\omega) \qquad (10.3)$$

式中，$D_b(x = d, \omega)$ 是 $d_b(x, t)$ 在 $x = d = vt$ 情况下的频率响应函数；$R(\omega)$ 是桥面不平整度 $r(x)$ 的频率响应函数；ω 为角频率。

根据分离变量法，式（10.2）的解可以假定为如下形式：

$$d_b(x, t) = \sum_{j=1}^{\infty}\varphi_j(x)y_j(t) \qquad (10.4)$$

同时，模态振型满足以下正交条件：

$$\int_0^L \varphi_j(x)\varphi_k(x)\mathrm{d}x = \int_0^L \varphi_j^2(x)\,\mathrm{d}x = \Omega_j,\ j = k \qquad (10.5)$$

对于简支梁，模态振型可假定为正弦形式，即 $\varphi_j(x) = \sqrt{2}\sin\dfrac{j\pi x}{L}$，角频率为 $\omega_j = \left(\dfrac{j\pi}{L}\right)^2\sqrt{\dfrac{\mathrm{EI}}{M_b}}$。将式（10.4）代入式（10.2），在等式两边乘以 $\varphi_j(x)$，再对 x 进行积分，并利用正交条件对积分后的方程进行解耦，可以得到解耦后的运动方程为

$$\ddot{y}_j(t) + w_j^2 y_j(t) = G_j(t) \qquad (10.6)$$

式中，$G_j(t) = \dfrac{1}{m_b\Omega_j}\int_0^L \varphi_j(x)F(t)\delta(x - d)\mathrm{d}x$，而 $F(t) = K_v[d_v - d_b(x = d, t) - r(x = d)]$。

式（10.6）的解可以由卷积积分形式给出，如下所示：

$$y_j(t) = \int_0^t G_j(t - \theta)h_j(\theta)\mathrm{d}\theta \qquad (10.7)$$

式中，$h_j(\theta)$ 为脉冲响应函数。

将式（10.7）代入式（10.6），模态振幅可以表示为如下形式：

$$y_j(t) = \int_0^t \frac{1}{m_b\Omega_j}\int_0^L \varphi_j(x)\delta(x - d)F(t - \theta)\mathrm{d}x h_j(\theta)\mathrm{d}\theta$$

$$= \frac{\varphi_j(d)}{m_b\Omega_j}\int_0^t F(t - \theta)h_j(\theta)\mathrm{d}\theta \qquad (10.8)$$

最后可以得到桥梁位移为

$$d_b(x, t) = \sum_{j=1}^{\infty}\frac{\varphi_j(x)\varphi_j(d)}{m_b\Omega_j}\int_0^t F(t - \theta)h_j(\theta)\mathrm{d}\theta \qquad (10.9)$$

对式（10.9）进行傅里叶变换后得

$$D_b(x, \omega) = \sum_{j=1}^{\infty}\frac{\varphi_j(x)\varphi_j(d)}{m_b\Omega_j}\frac{1}{\sqrt{2\pi}}\int_{-\infty}^{\infty}\int_0^t F(t - \theta)h_j(\theta)\mathrm{d}\theta\mathrm{e}^{-\mathrm{i}\omega t}\mathrm{d}t \qquad (10.10)$$

互换积分顺序，并引入积分扩展极限（Clough and Penzien，2003）可得

$$D_b(x,\omega) = \sum_{j=1}^{\infty} \frac{\varphi_j(x)\varphi_j(d)}{m_b\Omega_j} \frac{1}{\sqrt{2\pi}} \lim_{s\to\infty}\left[\int_{-s}^{s} F(t-\theta)e^{-i\omega t}dt\int_0^t h_j(\theta)d\theta\right] \qquad (10.11)$$

替换变量 $\tau = t - \theta$ 后，上式变为

$$D_b(x,\omega) = \sum_{j=1}^{\infty} \frac{\varphi_j(x)\varphi_j(d)}{m_b\Omega_j} \frac{1}{\sqrt{2\pi}} \lim_{s\to\infty}\int_{-s+\theta}^{s+\theta} F(\tau)e^{-i\omega\tau}d\tau\int_0^s h_j(\theta)e^{-i\omega\theta}d\theta$$

$$= \sum_{j=1}^{\infty} \frac{\varphi_j(x)\varphi_j(d)}{m_b\Omega_j}F(\omega)H_j(\omega) \qquad (10.12)$$

式中，$H_j(\omega) = \dfrac{1}{(\omega_j^2 - \omega^2) + i\beta_j\omega}$，$F(\omega) = K_v D_v(\omega) - K_v D_b(x=d,\omega) - K_v R(\omega)$。

根据式（10.3）和式（10.12），车辆和桥梁在频域中的响应可以改写为

$$D_v(\omega) = \frac{K_v D_b(x=d,\omega) + K_v R(\omega) - F_G\sqrt{2\pi}\delta(\omega)}{(-\omega^2 M_v + K_v)} \qquad (10.13a)$$

$$D_b(x,\omega) = \left[K_v D_v(\omega) - K_v D_b(x=d,\omega) - K_v R(\omega)\right]\sum_{j=1}^{\infty} \frac{\varphi_j(x)\varphi_j(d)}{m_b\Omega_j}H_j(\omega) \qquad (10.13b)$$

将式（10.13a）代入式（10.13b）可以得到

$$D_b(x,\omega) = \left[\omega^2 M_v D_v(\omega) - F_G\sqrt{2\pi}\delta(\omega)\right]\sum_{j=1}^{\infty} \frac{\varphi_j(x)\varphi_j(d)}{m_b\Omega_j}H_j(\omega) \qquad (10.14)$$

由于车重与桥重相比很小，可以忽略车重 F_G 的影响，因此桥梁响应与车辆响应的关系可以表示为

$$D_b(x,\omega) = H_{bv}D_v(\omega) \qquad (10.15)$$

式中，$H_{bv} = \omega^2 M_v \sum_{j=1}^{\infty} \dfrac{\varphi_j(x)\varphi_j(d)}{m_b\Omega_j}H_j(\omega)$，为桥梁响应（输出）与车辆响应（输入）之间的频率响应函数。其形式与 Esfandiari 等（2010）讨论的线弹性时不变结构在简谐波激励下的频率响应函数类似。这说明在车桥耦合振动系统中，车辆激励可以代替简谐波用于获取传递函数。传递率由于只需要频响矩阵中的两个元素，其包含更多局部信息，因而对系统局部参数的变化更敏感，可用于结构局部损伤检测。

桥上不同位置之间的响应传递率可以表示为

$$TR_{mn} = \frac{\sum_{j=1}^{\infty} \varphi_j(x_m)\varphi_j(d)H_j(\omega)}{\sum_{j=1}^{\infty} \varphi_j(x_n)\varphi_j(d)H_j(\omega)} \qquad (10.16)$$

式中，x_m 和 x_n 为桥上两处不同位置。

上述推导的车桥系统传递率表达式只适用于简化的车桥耦合振动系统。对于更复杂或更现实的问题，理论推导不容易实现，有限元法可能是一个更好的选择，车桥耦合振动系统的仿真分析详见第 2～4 章。

10.2 桥梁系统的传递特性分析

为了进一步了解车桥系统的传递特性，通过一个数值算例来研究以下问题：①验证上述推导出的理论解析解；②比较车辆响应和桥梁响应的传递特性；③选择合适的损伤指标用于结构损伤识别。数值算例采用了单自由度车辆模型和简支梁组成的车桥系统，如图 10.2 所示。将简支梁离散成 120 个梁单元，其物理属性为：弹性模量 E=32GPa，质量密度 D=2.5×10^3 kg/m^3，长度 L=30 m，惯性矩为 0.8 m^4。车辆参数为：m_v =4.0×10^4 kg、c_v=1.0× 10^4 N·s·m^{-1}、k_v =6.0×10^6 N/m。车辆频率为 1.95 Hz，桥梁前三阶竖向频率分别为 3.58 Hz、14.01 Hz、30.50 Hz。

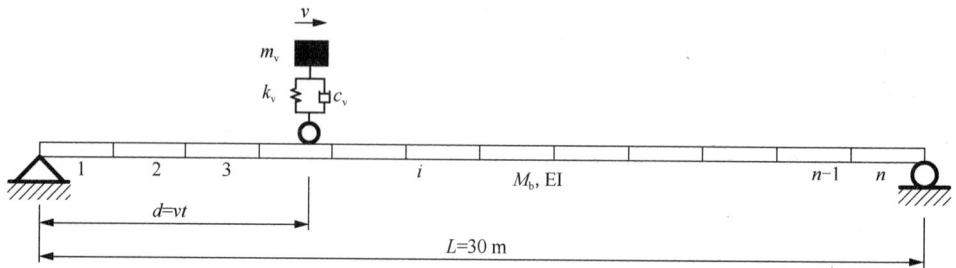

图 10.2 车桥耦合振动系统模型

式（10.15）和式（10.16）给出了车辆响应与桥梁响应之间的关系。如上所述，简支梁的模态振型可以假定为正弦形式，且易知 $\Omega_j = L$。因此，式（10.15）中的频响函数可以表示为

$$H_{bv} = \frac{\omega^2 m_v}{M_b L} \sum_{j=1}^{\infty} \frac{2\sin(j\pi x/L)\sin(j\pi d/L)}{\omega_j^2 - \omega^2} \qquad (10.17)$$

桥梁上两个不同位置的响应传递率可以表示为

$$TR_{mn} = \frac{\displaystyle\sum_{j=1}^{\infty} \frac{\sin(j\pi x_m/L)\sin(j\pi d/L)}{\omega_j^2 - \omega^2}}{\displaystyle\sum_{j=1}^{\infty} \frac{\sin(j\pi x_n/L)\sin(j\pi d/L)}{\omega_j^2 - \omega^2}} \qquad (10.18)$$

在车桥耦合振动系统中，移动车辆和桥梁的接触点是随时间变化的，这意味着激励的大小和位置是随时间变化的，而式（10.18）中的变量 d 即为车辆在桥上的位置。为了验证理论推导的正确性，将式（10.18）的理论结果与数值计算结果进行比较。图 10.3 和 图 10.4 分别显示了 d=10 m（同一时刻两个位置的响应）和 d=x（不同时刻两个位置的响应）时两个位置 x_m =12.5 m 和 x_n=15 m 之间的传递特性。从两图中可以看出，式（10.18）的理论结果和数值模拟结果具有相似的趋势，两条曲线的波峰所在的频率位置大致相同，只是数值结果的振荡较大。这种振荡现象是由于数值计算是以一定的时间步长进行的，得到的是间断响应，无法像理论分析一样得到连续响应。

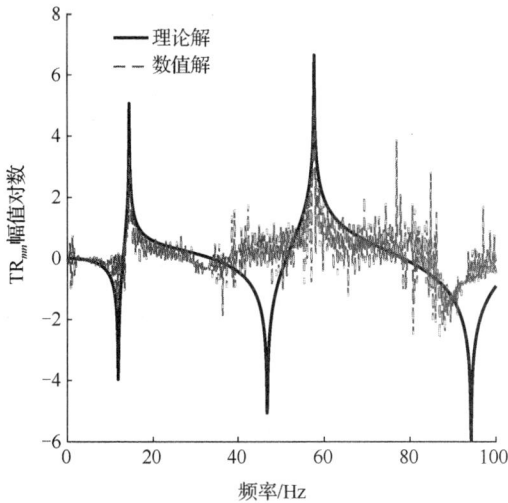

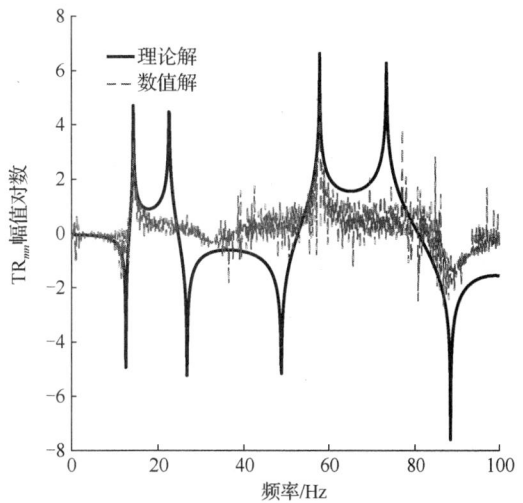

图 10.3　系统传递率 TR_{mn}（$d=10\text{m}$）　　　　图 10.4　系统传递率 TR_{mn}（$d=x$）

由于车桥耦合振动系统的复杂性，在研究利用车桥系统的传递特性进行结构损伤识别之前，先研究利用桥梁系统（不含车辆）的传递特性进行结构损伤识别的可行性。在此考虑了 5 种工况，包括无损伤的完整工况和以下 4 种假设的损伤工况（桥梁离散为 120 个梁单元，损伤单元的中心距梁左端 10 m，损伤用弹性模量的降低量来表示）。

1）损伤工况 1（D_1）：4 个梁单元（共长 1 m）的弹性模量降低 50%。

2）损伤工况 2（D_2）：4 个梁单元（共长 1 m）的弹性模量降低 90%。

3）损伤工况 3（D_3）：12 个梁单元（共长 3 m）的弹性模量降低 50%。

4）损伤工况 4（D_4）：12 个梁单元（共长 3 m）的弹性模量降低 90%。

虽然以上假设的损伤程度（弹性模量降低 50% 和 90%）似乎过于严重，但在现实中，结构某些部位在被检测到之前已严重损坏的情况时有发生。再者，此处的高损伤程度仅仅用于验证方法的可行性。在不含车辆的桥梁系统中，不同位置之间的传递率通过在桥上某一特定位置施加简谐波激励，并采用传感器（如加速度计）记录不同位置的动力响应，然后通过以下公式计算得到：

$$\text{TR}_{mn} = \frac{H_{mk}(\omega)}{H_{nk}(\omega)} = \frac{X_m(\omega)}{X_n(\omega)} \tag{10.19}$$

式中，$H_{mk}(\omega)$ 和 $H_{nk}(\omega)$ 分别为位置 m 和 n 处的频率响应函数，谐波力作用于位置 k 处；$X_m(\omega)$ 和 $X_n(\omega)$ 分别为位置 m 和 n 处加速度响应的傅里叶变换。

在频响函数的研究中，一般是用频率响应置信度准则（frequency response assurance criterion，FRAC）比较相同输入下任意两个基于频率响应函数的相关性。在此，为了比较完整工况和损伤工况的传递率相关性，引入传递率损伤指标（transmissibility damage indicator，TDI），计算公式如下（Yi et al.，2010；Maia et al.，2011）：

$$\text{TDI} = \frac{1}{N_\omega} \sum_{\omega=\omega_1}^{\omega_2} \frac{\left| \sum_{j=1}^{M} \sum_{n=1}^{N} \sum_{m=1}^{N} {}^d\text{TR}_{mn}^{(j)}(\omega)\text{TR}_{mn}^{(j)}(\omega) \right|^2}{\left(\sum_{j=1}^{M} \sum_{n=1}^{N} \sum_{m=1}^{N} \text{TR}_{mn}^{(j)} \cdot \text{TR}_{mn}^{(j)} \right)\left(\sum_{j=1}^{M} \sum_{n=1}^{N} \sum_{m=1}^{N} {}^d\text{TR}_{mn}^{(j)} \cdot {}^d\text{TR}_{mn}^{(j)} \right)} \tag{10.20}$$

式中，M 为激励个数；N 为测量位置个数；N_ω 为频率数。$\mathrm{TR}_{mn}^{(j)}$ 为在 j 位置施加激励时 m 和 n 位置之间的传递率，${}^{d}\mathrm{TR}_{mn}^{(j)}$ 为结构有损伤情况下的传递率。TDI 指标取值为 $0\sim1$，指标数值越大，说明两种情况的相似度越高，即损伤越小。例如，指标值为 1.0 时表示受损结构与完整结构的传递率完全相同，即结构没有损伤。

在算例中，选择等间隔 2.5 m 的 11 个位置作为施加激励和测量响应的位置。在这 11 个位置逐个施加激励（$F_1\sim F_{11}$），每次同时测量 11 个位置的加速度响应（$M_1\sim M_{11}$），再通过式（10.20）计算所有位置之间的传递率和 TDI。图 10.5（a）显示了 4 种损伤状况的 TDI 值随频率范围的变化曲线，其中横轴为计算 TDI 的频率范围。从图中可以看出，4 个损伤状况的 TDI 值明显不同，选取频率在 150 Hz 以下时，4 种工况的损伤严重程度从轻到重排序为工况 1、3、2、4。这也证实了工况 2（4 个单元降低 90%）的损伤程度较工况 3（12 个单元降低 50%）更为严重。

为了研究 TDI 的可靠性，对激励施加的位置进行影响分析。图 10.5（b）显示了不同激励位置下的 TDI 结果。可以看出，在 4 种损伤状况下 TDI 的最大值都在 F_3 或 F_4 处取得，正好与实际的损伤位置（距离梁左端 10 m 处）吻合。这表明最佳激励发生位置应该在损伤位置附近，而且 TDI 值随着激励位置到损伤位置的距离增加而减小。当激励位置远离损伤位置时，损伤位置处的动力响应变小，可靠性降低。

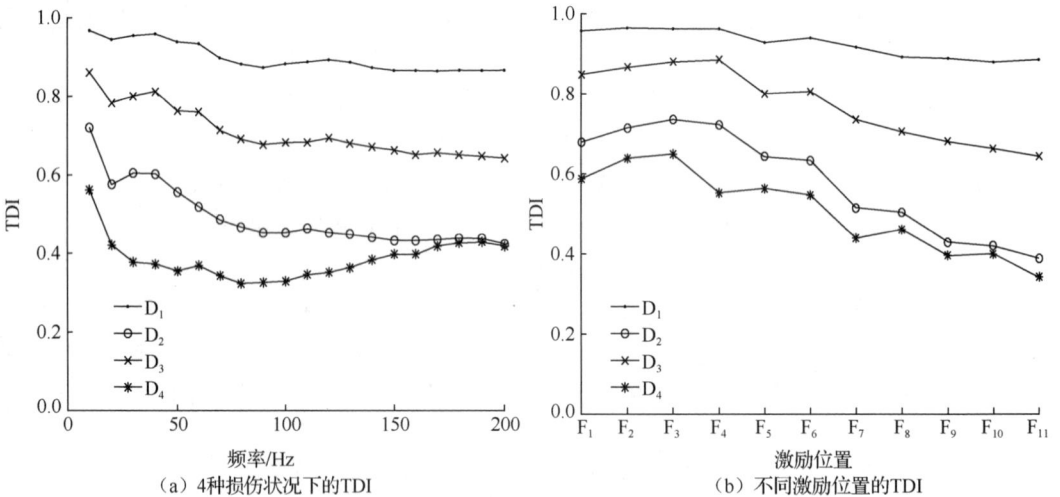

（a）4 种损伤状况下的 TDI　　　　　　　　（b）不同激励位置的 TDI

图 10.5　桥梁系统的 TDI 结果

在传递率矩阵中，每一个行向量表示一个位置与其他位置的响应比。通过对每个行向量的所有传递率进行求和，可以得到每个位置对应的 TDI。图 10.6（a）为 4 种损伤状况下的 TDI 向量，从左到右分别代表损伤状况 D_1、D_2、D_3 和 D_4 下各个位置的 TDI 值。可以看出，4 种损伤状况下的 TDI 最小值都位于 M_4 位置。图 10.6（b）为所有频率范围内 TDI 最小值所处的位置。可以看出，对于大多数频率范围，TDI 最小值均位于 M_4 位置（距梁左端 10 m），即实际损伤所在的位置。

（a）每个测点位置的TDI值

（b）最小TDI对应的位置

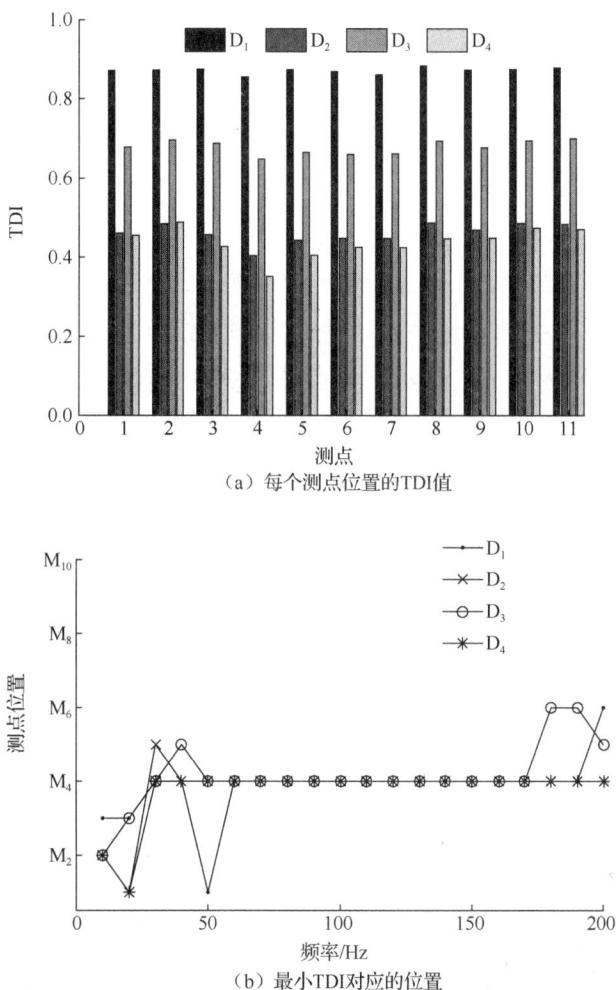

图 10.6　桥梁系统的 TDI 向量结果

上述研究结果表明，从不含车辆的桥梁系统中提取的传递率和以此构建的损伤指标可以用于定位结构损伤和识别损伤程度。然而，桥梁动力响应的提取需要施加外部激励，而且结果会受到激励作用位置等因素的影响。

10.3　车辆响应与桥梁响应的传递特性对比

与不含车辆的桥梁系统相比，车桥耦合振动系统中的车辆可以作为激励源，不需外加激励。为了验证采用车辆响应代替桥梁响应的可行性，在桥上以 2.5 m 间隔布置共 11 辆"传感车辆"（v1～v11），另一车辆（v0）在桥上移动以激励桥梁振动，如图 10.7 所示。需要说明的是，这 11 辆传感车辆固定在桥梁上不移动，只用于接收动力响应，以比较通过车辆测量的响应与通过安装在桥上的常规传感器测量的响应。这 11 辆传感车辆的参数均为 m_v = 40 kg、c_v=1 000 N·s·m^{-1}、k_v =6.0×10^6 N/m。

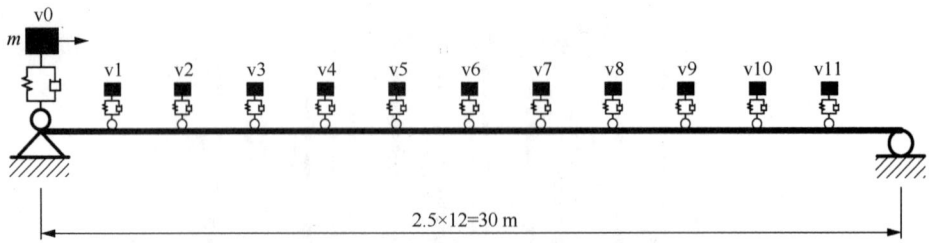

图 10.7　车桥耦合振动系统和车辆布置

在移动车辆从左向右通过桥梁后，可以得到传感车辆和桥梁在 11 个选定位置处的时程响应。图 10.8 显示了位置 3 处（即图 10.7 中车辆 v_3 的位置）加速度响应的频谱图。可以看出，车辆响应和桥梁响应在低频阶段的相似度比高频阶段好。在高频阶段，车辆响应的振幅比桥梁响应的振幅小很多。为了量化车辆响应频谱与桥梁响应频谱之间的相似性，采用模态置信准则（MAC）进行评估。图 10.9 显示了在不同频率范围下 MAC 值随车辆位置的变化曲线。可以看到，在 30 Hz 时 MAC 值接近 1.0，表明车辆响应与桥梁响应的相关性比较高。随着频率变高，MAC 值显著降低，表明高频阶段车辆响应与桥梁响应的相关性显著降低。总体而言，低频阶段的相关性比高频阶段高，而且桥梁跨中位置的相关性比两端附近位置要高。

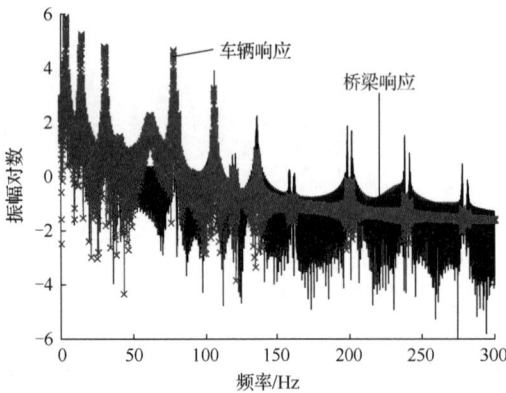

图 10.8　位置 3 处的加速度响应频谱图

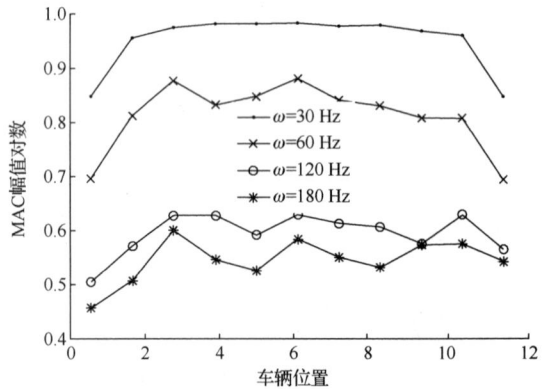

图 10.9　不同车辆位置的 MAC 值

采用上述相同方法对这 11 个位置的车辆响应进行处理可以得到其传递率矩阵。同时，需要寻找一个合适的损伤指标来量化无损结构和损伤结构之间的传递率相关性，并用于结构损伤识别。桥梁系统中的传递损伤指标 TDI 考虑了外部激励的因素，而这在车桥耦合振动系统中是不需要的。因此，下面构造了若干指标以寻找适合于车桥耦合振动系统传递率的损伤指标。因为加速度响应的传递率是一个复数值，所以分别使用复数值和振幅值为基础计算 TDI。共比较了如下 6 个指标（4 个幅值和 2 个复数值）。

1）TDI_1：将传递率矩阵中的每一个 TR_{mn}（$n=m+1$）项的幅值进行计算，再将频率范围内的所有值取平均，如下式所示：

$$\text{TDI}_1 = \frac{1}{N_\omega} \sum_{\omega=\omega_1}^{\omega_2} \frac{\left| \sum_{m=1}^{N-1} {}^d\text{TR}_{mn}(\omega) \cdot \text{TR}_{mn}(\omega) \right|^2}{\left(\sum_{m=1}^{N-1} \text{TR}_{mn}(\omega) \cdot \text{TR}_{mn}(\omega) \right) \left(\sum_{m=1}^{N-1} {}^d\text{TR}_{mn}(\omega) \cdot {}^d\text{TR}_{mn}(\omega) \right)}, \qquad n = m+1 \quad (10.21)$$

式中，$\text{TR}_{mn}(\omega)$ 为无损工况下 m 位置和 n 位置的传递率；${}^d\text{TR}_{mn}(\omega)$ 代表损伤工况下的传递率。

2）TDI_2：由于传递率矩阵的一个列向量可以描述结构振动形状，类似于工作变形模态，并且每个列向量的形式是相同的，因此只选取其中的一列进行计算。计算公式与式（10.21）相同，但其中 n 固定为 $n=1$（而不是 $n=m+1$），m 的取值则从 2 开始到 N。

3）TDI_3：与 TDI_1 相似，但采用幅值的对数形式，即 $\text{TR}_{mn}(\omega) = \log \left| \text{TR}_{mn}(\omega) \right|$ 和 ${}^d\text{TR}_{mn}(\omega) = \log \left| {}^d\text{TR}_{mn}(\omega) \right|$。

4）TDI_4：与 TDI_2 类似，但采用列向量的对数形式。

5）TDI_5：与 TDI_1 类似，但选取整个矩阵所有项的复数形式。

6）TDI_6：与 TDI_1 类似，但采用各项的复数形式如下（式中量上画线表示共轭复数）：

$$\text{TDI}_6 = \frac{1}{N_\omega} \sum_{\omega=\omega_1}^{\omega_2} \frac{\left| \sum_{m=1}^{N-1} {}^d\text{TR}_{mn}(\omega) \overline{\text{TR}_{mn}(\omega)} \right|^2}{\left(\sum_{m=1}^{N-1} \text{TR}_{mn}(\omega) \cdot \overline{\text{TR}_{mn}(\omega)} \right) \left(\sum_{m=1}^{N-1} {}^d\text{TR}_{mn}(\omega) \cdot \overline{{}^d\text{TR}_{mn}(\omega)} \right)}, \qquad n = m+1 \quad (10.22)$$

以上指标分别用于计算桥梁响应和车辆响应的传递率矩阵，因此各有 6 个指标。这里只列出了 TDI_3 的结果。图 10.10（a）为 4 个损伤状况下桥梁响应的 TDI_3 结果。可以看出，在大部分频率范围内各个损伤状况之间的差别比较明显，可以对这 4 个工况的损伤严重程度进行排序。图 10.10（b）为 4 个损伤状况下车辆响应的 TDI_3 结果。可以看出，在 300 Hz 之前车辆响应可以很好地识别损伤程度，而在 300 Hz 之后结果出现偏差。这表明 TDI_3 对于桥梁响应工作良好，但对于车辆响应仅在 300 Hz 以下适用。

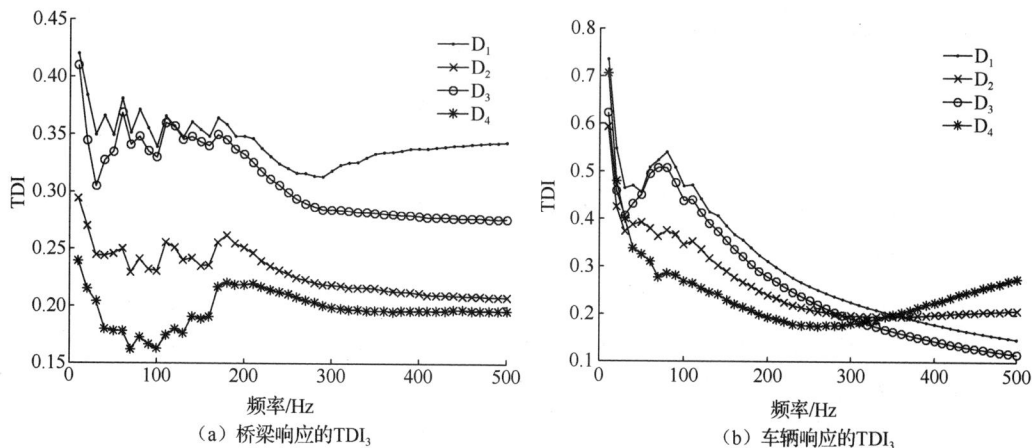

（a）桥梁响应的TDI_3　　　　　　　　　　（b）车辆响应的TDI_3

图 10.10　桥梁响应和车辆响应的 TDI 结果

4 个工况的真实损伤程度从轻至重依次为工况 1、3、2、4，相应的 TDI 值也应呈递减趋势。为了量化这些 TDI 指标的损伤识别能力，对所有相邻两个损伤工况的 TDI 差值取平均值，即将每个频率下损伤工况 1 和 3、3 和 2、2 和 4 的 TDI 差值进行平均。表 10.1 列出了桥梁响应和车辆响应在不同频段内 4 个损伤工况的 TDI 平均差值，表中仅选取列出了其中的 6 个指标（其中 B 表示桥梁响应，v 表示车辆响应）。例如，第二列是桥梁响应的 TDI_3（即 TDI_3_B）在各个频率范围的平均差值。平均差值越大，说明不同损伤工况的 TDI 差值越大，识别能力更好。在车辆响应 TDI_3_v 这一列中，高频阶段出现多个负值，说明没能准确识别出损伤程度。这再次表明，对于车辆响应只有其低频部分可用于识别桥梁损伤。从表中可以看出，TDI_3_B 和 TDI_4_B 具有较好的识别能力，TDI_3_v 和 TDI_4_v 仅在 50～300 Hz 识别能力较好，在 300 Hz 以上出现偏差。经过对比发现，在本例中 TDI_3 对桥梁响应最适用，而对于车辆响应则 TDI_4 最适用。

表 10.1　TDI 的平均差值

频率/Hz	平均差值					
	TDI_3_B	TDI_4_B	TDI_5_B	TDI_3_v	TDI_4_v	TDI_5_v
10	0.060 3	0.009 4	0.056 4	0.009 6	0.005 6	0.046 6
50	0.056 8	0.037 3	0.021 5	0.043 6	0.040 7	0.043 3
100	0.058 7	0.051 8	0.028 7	0.066 7	0.059 9	0.051 0
150	0.054 8	0.054 0	0.035 0	0.051 8	0.057 1	0.050 5
200	0.043 2	0.043 4	0.036 1	0.039 1	0.050 6	0.042 4
250	0.036 7	0.038 9	0.034 0	0.027 6	0.046 6	0.038 3
300	0.039 8	0.038 0	0.029 7	0.015 2	0.041 5	0.036 3
350	0.045 7	0.044 6	0.025 3	0.000 0	0.034 8	0.038 9
400	0.047 3	0.049 1	0.021 6	−0.015 1	0.027 2	0.038 9
450	0.048 0	0.052 2	0.017 8	−0.029 5	0.019 3	0.037 4
500	0.049 2	0.054 7	0.014 5	−0.042 2	0.011 9	0.036 3

10.4　影响因数分析

通过上述方法选取合适的损伤指标后，下面分析桥面不平整度、车速、车辆数量等因素对该指标的影响。

首先，对桥面不平整度的影响进行分析。桥面不平整度是车辆振动的重要激励。根据 ISO 标准，可以分为表 2.3 所示的 5 个等级：非常好、好、一般、差和非常差。在桥面很差的情况下，桥面不平整度对车辆振动的影响可能远大于桥梁振动对车辆的影响。在这种情况下，桥梁损伤检测比较困难，需要采用上一章介绍的相关方法来消除桥面不平整度的影响。因此，这里只分析了从"非常好"到"差"这 4 种不平整度等级的影响。对于上述 4 种损伤工况，桥梁响应的 TDI_3 和车辆响应的 TDI_4 在各个不平整度下的变化如图 10.11 所示。可以看出，桥面不平整度对桥梁响应 TDI 的影响比较小，而对车辆响应 TDI 的影响较大，尤其是在损伤状况 1 和 3 两种损伤程度较小的情况下。

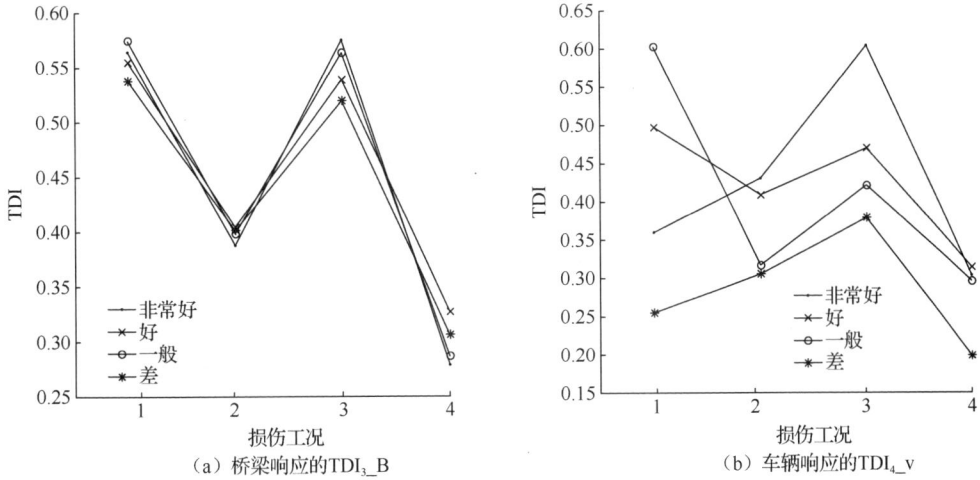

（a）桥梁响应的 TDI_3_B　　　　（b）车辆响应的 TDI_4_v

图 10.11　不同桥面不平整度下的传递损伤指标

其次，对车辆行驶速度的影响进行分析。车速会影响车辆和桥梁的接触时间和动力响应的记录时长。这里考虑了 4 个行驶速度，即 5 m/s、10 m/s、20 m/s 和 30 m/s。如图 10.12 所示，在损伤工况 1 和 3 下，车速对桥梁响应 TDI 和车辆响应 TDI 均有比较显著的影响，尤其在 5 m/s 和 30 m/s 速度下 TDI 的变化最大。

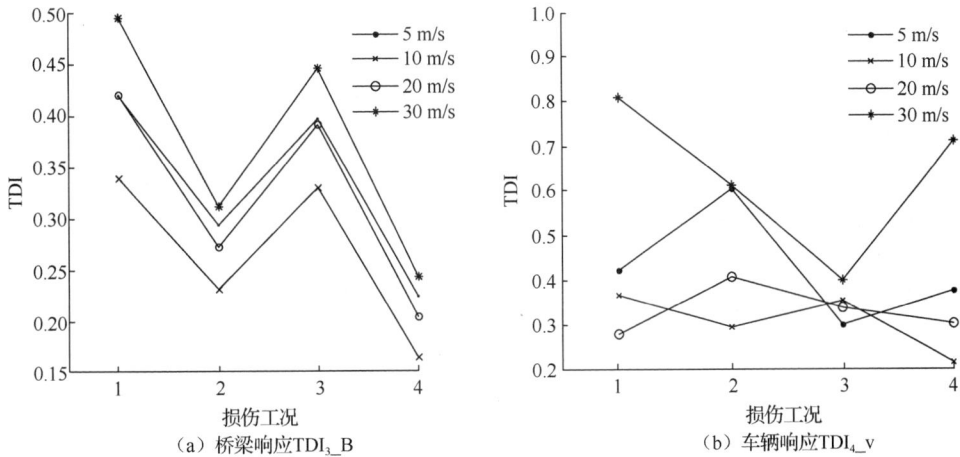

（a）桥梁响应 TDI_3_B　　　　（b）车辆响应 TDI_4_v

图 10.12　不同速度的传递损伤指标

最后，对车辆数量的影响进行分析。这里考虑了两种交通流情况，即规则车流和随机车流。对于规则车流的情况，考虑一组由 12 辆车间隔 2.5 m 组成的车队，以相同的速度 10 m/s 在桥上行驶。而随机车流则包含 12 辆不同行驶速度的车辆，且各车辆的初始位置不同。计算结果如图 10.13 所示。从图 10.13（a）可以看出，损伤工况 1 的 TDI 值小于损伤工况 3，表明工况 1 的损伤程度大于工况 3，这与真实情况不符，可能是由于损伤工况 1 和 3 的损伤程度均为较小。从图 10.13（b）识别出的损伤程度与真实情况相同，但是在高频阶段识别困难。

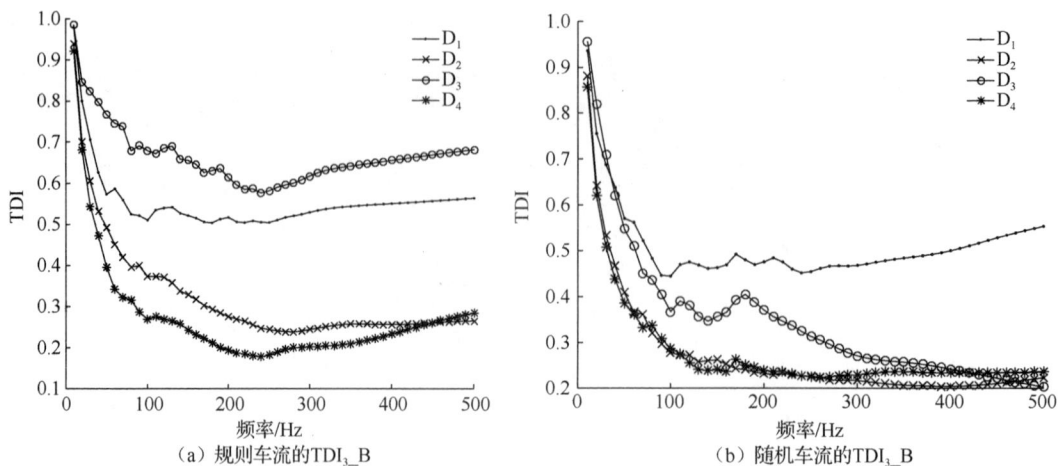

（a）规则车流的TDI₃_B　　　　　　　（b）随机车流的TDI₃_B

图 10.13　不同交通车流下的传递损伤指标

10.5　车辆响应的获取方法一

上述分析表明，利用车辆响应的传递特性进行桥梁损伤识别是可行的。然而，车辆响应是通过在桥上布置多个固定传感车辆得到的，类似于在桥上安装传感器，需要大量的传感车辆。为了进一步利用车辆的移动特性，提出了利用两辆车获取车辆响应传递率的方法，即一辆车作为参考车辆，另一辆作为移动车辆，如图 10.14 所示。车辆 v1 固定在 x_1 位置，作为参考车辆；车辆 v2 初始位置为 x_2，与车辆 v1 的距离为 d。在停留几秒钟记录随机车流下的振动信号后，车辆 v2 前移动到 x_3 的位置，并再次停留以记录振动响应，车辆 v2 重复该过程，直到完成所有指定位置的测量。为了简单起见，设定车辆 v2 每次向前移动相同的距离 d。在整个测量过程中，两辆车始终以相同的步调记录振动信号。在完成所有测量后，得到 n-1 个位置的振动响应和参考位置的振动响应。通过计算车辆 v2 和 v1 在每一步的响应传递率，可以得到每个位置相对于参考位置的传递率，形成一个包含 n-1 项的传递率向量，即 $\left(\mathrm{tr}_{2i}, \mathrm{tr}_{3i}, \cdots, \mathrm{tr}_{i,i}, \cdots, \mathrm{tr}_{ni}\right)$，其中 i 为参考位置。

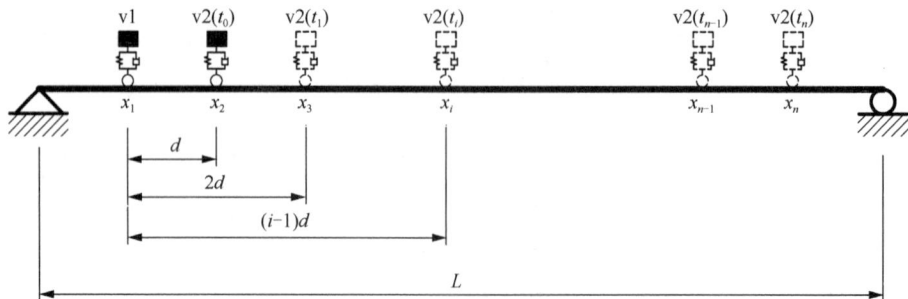

图 10.14　方法一的车辆响应获取方式

以上述随机车流下的车桥耦合振动系统为例，对提出的方法进行研究。设定参考车辆 $v1$ 的位置距梁左端 17.5 m，车辆 v_2 的初始位置距梁左端 1.0 m 且每步向前移动 1 m。通过车辆 $v2$ 沿桥移动，总共可以测量到 29 个位置的响应，最终得到一个包含 29 个子项的传递率向量。利用之前选取的传递率损伤指标 TDI_4，可以得到 4 种损伤工况下损伤指标的变化情况，如图 10.15 所示。从图中可以看出，在 400 Hz 以下可以比较容易识别这 4 种工况的损伤严重程度；在 400 Hz 以上，损伤工况 2 和 4 难以分辨。同时，计算无损工况和损伤工况之间传递率的模态置信度（MAC），如图 10.16 所示为损伤工况 4 的结果。可以看出，在距离梁左端 10 m 左右的位置，MAC 值非常小，这正是真实损伤所在的位置。

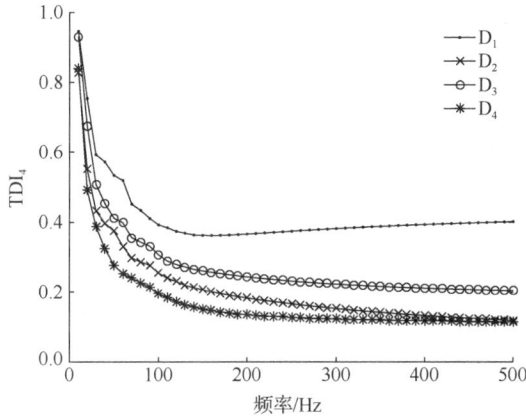

图 10.15　4 种损伤工况的 TDI_4 值

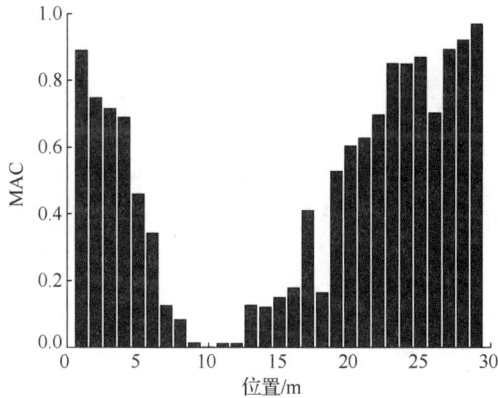

图 10.16　损伤工况 4 的 MAC 值

传递率矩阵的一个列向量表示在频率为 ω 时的工作变形模态，可以用于描述结构的振动形状。在特定频率如模态频率时，列向量反映的就是结构的模态振型。因此，利用传递率矩阵或向量可以提取桥梁的模态振型。需要说明的是，传递率是通过傅里叶变换得到的，只包含模态振型函数的平方，因此最终提取的是模态振型的平方（MSS）。图 10.17 所示为无损工况和 4 种损伤工况下提取的桥梁前三阶 MSS，通过归一化处理使 MSS 最大值为 1.0。可以看出，基于车辆传递率可以成功地提取出桥梁的振动模态。不同损伤工况的 MSS 也反映了不同损伤状况对桥梁振动模态的影响，而且结构损伤对桥梁高阶模态的影响更显著。

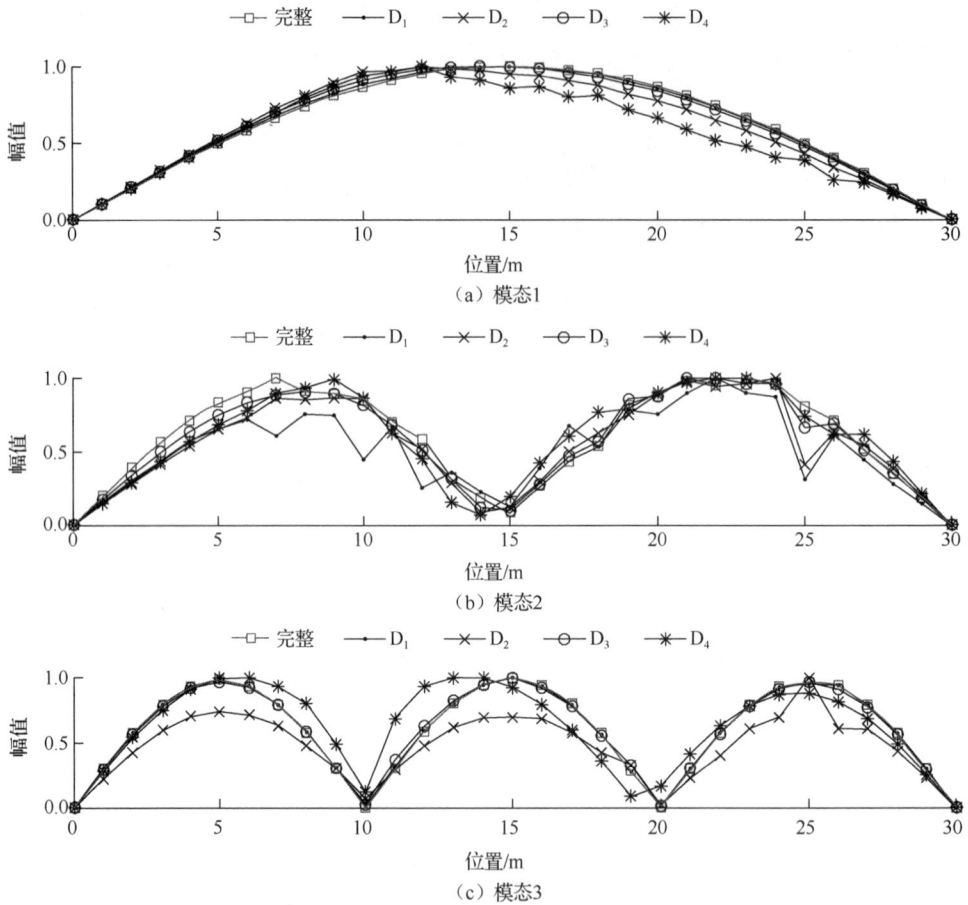

图 10.17　方法一提取的桥梁前三阶 MSS

　　该方法在计算传递率向量时是基于参考车辆的响应，因此有必要对参考车辆位置的影响进行分析。由于结构的对称性，只研究左半桥梁的位置，选取参考车辆位置距梁左端的距离分别为 1 m、7.5 m、10 m、15 m。图 10.18 显示了选用不同参考位置时提取的第二阶和第三阶无损桥梁的模态振型。可以看到，在参考位置为 15 m 的情况下提取的第二阶 MSS 与真实值误差较大。简支梁的第二阶模态振型在梁的中点处为零幅值，即参考车辆处于理论上不振动的位置，这就解释了当参考位置为 15 m 时提取的第二阶 MSS 误差较大的原因。同理，由于简支梁第三阶模态振型在三分之一点处的振幅为零，所以当参考车辆处于 10 m位置时，提取到的第三阶 MSS 也不理想。由此得出，对于该方法参考车辆不应该放在模态振型为零幅值的位置，尤其是对测量结果有较大影响的前几阶模态。

（a）模态2

（b）模态3

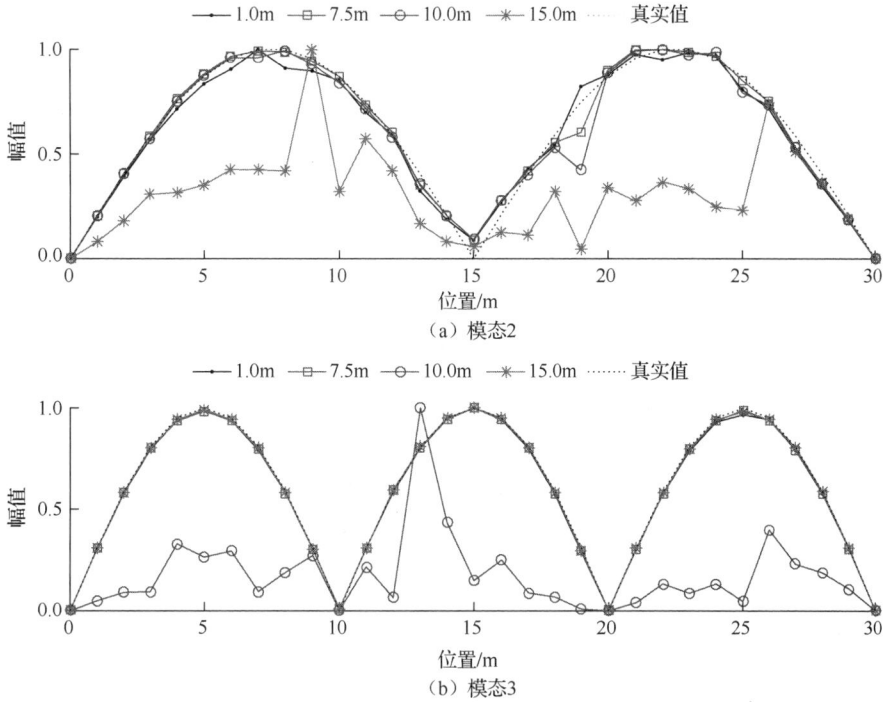

图 10.18　不同参考位置的桥梁 MSS

10.6　车辆响应的获取方法二

在方法一中，参考车辆的位置会很大程度地影响最终识别结果，因此提出了方法二。该方法仍采用两辆车，两辆车的间距固定且以相同速度移动、停留和记录响应，如图 10.19 所示。车辆 v1 和 v2 分别在初始位置 x_1 和 x_2 处，间距为 d；在停留几秒钟记录振动信号之后，两车以相同的速度移动到位置 x_3 和 x_4，这个过程一直持续到完成所有位置的测量。在整个过程中两辆车的距离始终保持不变。

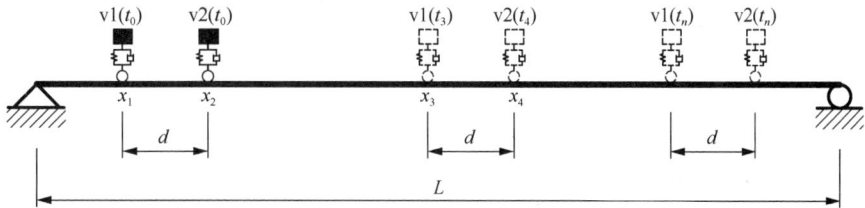

图 10.19　方法二的车辆响应获取方式

为了标准化测量程序并且方便数据处理，将每一步的移动距离设为两车的间距，即车辆 v1 的下一个位置是车辆 v2 的当前位置。同样以之前讨论的车桥耦合振动系统为例，桥长 30 m，两车间距选为 1 m，两车初始位置分别为距梁左端 1m 和 2 m。由于桥梁末端没有振动响应，因此最终测得 28 组振动响应。通过计算车辆 v2 和车辆 v1 在每一步的传递率，得到相邻两位置之间的传递率，最终形成一个 28 项的传递率向量，即 $(\mathrm{tr}_{21}, \mathrm{tr}_{32}, \cdots, \mathrm{tr}_{i,i-1}, \cdots, \mathrm{tr}_{n,n-1})$。根据此传递率向量计算出的 TDI 值如图 10.20 所示，只能在低频范围内准确识别出 4 个损伤工况，在 200 Hz 以上时不能准确识别工况 2 和工况 4。

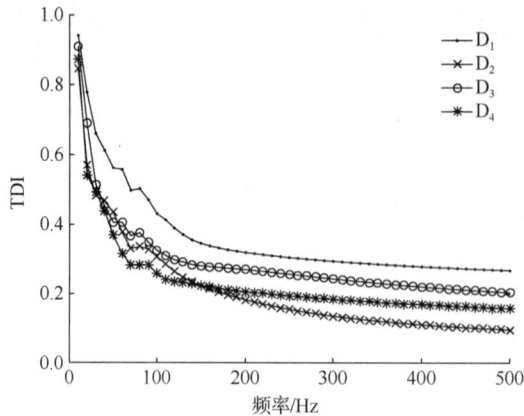

图 10.20 原始向量的传递损伤指标

值得注意的是，上述传递率向量为相邻两位置之间的传递率，不能用于提取桥梁的模态振型。为此，以第一个位置作为参考，计算其他位置与第一个位置之间的传递率，即 $(\mathrm{TR}_{i,i\text{-}1} = \mathrm{tr}_{21}\mathrm{tr}_{32}\cdots\mathrm{tr}_{i,i\text{-}1}, i = 2,3,\cdots,n)$，可以得到一个新的传递率向量。基于新向量计算出的 TDI 值如图 10.21 所示。可以看出，除损伤工况 2 以外，在大部分频率范围内都取得了较好结果。基于这个新向量，提取出无损桥梁和损伤桥梁的归一化 MSS，如图 10.22 所示。相比于方法一的结果（图 10.17），方法二的第二阶和第三阶模态结果较差。

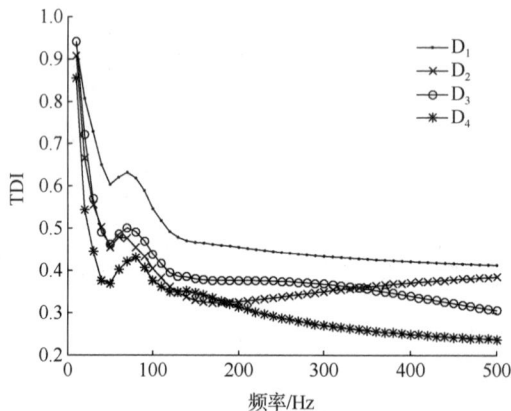

图 10.21 新向量计算出的 TDI 值

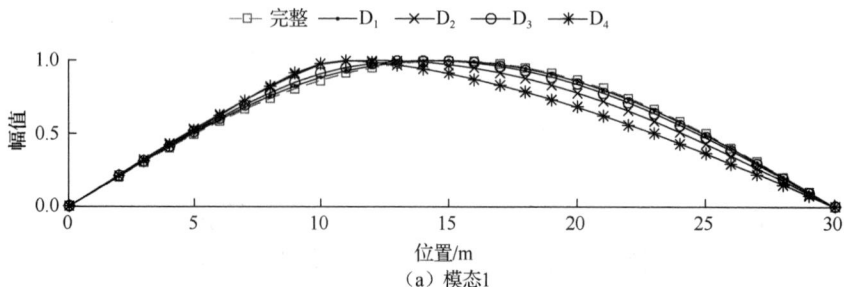

（a）模态1

（b）模态2

（c）模态3

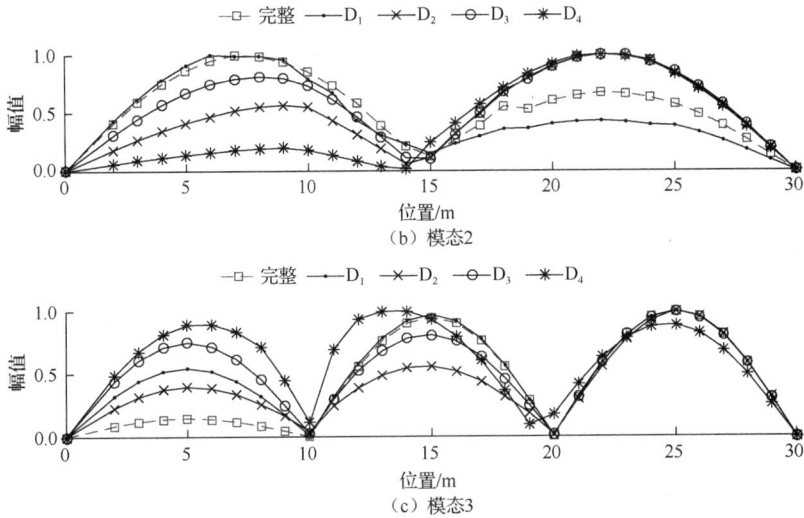

图 10.22　方法二的桥梁前三阶 MSS

在方法二中，两辆车之间的距离是重要的影响因素。因此，分析了 3 种不同的车距情况，即 1.0 m、1.5 m、2.5 m。图 10.23 显示了无损工况在不同车距情况下提取的桥梁第二阶和第三阶 MSS，其中真实 MSS 由数值分析计算得到。可以看到，第二阶 MSS 的右半部分误差较大，第三阶 MSS 的左边三分之一部分也是如此。第二阶 MSS 最好的结果是车辆距离为 1.0 m 的情况，第三阶 MSS 最好的是距离为 1.5 m。因此，两辆车之间的距离宜选择较短的距离。

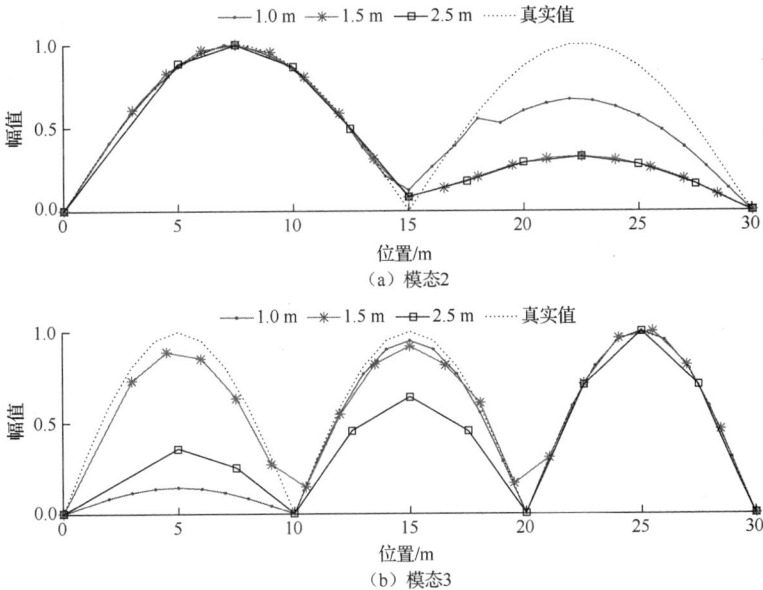

（a）模态2

（b）模态3

图 10.23　不同车距下的桥梁 MSS

通过本章的介绍可以看到，利用移动车辆的动力响应进行桥梁损伤识别是可行的。从不含车辆的桥梁系统中提取的传递率和以此构建的损伤指标可以很好地定位结构损伤并识别结构损伤程度，但桥梁动力响应的提取需要施加外部激励，且结果受到激励位置等因素的影响。与桥梁响应相比，车辆动力响应的低频部分可以有效地用于提取传递率并用于桥梁损伤的识别。

参 考 文 献

安宁, 夏禾, 战家旺, 2012. 一种利用车激桥梁响应的互相关函数识别桥梁损伤的方法[J]. 北京交通大学学报, 36（6）: 74-78.

卜建清, 王树栋, 罗韶湘, 2007. 由车激响应识别桥梁损伤的灵敏度方法[J]. 振动与冲击, 26（7）: 80-84.

曹胜语, 马春佳, 郭长江, 2008. 考虑行车舒适性简支梁桥允许上拱度分析[J]. 湖南城市学院学报（自然科学版）, 17（4）: 7-9.

陈代海, 李整, 刘琼, 等, 2017. 公路桥梁 2 种车桥耦合振动分析方法的对比研究[J]. 铁道科学与工程学报, 14（7）: 1449-1456.

陈柯, 吴实渊, 王睿喆, 等, 2013. 公路桥梁与车辆耦合振动控制研究现状综述[J]. 科技创新与应用（12）: 168.

陈榕峰, 宋一凡, 贺拴海, 等, 2011. 匀加速行驶车辆与桥梁耦合振动的分析方法[J]. 长安大学学报(自然科学版), 31(3): 51-57.

陈上有, 2008. 基于车桥耦合振动分析的桥梁结构参数识别与损伤诊断方法研究[D]. 北京: 北京交通大学.

陈水生, 黎峰, 桂水荣, 2015. 药湖高架桥车桥耦合振动行车舒适性评价分析[J]. 公路工程, 40（1）: 234-238.

邓露, 段林利, 何维, 等, 2018. 中国公路车-桥耦合振动车辆模型研究[J]. 中国公路学报, 31(7): 92-100.

邓露, 何维, 王芳, 2015. 不同截面类型简支梁桥动力冲击系数研究[J]. 振动与冲击, 34（14）: 70-75.

邓露, 屈夏霞, 王维, 2017. 考虑车桥耦合振动的钢梁桥腹板间隙的疲劳分析[J]. 中外公路, 37（4）: 89-95.

邓露, 王芳, 2015. 汽车制动作用下预应力混凝土简支梁桥的动力响应及冲击系数研究[J]. 湖南大学学报（自然科学版）, 42(9): 52-58.

邓露, 王维, 2016. 公路桥梁动力冲击系数研究进展[J]. 动力学与控制学报, 14(4): 289-300.

桂水荣, 陈水生, 万水, 2014. 汽车荷载作用下空心板桥空间动力冲击效应[J]. 北京交通大学学报, 38（1）: 70-76.

韩万水, 陈艾荣, 2008. 风环境下大跨度斜拉桥上的车辆驾驶舒适性评价[J]. 中国公路学报, 21（2）: 54-60.

韩万水, 马麟, 院素静, 等, 2011. 路面粗糙度非一致激励对车桥耦合振动系统响应影响分析[J]. 土木工程学报, 44（10）: 81-90.

何维, 2015. 中小跨径梁桥动力冲击系数研究[D]. 长沙: 湖南大学.

霍学普, 蒲黔辉, 2014. 蝶形拱桥的动力冲击系数研究[J]. 振动与冲击, 33(1): 176-182.

冀伟, 邓露, 何维, 等, 2016. 公路波形钢腹板 PC 简支箱梁桥冲击系数的计算分析[J]. 桥梁建设, 46(3): 35-39.

贾宝玉龙, 2016. 梁式结构基于间接测量法的损伤识别方法研究[D]. 重庆: 重庆大学.

克拉夫, 彭津, 2006. 结构动力学[M]. 王光远, 译. 北京: 高等教育出版社.

黎明安, 崔凯, 雷霜, 2011. 车桥耦合振动系统的半主动控制法[J]. 应用力学学报, 28（4）: 376-380.

李海龙, 吕中荣, 刘济科, 2015. 基于车致振动响应的含分布损伤桥梁结构识别方法[J]. 中山大学学报（自然科学版）, 54（3）: 10-13.

李江龙, 李岩, 盛洪飞, 等, 2009. 基于车桥耦合振动分析的斜拉桥行车舒适性评价分析[J]. 科学技术与工程, 9(7): 1792-1796.

李庆扬, 王能超, 易大义, 2001. 数值分析[M]. 4 版. 北京: 清华大学出版社.

李小珍, 张黎明, 张洁, 2008. 公路桥梁与车辆耦合振动研究现状与发展趋势[J]. 工程力学, 25（3）: 230-240.

李玉良, 孙福申, 李晓红, 1996. 公路桥梁冲击系数随机变量的概率分布及冲击系数谱[J]. 公路（9）: 1-6.

刘全民, 李小珍, 张迅, 等, 2013. 基于车桥耦合的钢-混结合段刚度平顺性分析[J]. 西南交通大学学报, 48（5）: 810-817.

刘扬, 李明, 鲁乃唯, 等, 2016a. 随机车流作用下悬索桥钢箱梁细节疲劳可靠度[J]. 长安大学学报（自然科学版）, 36（2）: 44-51.

刘扬, 鲁乃唯, 邓扬, 2016b. 基于实测车流的钢桥面板疲劳可靠度评估[J]. 中国公路学报, 29（5）: 58-66.

刘云, 钱振东, 2008. 路面平整度及车辆振动模型的研究综述[J]. 公路交通科技, 25（1）: 51-57.

罗媛, 颜东煌, 袁明, 等, 2017. 随机重载车辆作用下简支梁桥疲劳可靠度评估[J]. 中外公路, 37（3）: 72-77.

彭大文, 洪锦祥, 郭爱民, 等, 2004. 整体式桥台桥梁的动力试验研究[J]. 中国公路学报, 17（4）: 59-63.

彭献, 殷新锋, 茹秋华, 2006. 车-桥系统的振动分析及控制[J]. 动力学与控制学报, 4（3）: 253-258.

单德山, 李乔, 2009. 基于车致振动的桥梁损伤识别[J]. 西南交通大学学报, 44（1）: 60-65.

沈锐利, 官快, 房凯, 2015. 车桥耦合数值模拟桥梁冲击系数随机变量的概率分布[J]. 振动与冲击, 34(18): 123-128.

孙全胜，张立东，张盛然，2017．车辆速度对大跨斜拉桥行车舒适性的影响分析[J]．中外公路，37（1）：114-117.

唐友刚，2002．高等结构动力学[M]．天津：天津大学出版社.

滕军，2009．结构振动控制的理论、技术和方法[M]．北京：科学出版社.

王贵春，李武生，2016．基于车桥耦合振动的车辆舒适性分析[J]．振动与冲击，35（8）：224-230.

王恒华，沈祖炎，陆瑞明，1997．平面梁杆结构几何非线性分析的一种简便方法[J]．计算力学学报，14（1）：119-123.

王树栋，卜建清，娄国充，2008．基于过桥汽车动力响应的桥梁损伤识别[J]．长安大学学报（自然科学版），28（3）：63-67.

吴海军，张炎，张浩，等，2013．刚架拱桥冲击系数探讨[J]．重庆交通大学学报（自然科学版），32（S1）：860-863.

谢秉敏，向中富，王小松，等，2012．基于 ANSYS 的车桥耦合动力分析[J]．重庆交通大学学报（自然科学版），31（5）：935-938.

杨建荣，2007．车-桥耦合作用下公路桥梁局部振动研究[D]．上海：同济大学.

殷新锋，刘扬，彭晖，等，2013．路面破损的桥梁在车辆作用下冲击系数分析[J]．振动与冲击，26(4)：531-538.

战家旺，夏禾，陈上有，等，2011．基于车激响应和灵敏度分析的桥梁结构损伤识别方法研究[J]．工程力学，28（11）：38-44.

赵锐军，2011．高速公路行车舒适性评价体系[J]．交通世界（11）：124-125.

中华人民共和国交通部，1989．公路桥涵设计通用规范：JTJ 021—89[S]．北京：人民交通出版社.

中华人民共和国交通部，2004．公路桥涵设计通用规范：JTG D60—2004[S]．北京：人民交通出版社.

中华人民共和国交通运输部，2015．公路钢结构桥梁设计规范：JTG D64—2015[S]．北京：中国计划出版社.

中华人民共和国交通运输部，2015．公路桥涵设计通用规范：JTG D60—2015[S]．北京：人民交通出版社.

ALBUQUERQUE C M C，SILVA A L L，JESUS A M P，et al.，2015．An efficient methodology for fatigue damage assessment of critical details on a long span composite railway bridge[J]．International journal of fatigue，81(1)：61-77.

ALMUTAIRI N B，HASSAN M F，ABDEL-ROHMAN M，et al.，2006．Control of suspension bridge nonlinear vibrations due to moving loads[J]．Journal of engineering mechanics，132(6)：659-670.

ALURI S，JINKA C，GANGARAO H V，2005．Dynamic response of three fiber reinforced polymer composite bridges[J]．Journal of bridge engineering，10 (6)：722-730.

American Association of State Highway and Transportation Officials，1989．Guide specifications for strength evaluation of existing steel and concrete bridges[M]．Washington：American Association of State Highway and Transportation Officials.

American Association of State Highway and Transportation Officials，1994．AASHTO LRFD bridge design specifications[M]．17th ed.Washington：American Association of State Highway and Transportation Officials.

American Association of State Highway and Transportation Officials，2002．Standard specifications for highway bridges[M]．Washington：American Association of State Highway and Transportation Officials.

American Association of State Highway and Transportation Officials，2003．Guide manual for condition evaluation and load and resistance factor rating (LRFR) of highway bridges[M]．Washington：American Association of State Highway and Transportation Officials.

American Association of State Highway and Transportation Officials，2014．LRFD bridge design specifications[M]．7th ed.Washington：American Association of State Highway and Transportation Officials.

American Association of State Highway and Transportation Officials，2017．AASHTO LRFD bridge design specifications[M]．8th ed. Washington：American Association of State Highway and Transportation Officials.

ASHEBO D B，CHAN T H T，LING Y，et al.，2007a．Evaluation of dynamic loads on a skew box girder continuous bridge part II：Parametric study and dynamic load factor[J]．Engineering structures，29(6)：1064-1073.

ASHEBO D B，CHAN T H T，YU L，2007b．Evaluation of dynamic loads on a skew box girder continuous bridge part I：field test and modal analysis[J]．Engineering structures，29 (6)：1052-1063.

BILELLO L A，BERGMAN L A，KUCHMA D，2004．Experimental investigation of a small-scale bridge model under a moving mass [J].Journal of structural engineering,130(5)：799-804.

BILLING J R，1984．Dynamic loading and testing of bridges in Ontario[J]．Canadian journal of civil engineering，11(4)：833-843.

BRADY S P，BRIEN E J O，ŽNIDARIČ A，2006a．Effect of vehicle velocity on the dynamic amplification of two vehicles crossing a simply supported bridge[J]．Journal Of bridge engineering，11(2)：250-256.

BRADY S P，O'BRIEN E J，ŽNIDARIČ A，2006b．Effect of vehicle velocity on the dynamic amplification of a vehicle crossing a simply supported bridge[J]. Journal of bridge engineering，11(2)：241-249.

BRINCKER R，ANDERSEN P，ZHANG L，2002. Modal identification and damage detection on a concrete highway bridge by frequency domain decomposition[C]. Structural Engineers World Congress，Yokohama.

British Standards Institution，2006. Steel，concrete and composite bridges. part 2：specification for loads：BS 5400-2-2006 [S]. London：British Standards Institution.

BROQUET C，BAILEY S F，FAFARD M，et al.，2004. Dynamic behavior of deck slabs of concrete road bridges[J]. Journal of bridge engineering，9(2)：137-146.

BU J Q，YAN Z Y，LI X G，2009. Bridge damage assessment by dynamic response in time Domain[C]. Proceedings of ICCTP：Critical Issues in Transportation System Planning，Development and Management.

CAI C S，SHI X M，ARAUJO M，et al.，2007. Effect of approach span condition on vehicle-induced dynamic response of slab-on-girder road bridges[J]. Engineering structures，29(12)：3210-3226.

CALÇADA R，CUNHA A，DELGADO R，2005. Analysis of traffic-induced vibrations in a cable-stayed bridge. part I：experimental assessment[J]. Journal of BRIDGE Engineering，10 (4)：370-385.

Canadian Standards Association，2006. Canadian highway bridge design code：CAN/CSA-S6-06 [S]. Ontario：Canadian Standards Association.

CANTIENI R，1983. Dynamic load tests on highway bridges in Switzerland-60 years of experience of EMPA[R]. Swiss Federal Laboratories for Materials Testing and Research.

CHANG D，LEE H，1994. Impact factors for simple-span highway girder bridges[J]. Journal of structural engineering，120 (3)：704-715.

CHANG K C，WU F B，YANG Y B，2011. Disk model for wheels moving over highway bridges with rough surfaces[J]. Journal of sound and vibration，330(20)：4930-4944.

CHATTERJEE P K，DATTA T K，SURANA S C，1994. Vibration of suspension bridges under vehicular movement[J]. Journal of structural engineering，120(3)：681-703.

CHEN S R，CAI C S，2007. Equivalent wheel load approach for slender cable-stayed bridge fatigue assessment under traffic and wind：feasibility study[J]. Journal of bridge engineering，12(6)：755-764.

CHEN Y，FENG M Q，TAN C A，2009. Bridge structural condition assessment based on vibration and traffic monitoring[J]. Journal of engineering mechanics，135(8)：747-758.

CHEN Y，TAN C A，FENG M Q，et al.，2006. A video assisted approach for structural health monitoring of highway bridges under normal traffic[R]. Proceeding of SPIE 6174，Smart Structures and Materials，doi：10.1117/12.658881.

CLOUGH R W，PENZIEN J，2003. Dynamics of structures[M]. 3rd ed. Berkeley：Computer and Structures Inc.

DEAN J C，KUO A D，2011. Energetic costs of producing muscle work and force in a cyclical human bouncing task[J]. Journal of applied physiology，110(4)：873-880.

DENG L，CAI C S，2009. Identification of parameters of vehicles moving on bridges[J]. Engineering structures，31(10)：2474-2485.

DENG L，CAI C S，2010a. Development of dynamic impact factor for performance evaluation of existing multi-girder concrete bridges[J]. Engineering structures，32(1)：21-31.

DENG L，CAI C S，2010b. Identification of dynamic vehicular axle loads：theory and simulations[J]. Journal of vibration & control，16(14)，2167-2194.

DENG L，CAO R，WANG W，et al.，2016. A multi-point tire model for studying bridge-vehicle coupled vibration[J]. International journal of structural stability and dynamics，16(8)：1550047.

DENG L，HE W，SHAO Y，2015a. Dynamic impact factors for shear and bending moment of simply supported and continuous concrete girder bridges[J]. Journal of bridge engineering，20 (11)：40-55.

DENG L，WANG F，HE W，2015b. Dynamic impact factors for simply-supported bridges due to vehicle braking[J]. Advances in structural engineering，18 (6)：791-801.

DENG L，YAN W，ZHU Q J，2016. Vehicle impact on the deck slab of concrete box-girder bridges due to damaged expansion joints[J]. Journal of bridge engineering，21 (2)：06015006.

DENG Y，LIU Y，FENG D M，et al.，2015. Investigation of fatigue performance of welded details in long-span steel bridges using long-term monitoring strain data[J]. Structural control and health monitoring，22(11)：1343-1358.

DODDS C J，ROBSON J D，1973. The description of road surface roughness[J]. Journal of sound and vibration，31(2)：175-183.

ESFANDIARI A，BAKHTIARI-NEJAD F，SANAYEI M，et al.，2010. Structural finite element model updating using transfer function data[J]. Computers & structures，88(1)：54-64.

European Committee for Standardization，2003. Eurocode 1：actions on structures-part 2：traffic loads on bridges：EN 1991：2-2003[S]. Brussels：European Committee for Standardization.

Federal Highway Administration，2015. Load and Resistance Factor Design （LRFD) for Highway Bridge Superstructures Reference Manual[R]. Washington：U.S.Department of Transportation Federal Highway Administration.

FENVES S J，VELETSOS A S，SIESS C P，1962. Dynamic studies of bridges on the AASHO test road [R]. Highway Research Board Special Report.

GAO Q F，WANG Z L，LI J，et al.，2015. Dynamic load allowance in different positions of the multi-span girder bridge with variable cross-section[J]. Journal of Vibroengineering，17 (4)：2025-2039.

GONZÁLEZ A，OBRIEN E J，CANTERO D，et al.，2010. Critical speed for the dynamics of truck events on bridges with a smooth road surface[J]. Journal of sound and vibration，329 (11)：2127-2146.

GREEN M F，CEBON D ，COLE D G，1995. Effects of vehicle suspension design on dynamics of highway bridges[J]. Journal of structural engineering，121(2)：272-282.

HAN W S，WU J，CAI C S，et al.，2015. Characteristics and dynamic impact of overloaded extra heavy trucks on typical highway bridges[J]. Journal of bridge engineering，20(2)：05014011.

HARRIS N K，OBRIEN E J，GONZÁLEZ A，2007. Reduction of bridge dynamic amplification through adjustment of vehicle suspension damping[J]. Journal of sound and vibration，302 (3)：471-485.

HUANG D Z，2001. Dynamic analysis of steel curved box girder bridges[J]. Journal of bridge engineering，6(6)：506-513.

HUANG D Z，2005. Dynamic and impact behavior of half-through arch bridges[J]. Journal of bridge engineering，10(2)：133-141.

HUANG D Z，2012. Vehicle-induced vibration of steel deck arch bridges and analytical methodology[J]. Journal of bridge engineering，17(2)：241-248.

HUANG D Z，WANG T L，1992. Impact analysis of cable-stayed bridges[J]. Computers & structures，43(5)：897-908.

HUANG D Z，WANG T L，SHAHAWY M，1992. Impact analysis of continuous multi-girder bridges due to moving vehicles[J]. Journal of structural engineering，118(12)：3427-3443.

HUANG D Z，WANG T L，SHAHAWY M，1993. Impact studies of multi-girder concrete bridges[J]. Journal of structural engineering，119(8)：2387-2402.

HWANG E S，NOWAK A S，1991. Simulation of dynamic load for bridges[J]. Journal of structural engineering，117(5)：1413-1434.

International Organization for Standard，1972. Mechanical vibration-road surface profiles -reporting of measured data[R]. Technical report，ISO.

ISO2631-1，1997. International Organization for Standardization ISO2631-1，Mechanical vibration and shock -Evaluation of human exposure to whole-body vibration[S].

Japan Road Association，1996. Specifications for highway bridges，part 1：common specifications[J]. Tokyo：Japan Road Association.

KHORRAM A，BAKHTIARI F，REZAEIAN M，2012. Comparison studies between two wavelet based crack detection methods of a beam subjected to a moving load[J]. International journal of engineering Science，51：204-215.

KIM C W，KAWATANI M，KWON Y R，2007. Impact coefficient of reinforced concrete slab on a steel girder bridge[J]. Engineering structures，29(4)：576-590.

KIRKEGAARD P H，NEILSEN S R K，ENEVOLDSEN I，1997. Heavy vehicles on minor highway bridges-calculation of dynamic impact factors from selected crossing scenarios[J]. Structural reliability theory，R9722(172)：1-19.

KONG X，CAI C S，2013. Framework of damage detection in vehicle-bridge coupled system and application to bridge Scour Monitoring[M]. Saarbrücken LAP LAMBERT Academic Publishing.

KONG X，CAI C S，KONG B，2016. Numerically extracting bridge modal properties from dynamic responses of moving vehicles[J]. Journal of engineering mechanics，142(6)：04016025.

KWASNIEWSKI L，LI H，WEKEZER J，et al.，2006. Finite element analysis of vehicle-bridge interaction[J]. Finite elements in analysis & design，42(11)：950-959.

KWON H C，KIM M C，LEE I W，1998. Vibration control of bridges under moving loads[J]. Computers & structures，66(4)：473-480.

KWON K，FRANGOPOL D M，2010. Bridge fatigue reliability assessment using probability density functions of equivalent stress range based on field monitoring data[J]. International journal of fatigue，32(8)：1221-1132.

LAMAN J A，PECHAR J S，BOOTHBY T E，1999. Dynamic load allowance for through-truss bridges[J]. Journal of bridge engineering,14(4)：231-241.

LAW S S，ZHU X Q，2005. Bridge dynamic responses due to road surface roughness and braking of vehicle[J]. Journal of sound and vibration，282(12)：805-830.

LI H Y，2005. Dynamic response of highway bridges subjected to heavy vehicles[D]. Tallahassee：Florida state University.

LI H Y，WEKEZER J W，KWASNIEWSKI L，2008. Dynamic response of a highway bridge subjected to moving vehicles[J]. Journal of bridge engineering，13(5)：439-448.

LI J，LAW S S，2012. Damage identification of a target substructure with moving load excitation[J]. Mechanical systems and signal processing，30(7)：78-90.

LIU C H，HUANG D Z，WANG T L，2002. Analytical dynamic impact study based on correlated road roughness[J]. Computers & structures，80(20-21)：1639-1650.

LU Z R，LAW S S，2007. Identification of system parameters and input force from output only[J]. Mechanical systems and signal processing，21(5)：2099-2111.

LU Z R，LIU J K，2011. Identification of both structural damages in bridge deck and vehicular parameters using measured dynamic responses[J]. Computers & structures，89(13-14)：1397-1405.

MÁCA J，VALÁSEK M，2006. Vibration control of civil engineering[J]. Slovak journal of civil engineering，3(4)：1-4.

MAIA N M M，ALMEIDA R A B，URGUEIRA A P V，et al.，2011. Damage detection and quantification using transmissibility[J]. Mechanical systems and signal processing，25(7)：2475-2483.

MCGETRICK P J，GONZÁLEZ A，OBRIEN E J，2009. Theoretical investigation of the use of a moving vehicle to identify bridge dynamic parameters[J]. Insight：non-destructive testing & condition monitoring，51(8)：433-438.

MCGETRICK P J，KIM C W，GONZÁLEZ A，et al.，2013. Dynamic axle force and road profile identification using a moving vehicle[J]. International journal of architecture，engineering and construction，2 (1)，1-16.

MEMORY T J，THAMBIRATNAM D P，BRAMELD G H，1995. Free vibration analysis of bridges[J]. Engineering structures，17(10)：705-713.

MOGHIMI H，RONAGH H R，2008a. Impact factors for a composite steel bridge using non-linear dynamic simulation[J]. International journal of impact engineering，35(11)：1228-1243.

MOGHIMI H，RONAGH H R，2008b. Development of a numerical model for bridge-vehicle interaction and human response to traffic-induced vibration[J]. Engineering structures，30(12)：3808-3819.

MOHSENI I，ASHIN A，CHOI W，et al.，2018. Development of dynamic impact factor expressions for skewed composite concrete-steel slab-on-girder bridges[J]. Advances in materials science and engineering，2018：1-9.

New Zealand Transport Agency，2014. New Zealand Bridge Manual[J]. 3rd ed. Welliongton：New Zealand Transport Agency.

NGUYEN K V，TRAN H T，2010. Multi-cracks detection of a beam-like structure based on the on-vehicle vibration signal and wavelet analysis[J]. Journal of sound and vibration，329(21)：4455-4465.

OBRIEN E J，CANTERO D，ENRIGHT B，et al.，2010. Characteristic dynamic increment for extreme traffic loading events on short and medium span highway bridges[J]. Engineering structures，32(12)：3827-3835.

OBRIEN E，LI Y，GONZÁLEZ A，2006. Bridge roughness index as an indicator of bridge dynamic amplification[J]. Computers & structures，84(12)，759-769.

OLIVA J，GOICOLEA J M，ANTOLÍN P，et al.，2013. Relevance of a complete road surface description in vehicle-bridge interaction dynamics[J]. Engineering structures，56(6)：466-476.

Ontario Ministry of Transportation and Communications，1983. Ontario highway bridge design code[M].2nd ed. Ontario：Ontario Ministry of Transportation and Communications.

Ontario Ministry of Transportation and Communications，1991. Ontario highway bridge design code[M].3th ed. Ontario：Ontario Ministry of Transportation and Communications.

OPPENHEIM A V，SCHAFER R W，1989. Discrete-time signal processing[M]. Englewood Cliffs：Prentice-Hall：447-448.

PAN T C，LI J，2002. Dynamic vehicle element method for transient response of coupled vehicle-structure systems[J]. Journal of structural engineering，128(2)：214-223.

PARK Y S，SHIN D K，CHUNG T J，2005．Influence of road surface roughness on dynamic impact factor of bridge by full-scale dynamic testing[J]．Canadian journal of civil engineering，32 (5)：825-829.

PATERSON W D O，1986．International roughness index：relationship to other measures of roughness and riding quality[M]．Washington：Transportation Research Board.

PAULTRE P，PROULX J，TALBOT M，1995．Dynamic testing procedures for highway bridges using traffic loads[J]．Journal of structural engineering，121(2)：362-376.

QI Z Q，AU F T K，2017．Identifying mode shapes of girder bridges using dynamic responses extracted from a moving vehicle under impact excitation[J]．International journal of structural stability and dynamics，17(8)：1750081.

RABINER L R，SCHAFER R W，1978．Digital processing of speech signals[M]．Englewood Cliffs：Prentice-Hall.

ROVERI N，CARCATERRA A，2012．Damage detection in structures under traveling loads by Hilbert-Huang transform[J]．Mechanical systems and signal processing，28：128-144.

SAHLIN S，1989．Vibration of structures：applications in civil engineering design[J]．Engineering structures，11 (3)：964-965.

SAMAAN M，KENNEDY J B，SENNAH K，2007．Impact factors for curved continuous composite multiple-box girder bridges[J]．Journal of bridge engineering，12 (1)：80-88.

SCHELLING D R，GALDOS N H，SAHIN M A，1993．Evaluation of impact factors for horizontally curved steel box bridges[J]．Journal of structural engineering engineering，118 (11)：3203-3221.

SCHILLING C G，1984．Stress cycles for fatigue design of steel bridge[J]．Journal of structural engineering，110(6)：1222-1234.

SCHWARZ M，LAMAN J A，2001．Response of pre-stressed concrete I-girder bridges to live load[J]．Journal of Bridge Engineering，6(1)：1-8.

SENTHILVASAN J，THAMBIRATNAM D P，BRAMELD G H，2002．Dynamic response of a curved bridge under moving truck load[J]．Engineering structures，24(10)：1283-1293.

SHI X M，CAI C S，CHEN S，2008．Vehicle induced dynamic behavior of short-span slab bridges considering effect of approach slab condition[J]．Journal of bridge engineering，13(1)：83-92.

SHIYAB A M，2007．Optimum use of the flexible pavement condition indicators in pavement management system[M]．Perth：Curtin University of Technology.

STANCIOIU D，OUYANG H，2016a．Model-based active control of a continuous structure subjected to moving loads[J]．Journal of physics：conference series，744(1)：1-9.

STANCIOIU D，OUYANG H，2016b．Optimal vibration control of beams subjected to a mass moving at constant speed[J]．Journal of vibration and control，22(14)：3202-3217.

Standards Australia，Australasian Railway Association Inc，Austroads，2004．Bridge design-part 2：design load：AS 5100.22004[S]．Sydney：Standards Australia.

STIKELEATHER L F，1976．Review of ride vibration standards and tolerance criteria[J]．SAE international，760413：1-8.

SZURGOTT P，WEKEZER J，KWASNIEWSKI L，et al.，2011．Experimental assessment of dynamic responses induced in concrete bridges by permit vehicles[J]．Journal of bridge engineering，16(1)：108-116.

TSAO T C，TAN C A，PESTEREV A，et al.，2001．Control oriented formulation for structures interacting with moving loads[C]．Proceedings of the American Control Conference.

WANG H C，SHI S H，2007．Analysis of bridge impact coefficient influence factor and the deviation formation[J]．Journal of Chongqing Jiaotong University (natural science)，26 (5)：5-8.

WANG T L，HUANG D Z，1992．Cable-stayed bridge vibration due to road surface roughness[J]．Journal of structural engineering，118(5)：1354-1374.

WANG T L，HUANG D Z，SHAHAWY M，1992．Dynamic response of multi-girder bridges[J]．Journal of structural engineering，118(8)：2222-2238.

WANG T L，HUANG D Z，SHAHAWY M，1996．Dynamic behavior of continuous and cantilever thin-walled box girder bridges[J]．Journal of bridge engineering，1(2)：67-75.

WANG W，DENG L，2016．Impact factors for fatigue design of steel I-girder bridges considering the deterioration of road surface condition[J]．Journal of bridge engineering，21(5)：04016011.

WANG W, DENG L, SHAO X, 2016. Fatigue design of steel bridges considering the effect of dynamic vehicle loading and overloaded trucks[J]. Journal of bridge engineering, 21(9): 04016048.

WANG W, YAN W, DENG L, et al., 2015. Dynamic analysis of a cable-stayed concrete-filled steel tube arch bridge under vehicle loading[J]. Journal of bridge engineering, 20 (5): 04014082.

Washington State Department of Transportation, 2018. Washington state bridge inspection manual[M]. Washington: Washington State Department of Transportation.

WEKEZER J W, TAFT E, 2011. Dynamic load allowance for reinforced concrete[J]. III ECCOMAS Thematic Conference on Computational Methods in Structural Dynamics and Earthquake Engineering.

WILLIS R, 1849. The effect produced by causing weights to travel over elastic bars[R]. Appendix to the Report of the Commissioners Appointed to Inquire into the Application of Iron to Railway Structures.

YAN D, LUO Y, LU N, et al., 2017. Fatigue stress spectra and reliability evaluation of short- to medium-span bridges under stochastic and dynamic traffic loads[J]. Journal of bridge engineering, 22(12): 04017102.

YANG Y B, CHANG K C, 2009a. Extraction of bridge frequencies from the dynamic response of a passing vehicle enhanced by the EMD technique[J]. Journal of sound and vibration, 322(4-5): 718-739.

YANG Y B, CHANG K C, 2009b. Extracting the bridge frequencies indirectly from a passing vehicle: parametric study[J]. Engineering structures, 31(10): 2448-2459.

YANG Y B, CHANG K C, LI Y C, 2013. Filtering techniques for extracting bridge frequencies from a test vehicle moving over the bridge[J]. Engineering structures, 48: 353-362.

YANG Y B, CHEN W F, 2015. Extraction of bridge frequencies from a moving test vehicle by stochastic subspace identification[J]. Journal of bridge engineering, 21(3): 04015053.

YANG Y B, LI Y C, CHANG K C, 2012. Using two connected vehicles to measure the frequencies of bridges with rough surface: a theoretical study[J]. Acta mechanica, 223(8): 1851-1861.

YANG Y B, LIAO S S, LIN B H, 1995. Impact formulas for vehicles moving over simple and continuous beams[J]. Journal of structural engineering, 121(11): 1644-1650.

YANG Y B, LIN B H, 1995. Vehicle-bridge interaction analysis by dynamic condensation method. Journal of structural engineering, 123(4): 533.

YANG Y B, LIN C W, 2014. Vehicle-bridge interaction dynamics and potential applications[J]. Journal of sound & vibration, 284(1): 205-226.

YANG Y B, LIN C W, YAU J D, 2004. Extracting bridge frequencies from the dynamic response of a passing vehicle[J]. Journal of sound and vibration, 272 (3-5): 471-493.

YANG B, TAN C A, BERGMAN L A, 2000. Direct numerical procedure for solution of moving oscillator problems [J]. Journal of engineering mechanics, 126(5): 462-469.

YI X, ZHU D, WANG Y, et al., 2010. Embedded transmissibility function analysis for damage detection in a mobile sensor network[C]//Proceedings of The International Society for Optical Engineering.

YIM X, CAI C S, FANG Z, et al., 2010. Bridge vibration under vehicular loads: tire patch contact versus point contact[J]. International journal of structural stability and dynamics, 10(3): 529-554.

YIN X, FANG Z, CAI C S, et al., 2010. Non-stationary random vibration of bridges under vehicles with variable speed[J]. Engineering structures, 32 (8): 2166-2174.

YU Y, CAI C S, DENG L, 2016. State-of-the-art review on bridge weigh-in-motion technology[J]. Advances in structural engineering, 19(9): 1514-1530.

YU Y, DENG L, WANG W, et al., 2017. Local impact analysis for deck slabs of prestressed concrete box-girder bridges subject to vehicle loading[J]. Journal of vibration and control, 23(1): 31-45.

ZEMMOUR A, 2006. The Hilbert-Huang transform for damage detection in plate structures[D]. Washington: University of Maryland, College Park.

ZHANG W, CAI C S, 2012. Fatigue reliability assessment for existing bridges considering vehicle speed and road surface conditions[J]. Journal of bridge engineering, 17(3): 443-453.

ZHANG W, CAI C S, 2013. Reliability-based dynamic amplification factor on stress ranges for fatigue design of existing bridges[J]. Journal of bridge engineering, 18(6): 538-552.

ZHANG W，CAI C S，PAN F，2013. Nonlinear fatigue damage assessment of existing bridges considering progressively deteriorated road conditions[J]. Engineering structures，56：1922-1932.

ZHANG Y，CAI C S，SHI X M，et al.，2006. Vehicle-induced dynamic performance of FRP versus concrete slab bridge[J]. Journal of bridge engineering，11(4)：410-419.

ZHONG H，YANG M，GAO Z，2015. Dynamic responses of pre-stressed bridge and vehicle through bridge-vehicle interaction analysis[J]. Engineering structures，87：116-125.

ZHU X Q, LAW S S, 2006. Wavelet-based crack identification of bridge beam from operational deflection time history[J]. International journal of solids and structures，43(7-8)：2299-2317.

ZHU X Q，LAW S S，2007. Damage detection in simply supported concrete bridge structure under moving vehicular loads[J]. Journal of vibration and acoustics，129(1)：58-65.

ZOU Q，DENG L，GUO T，et al.，2016. Comparative study of different numerical models for vehicleu bridge interaction analysis[J]. International journal of structural stability & dynamics，16(9)：1636-1643.

ZRIBI M，ALMUTAIRI N B，ABDEL R M，2006. Control of vibrations due to moving loads on suspension bridges[J]. Journal of engineering mechanics，132(6)：659-670.

附录　四阶 Runge-Kutta 法参数约束方程

$$
\begin{cases}
c_4 + c_3 + c_2 + c_1 = 1 \\[4pt]
c_4\lambda_4 + c_3\lambda_3 + c_2\lambda_2 = \dfrac{1}{2} \\[4pt]
c_4\lambda_4^2 + c_3\lambda_3^2 + c_2\lambda_2^2 = \dfrac{1}{3} \\[4pt]
c_4\lambda_4^3 + c_3\lambda_3^3 + c_2\lambda_2^3 = \dfrac{1}{4} \\[4pt]
c_4\lambda_2\mu_{43}\mu_{32} = \dfrac{1}{24} \\[4pt]
c_4\mu_{43}\mu_{32}\mu_{21} = \dfrac{1}{24} \\[4pt]
c_4\lambda_4\lambda_3\mu_{43} + c_3\lambda_3\lambda_2\mu_{32} = \dfrac{1}{8} \\[4pt]
c_4\left(\mu_{41}+\mu_{42}+\mu_{43}\right) + c_3\left(\mu_{31}+\mu_{32}\right) + c_2\mu_{21} = \dfrac{1}{2} \\[4pt]
c_4\left(\mu_{41}+\mu_{42}+\mu_{43}\right)^2 + c_3\left(\mu_{31}+\mu_{32}\right)^2 + c_2\mu_{21}^2 = \dfrac{1}{3} \\[4pt]
c_4\left(\mu_{41}+\mu_{42}+\mu_{43}\right)^3 + c_3\left(\mu_{31}+\mu_{32}\right)^3 + c_2\mu_{21}^3 = \dfrac{1}{4} \\[4pt]
c_4\mu_{43}\left(\mu_{31}+\mu_{32}\right) + c_4\mu_{42}\mu_{21} + c_3\mu_{32}\mu_{21} = \dfrac{1}{6} \\[4pt]
c_4\lambda_4\left(\mu_{41}+\mu_{42}+\mu_{43}\right) + c_3\lambda_3\left(\mu_{31}+\mu_{32}\right) + c_2\lambda_2\mu_{21} = \dfrac{1}{3} \\[4pt]
c_4\lambda_4\left(\mu_{41}+\mu_{42}+\mu_{43}\right)^2 + c_3\lambda_3\left(\mu_{31}+\mu_{32}\right)^2 + c_2\lambda_2\mu_{21}^2 = \dfrac{1}{4} \\[4pt]
c_4\lambda_4^2\left(\mu_{41}+\mu_{42}+\mu_{43}\right) + c_3\lambda_3^2\left(\mu_{31}+\mu_{32}\right) + c_2\lambda_2^2\mu_{21} = \dfrac{1}{4} \\[4pt]
c_4\left(\mu_{42}\lambda_2 + \mu_{43}\lambda_3\right) + c_3\mu_{32}\lambda_2 = \dfrac{1}{6} \\[4pt]
c_4\left(\mu_{42}\lambda_2^2 + \mu_{43}\lambda_3^2\right) + c_3\mu_{32}\lambda_2^2 = \dfrac{1}{12} \\[4pt]
c_4\left(\mu_{42}\lambda_2 + \mu_{43}\lambda_3\right)\left(\mu_{41}+\mu_{42}+\mu_{43}\right) + c_3\lambda_2\mu_{32}\left(\mu_{31}+\mu_{32}\right) = \dfrac{1}{8} \\[4pt]
c_3\left(\lambda_2\mu_{32}\mu_{21} + \lambda_3\mu_{32}\mu_{21}\right) + c_4\left\{\lambda_4\left[\mu_{43}\left(\mu_{31}+\mu_{32}\right) + \mu_{42}\mu_{21}\right] + \lambda_3\mu_{43}\left(\mu_{31}+\mu_{32}\right) + \lambda_2\mu_{42}\mu_{21}\right\} = \dfrac{5}{24} \\[4pt]
c_3\left[\dfrac{1}{2}\mu_{32}\mu_{21}^2 + \mu_{32}\left(\mu_{31}+\mu_{32}\right)\mu_{21}\right] + c_4\left\{\left[\dfrac{1}{2}\mu_{43}\left(\mu_{31}+\mu_{32}\right)^2\right] + \dfrac{1}{2}\mu_{42}\mu_{21}^2 + \left[\mu_{43}\left(\mu_{31}+\mu_{32}\right) + \mu_{42}\mu_{21}\right]\left(\mu_{41}+\mu_{42}+\mu_{43}\right)\right\} = \dfrac{1}{6}
\end{cases}
$$